D1640986

Axel Ertelt

Das Mittelalter war ganz anders

Beeinflussten außerirdische Mächte Albertus Magnus und andere Zeitgenossen aus dem Mittelalter?

Axel Ertelt

Das Mittelalter war ganz anders

Beeinflussten außerirdische Mächte Albertus Magnus und andere Zeitgenossen aus dem Mittelalter?

„Das Mittelalter war ganz anders"
1. Auflage März 2010
Vollständig überarbeitete, aktualisierte und ergänzte Fassung.

Ancient Mail Verlag Werner Betz
Europaring 57, D-64521 Groß-Gerau
Tel.: 0 61 52/5 43 75, Fax: 0 61 52/94 91 82
Email: wernerbetz@t-online.de
Alle Rechte vorbehalten

Umschlaggestaltung: Sandra Schmidt
Umschlagfoto: Werner Betz
Druck: Digital Print Group O. Schimek GmbH

ISBN 978-3-935910-73-6

In memoriam

Herbert Mohren
* 05.03.1954 † 29.12.1996

Dr. Johannes Fiebag
* 14.03.1956 † 11.10.1999

Wilfried Briegel
* 25.06.1959 † 20.11.2002

Dieses Buch widme ich meinen langjährigen Freunden
Herbert Mohren, Dr. Johannes Fiebag und **Wilfried Briegel,**
mit denen ich ein langes Wegstück meiner Forschungen
gemeinsam gegangen bin und die leider alle drei viel zu früh
von uns gegangen sind.
Mögen sie nun all' das Wissen haben, über das wir Lebenden
noch immer rätseln.

Inhaltsverzeichnis

Vorwort

Albertus Magnus – kaum ein anderer Heiliger des christlichen Glaubens ist in die Geschichte eingegangen wie er. Als **Doctor universalis** gilt er als einer der größten Forscher des Mittelalters – wenn nicht gar der größte selbst. Die Kirche preist ihn als den größten Scholastiker seiner Zeit und seine Zugehörigkeit zum Orden des Heiligen Dominikus, dem Dominikaner-Orden, brachte auch diesem Ruhm und Ehre. So führte Albertus Magnus auch das aristotelessche Weltbild in das System der Kirche ein.

Im Jahr 2010 jährt sich sein Todestag zum 730sten Male. Grund genug, dieses Buch in einer neuen, überarbeiteten und ergänzten Fassung aufzulegen. Im Ursprung erschien eine Abhandlung über Albertus Magnus von mir zu seinem 700. Todestag im Jahre 1980 in der Anthologie *„Die kosmischen Eingeweihten"*. Doch bereits damals musste ich erkennen, dass an dieser Stelle nur ein Bruchteil dessen publiziert werden konnte, was insgesamt tatsächlich hinter diesem Thema steckt. So recherchierte ich weiter und konnte meine Ergebnisse fünf Jahre später, im Jahr 1985, in dem Buch *„Die interplanetaren Kontakte des Albertus Magnus"* veröffentlichen.

Nach der Buchveröffentlichung ergaben sich im Laufe der Zeit viele neue Erkenntnisse in Form von Ergänzungen oder auch Korrekturen. Einige neue Fakten hatte ich in einer Serie über Albertus Magnus bereits 1988 in der österreichischen Zeitschrift *„Para"* veröffentlicht und in verschiedenen Vorträgen einem größeren Publikum mitgeteilt. Doch es fehlte nach wie vor ein zusammenhängender Bericht, der auch die neuesten Fakten und Erkenntnisse berücksichtigt. Und so nahm ich das Jahr 2000 ins Visier – als geeigneten Zeitpunkt diese neue Ausarbeitung des Themas zu verfassen und zu veröffentlichen. Das geschah dann 1999 im (heute nicht mehr existierenden) CTT Verlag Suhl in einer kleinen Auflage. Die jetzt vorliegende neue Ausgabe enthält wiederum einiges an Ergänzungen und viele neue Fakten auf dem aktuellen Stand der Forschung.

Getan hat sich in den letzten zehn Jahren hauptsächlich auch einiges in der Klon-Forschung, die ja auch Bestandteil im Kapitel 5 ist. Diese schreitet unaufhaltsam ihren Weg in die Zukunft. Das könnte der Menschheit eines Tages zu Gute kommen, wenn wir in hoffentlich nicht mehr allzu weit entfernter Zukunft selbst interstellare Raumfahrt betreiben und eines

Tages ferne Planeten besiedeln. Das wird früher oder später geschehen, daran besteht kein Zweifel – es sei denn, die Menschheit rottet sich vorher selber aus ...

Neben dem offiziellen Bild, das die Kirche von Albertus Magnus geprägt und verbreitet hat, gibt es auch eine andere Seite seines Lebens. Diese Seite ist der Kirche *„ein Dorn im Auge"*, denn sie steht so gar nicht im Einklang mit den Dogmen der christlichen Welt. Es handelt sich um den Teil aus dem Leben des Heiligen Albertus Magnus, in dem er sich mit der Magie und der Technik beschäftigte. Und auch hier soll er große Errungenschaften erzielt haben. So hat er ganz offensichtlich eine *sprechende Bildsäule*, die zweifelsohne eine Art Bild-Sprechfunkgerät war und einen *Roboter* konstruiert.

So etwas aber setzt die Existenz von Energie – von Strom – voraus. Aber, Strom im Mittelalter? Da streikt die Schulwissenschaft. So etwas gab es damals gar nicht und ergo kann Albertus Magnus weder das eine, noch das andere konstruiert haben. Doch weit gefehlt du angeblich so allwissende Schulweisheit! Was es im Vorderen Orient und in Ägypten gab, das kann es genauso gut auch im mittelalterlichen Europa gegeben haben. Denn in dieser Weltregion gab es Strom. Das beweisen beeindruckende Funde und Recherchen.

So entdeckte im Jahr 1936 der österreichische Archäologe Dr. Wilhelm **König** bei Ausgrabungsarbeiten einer Parther-Siedlung in der Nähe von Bagdad seltsame *Vasen*, die sich bei späteren Untersuchungen als Trockenbatterien entpuppten. Dies ist keine Spekulation, sondern bewiesene Tatsache und bei Nachbauten, die nur auf den originalen, damals zur Verfügung stehenden Materialien beruhten, erhielten die Konstrukteure einen Preis bei *„Jugend forscht"*.

Damit steht also unumstößlich fest: Die alten Parther kannten vor rund 2.000 Jahren das Prinzip der Batterien und hatten somit auch Strom zur Verfügung. Doch es kommt noch besser. Nicht nur diese Trockenbatterien der Parther sind der Beweis für das Vorhandensein von Strom in frühgeschichtlicher Zeit. Auch im alten Ägypten kannte man ganz offensichtlich Strom. Und dies lange vor der Zeit von Hans Christian Oerstedt, Michael Faraday, Luigi Galvani und Thomas Edison. Es gibt in Ägypten Abbildungen und Reliefs, die zeigen überdimensionale Glühbirnen und Gegenstände, die an modernste Isolatoren in Elektrizitätswerken erinnern – die so genannten Djed-Pfeiler.

Die erste Abhandlung zum Djed-Pfeiler als *„Isolator der Pharaonen"* hat der Dortmunder Prä-Astronautik-Forscher Hans-Werner Sachmann verfasst. Er trug dazu verblüffende Indizien zusammen und kam zu dem Schluss: Nur so kann es gewesen sein. Die Wiener Schriftsteller und Prä-Astronautiker Peter Krassa und Reinhard Habeck verfassten zu diesem Thema ein ganzes Buch. Sie waren es auch, die erstmals auf die Existenz von Lampen in Form überdimensionaler Glühbirnen im alten Ägypten hinwiesen.

Anhand dieser Fakten muss man auch den Gebrauch von Strom im Altertum oder Mittelalter in anderen Teilen der Welt in Betracht ziehen. Damit besteht durchaus auch die Möglichkeit, dass dies im deutschen Mittelalter der Fall war. Damit kann er auch Albertus Magnus zur Verfügung gestanden haben. Die große Frage, die dabei bleibt, ist die, wo die Kenntnisse zur Stromerzeugung und -nutzung herkamen. Eine der möglichen Antworten ist sicher auch, dass außerirdische Besucher dieses Wissen vermittelten. Eine Analyse des Lebens von Albertus Magnus lässt den Schluss zu, dass auch er mit solchen Außerirdischen in Kontakt gestanden hat. Die Beweisführung für diese Behauptung lege ich im Verlauf des Buches dar.

Die Recherchen für dieses Buch waren nicht immer einfach und zum großen Teil mühevolle Kleinarbeit, die nicht am Schreibtisch, sondern vielfach *vor Ort* stattfand. So waren umfangreiche Quellenstudien in Archiven notwendig, um an nötige Hinweise zu kommen, anhand derer die Fakten wie ein Puzzle zusammengetragen werden konnten. Außerdem war zum Gelingen die Einsichtnahme in zahlreiche Chroniken erforderlich, bei deren Studium wiederum umfangreiches Material zutage kam, das der Öffentlichkeit kaum oder sogar gar nicht bekannt ist.

Probleme bereiteten auch die selbst in Schulbüchern ungenauen und teilweise widersprüchlichen Angaben zu Personen und Jahresdaten. Die von mir hier benutzten Daten, Angaben und auch Schreibweisen von Personen beruhen auf Originalquellen aus Chroniken und Archiven sowie den Angaben aus dem Dominikaner-Orden. Und trotzdem kann nicht immer garantiert werden, dass ein bestimmtes Ereignis auf den Tag genau festgehalten wurde. Manchmal sind auch zwei verschiedene Dinge so dargestellt, als seien sie Eins, ohne es aber wirklich zu sein.

Wie wir wissen, wurde mit dem Bau des Kölner Doms im April des Jahres 1248 begonnen. Am 11. Juni 999 verkündete die Totenglocke des Kölner Doms das Ableben des Erzbischofs Evergerus. Wie kann dies sein? Die Antwort ist einfach darin zu finden, dass es vor dem jetzigen Dom bereits einen Dom in Köln gegeben hat, den Hildebold Dom, der am 27. September 873 nach Erzbischof Hildebold geweiht wurde. Wer dies nicht weiß, für den ist das alles widersprüchlich, verwirrend und unverständlich.

Bei keinem anderen Thema hatte ich mehr den Eindruck, dass durch widersprüchliche und ungenaue Angaben Geschichte von der Schulwissenschaft verfälscht wurde und teilweise auch noch wird. Wenn dies zutrifft, warum wird das gemacht? Will man dadurch etwas vertuschen?

Obwohl meine ersten Ausführungen hierzu in der Anthologie *„Die kosmischen Eingeweihten"* nur mit einer Auflage von 300 Exemplaren im Selbstverlag erschienen, fanden sie ein großes Publikum in der Szene und auch heute noch bekomme ich Anfragen dazu. Eines der Exemplare gelangte seinerzeit über Umwege schließlich auch an einen Novizenmeister des Dominikaner-Ordens. Während eines Kongresses im Jahr 1981 sprach mich eine Dame an, die eine Verwandte eben dieses Novizenmeisters war, die Anthologie damals von mir erworben und dem Dominikaner bekannt gemacht hatte. Wer nun glaubt, der Novizenmeister hätte die Hände über dem Kopf zusammengeschlagen und alles als Unsinn abgetan, der irrt ganz gewaltig. Wie mir die Frau versicherte, sei er im Gegenteil sehr angetan und begeistert gewesen. Er lobte die Recherchen und Ausführungen und schien meine Theorien voll bestätigen zu wollen. Ähnliches geschah nach der Veröffentlichung der ersten Ausgabe von *„Das Mittelalter war ganz anders"*. Auch dieses Buch gelangte in die Kreise der Kirchen. Soweit dazu Kritiken kamen waren die nur positiv und ein Pastor lobte das Buch und seine Recherchen im höchsten Maße. Negative Kritiken aus kirchlichen Richtungen sind mir bis heute nicht bekannt geworden.

Bei meinen ganzen Recherchen zu diesem Buch und seinem Inhalt fügte sich im Laufe der Jahre oft mühelos ein Mosaiksteinchen ins andere. Und so erhielt ich ein völlig neues Bild unserer unmittelbaren Vergangenheit – hier in Deutschland. Es war ein Bild, das absolut nichts mit der Schulwissenschaft gemein hat. Das *finstere* oder *dunkle Mittelalter* gab es nicht, es nicht dunkel, es war voller Licht und wurde nur durch Vertuschung und Verschweigen *finster*. So kam ich unweigerlich zu dem Schluss: Unsere Geschichte wurde verfälscht! Es spielt dabei keine Rolle, ob dies aus Unkenntnis oder Absicht geschah. Die Geschichte muss umgeschrieben werden. Die Beweise sind so umfangreich, dass dies zwingend notwendig wird.

Ob aber jemals eine solche Neufassung unserer Geschichte erstellt wird, ist ungewiss. Welcher Wissenschaftler möchte schon gerne zugeben, dass er sich geirrt und ein Leben lang etwas Falsches gelehrt hat? Es scheint, als ob unsere Wissenschaftler nur in ganz begrenzten, engstirnigen Bahnen denken – ohne die Fähigkeit der Phantasie, die immer dann benötigt wurde, wenn weltbewegende Entdeckungen und Erfindungen gemacht wurden. Da es also zweifelhaft ist, dass die Geschichte in einer offiziellen Version neu geschrieben wird, verstehe ich dieses Buch als den ersten inoffiziellen Versuch dazu.

Wie lange hat es gedauert, bis sich das richtige Weltbild eines Aristoteles oder Kopernikus durchgesetzt und das alte, das falsche, ersetzt hat. Wir stehen heute vor genau dem gleichen Problem wie im Mittelalter. Trotzdem seit damals Jahrhunderte vergangen sind, hat sich diesbezüglich überhaupt nichts geändert. In diesem Sinne befinden wir uns auch heute noch im tiefsten Mittelalter. Der **Vater der Weltraumfahrt**, Prof. Hermann Oberth, sagte einmal vor vielen Jahren: *„Die Wissenschaftler benehmen sich wie voll gestopfte Gänse, die nichts mehr verdauen können. Neue Ideen lehnen sie einfach als Unsinn ab."* Damit hat er völlig Recht und bis heute haben diese Worte nichts an ihrer Gültigkeit verloren.

Doch die Zeit ist langsam dafür reif, dass die Wahrheit über unsere Vergangenheit ans Licht kommt. Wie sagt doch ein altes Sprichwort: *„Nur wer die Vergangenheit kennt, wird die Zukunft kennen lernen!"*

Axel Ertelt
Halver, im Oktober 2009

Kapitel 1: Die Dominikaner, ihr Orden und ihre Rolle bei der Inquisition

Der Heilige Dominikus und die Gründung des Dominikaner-Ordens

Einer der bedeutendsten Theologen des Mittelalters war der gelehrte Kleriker Dominikus. Geboren wurde er als Dominik de Guzmann um das Jahr 1170 in Caleruega/Kastilien. Er stammte aus dem altspanischen Geschlecht der Guzmann. Vor der Geburt des kleinen Dominik hatte seine Mutter einen merkwürdigen Traum, der denkwürdigerweise auf das spätere Wirken des Kindes hinwies. In diesem Traum erschien es der Mutter so, als ob sie einen Hund in ihrem Leibe austrüge, der eine brennende Fackel im Maul hielt. Als der Hund dann ihrem Leibe entstieg, da entzündete das kleine Hündlein die ganze Welt mit seiner Fackel.

Diese Legende war ausschlaggebend für viele Dominikus-Abbildungen späterer Tage, bei denen neben ihm ein schwarzweiß gefleckter Hund zu sehen ist, der eine Fackel im Maul trägt. Solche Darstellungen werden seinem Wirken gerecht, denn schließlich hat sein Leben und Wirken in den Kreisen der Gläubigen, sinnbildlich gesehen, unzählige Lichter entzündet. Wir dürfen ihn daher zu dem Personenkreis zählen, von dem der britische Schriftsteller Walter Raymond Drake schrieb, dass sie *„überragende Genies, Eingeweihte von titanischer Größe"* waren, *„die, von Außerirdischen gelenkt und beeinflusst, eben dieses Licht einst in unserer Welt entzündeten"*.

Als endlich der Tag der Taufe für den kleinen Dominik kam, da gab es bereits die zweite seltsame Erscheinung im Leben des kleinen Knaben. Eine seiner Taufpatinnen erblickte einen Stern auf seiner Stirn, während er aus der Taufe gehoben wurde. Dieser Stern, so heißt es, soll auch in seinem späteren Leben noch häufig von vielen Menschen wahrgenommen worden sein, wenn er glänzend seinen Kopf umstrahlte. Hatten hier außerirdische Mächte dem Kind ein Zeichen mit auf seinen Lebensweg gegeben, das ihn sein Leben lang prägen sollte? Und auch diese Legende wurde Vorbild für viele Dominikus-Bildnisse, auf denen er mit einem Stern über seinem Haupt oder auf der Brust gemalt wurde.

Fast auf allen Abbildungen, die es von dem Heiligen Dominikus gibt, wird er in weißem Habit, Skapulier, Kapuze und einem schwarzen, offenen Mantel dargestellt. Ein Buch ist fast immer dabei und manchmal auch ein Rosenkranz oder eine Lilie als Sinnbild der Keuschheit oder ein Sperling als das der Armut.

Zehn Jahre lang studierte der junge blonde und blauäugige Dominik de Guzmann Theologie und Philosophie in Palenzia, bevor ihn der Bischof von Osma im Jahre 1199 in sein Domkapitel, einem Kollegium von katholischen Geistlichen an bischöflichen Kirchen, einreihte. So wurde Dominikus schließlich Domkapitular im Chorherrenstift Osma und half dem Bischof später bei der Reform des Kapitels und der Leitung der Diözese.

Dann kam das Jahr 1201 und Dominikus begleitete Bischof Diego auf seiner Mission nach Toulouse. Dort stiegen sie in einem Gasthaus ab, dessen Wirt zu den im kirchlichen Sinne ketzerischen Albigensern und Katharern gehörte. Hier machte Dominikus erstmals Bekanntschaft mit dieser Gruppierung. Die Albigenser stifteten große Verwirrung im Volk und führten ein verderbliches Treiben und Leben. So richteten sie großen Schaden unter den Gläubigen an, die zwischen der Kirche und der Häresie hin und her gerissen wurden.

Dominikus erkannte schnell, dass die Methoden des Papstes und der Kirche falsch waren, mit denen diese gegen die Häretiker vorgingen und sie bekämpften. Diese Erkenntnis kam ihm bereits bei dem Wirt des Gasthauses zu Gute, den er in einem langen, nächtlichen Gespräch wieder bekehren und für die Kirche zurückgewinnen konnte.

In den Jahren von 1205 bis 1216 blieb Dominikus in Prouille Languedoc und versuchte dort nach seiner Methode so viele Ketzer aus den Reihen der Albigenser wie möglich zu bekehren. In Montpellier begegnete er einmal drei Zisterzienser-Mönchen, die als päpstliche Legaten den Süden Frankreichs von der Irrlehre der Albigenser reinigen sollten. Die drei hatten jedoch keinen Erfolg und mussten sich als elend geschlagen bekennen. Dominikus erkannte die Gründe dafür sofort: Alle drei Mönche ritten auf prächtigen Pferden und traten überheblich als hohe Herren auf. Währenddessen stellten die Albigenser-Führer ihre eigene Armut geschickt zur Schau.

In dieser Zeit beschlossen Dominikus und Bischof Diego wieder zu Fuß weiter zu ziehen und die Stützpunkte der Albigenser aufzusuchen, um von der Verteidigungsposition in den *offenen Angriff* überzugehen. Hierdurch stellten sich die ersten größeren Erfolge der von den beiden praktizierten neuen Methode ein. Sie mussten dafür allerdings oftmals bis zu zwei Wochen lang hart diskutieren und kämpfen.

Um das Jahr 1215 bauten Dominikus und Bischof Diego gemeinsam in Prouille Languedoc auch ein neues Missionszentrum auf der Grundlage von Armut und Predigt auf. Dieses wurde dann später auch als das erste Dominikaner-Kloster bezeichnet, in dem viele arme und mittellose Menschen aufgenommen wurden. Dadurch konnten die Albigenser mit ihren eigenen *Waffen* geschlagen werden, denn diese praktizierten damals Ähnliches. Gleichzeitig wurde mit der Entstehung dieses Missionszentrums auch der Grundstein zur Gründung des neuen Dominikaner-Ordens gelegt. Obwohl Bischof Diego maßgebend daran beteiligt war, wurde der Orden nach dem später heilig gesprochenen Dominikus benannt.

Von dem neuen Missionszentrum aus unternahm Dominikus seine Wanderungen und schlug sogar drei Bistümer aus, um in seinem Wirken nicht behindert zu werden. Nach dem Tod von Bischof Diego führte Dominikus auf dessen Wunsch das begonnene Werk alleine weiter. Dabei stellte sich Dominikus immer wieder als Wanderprediger in Aufopferung und Armut seinen Gegnern in öffentlichen Diskussionen und begann zu Fuß und ohne Geld, nur von Almosen lebend, den neuen Feldzug gegen die Ketzer.

Es entstanden in dieser Zeit auch weitere Dominikaner-Klöster. Diese inspizierte Dominikus in den Jahren 1218 und 1219. Dabei stellte er fest, dass nicht alle von Armut gezeichnet waren sondern teilweise unnötiges Land besaßen und die Brüder hoch zu Pferde ritten, anstatt in Armut und Demut zu Fuß zu gehen. So räumte Dominikus schließlich beim ersten Generalkapitel der Dominikaner, Pfingsten 1220 in Bologna, gründlich auf. Die Klöster mussten ihr überschüssiges Land und die Pferde zurückgeben. Dadurch wurde der Orden zu seinem ursprünglichen Zweck zurückgeführt.

Eine Legende aus dem Leben des Heiligen Dominikus berichtet, dass eines Tages ein paar Ketzer, die in einem Gespräch mit ihm waren, Dominikus den Vorschlag unterbreiteten, eine von ihnen verfasste Schrift und eine von Dominikus verfasste Gegenschrift gemeinsam ins Feuer zu werfen, um damit zu prüfen, welche Schrift und welcher Glaube der Wahre sei. Dominikus ging darauf ein und rasch war ein großes Feuer entzündet. Beide Schriften wurden hineingeworfen und die der Ketzer verbrannte sofort, während die des Dominikus inmitten des Feuers vollkommen unversehrt blieb und sogar aus diesem wieder herausgeschleudert wurde. Dreimal wurde sie wieder ins Feuer geworfen und immer wieder sprang sie unversehrt daraus hervor. Da erkannten viele der Ketzer, wo der wahre Glaube und die wahre Macht herrschten.

Mit welchem Trick dies ausgeführt wurde, bleibt unbekannt. Vielleicht handelte es sich dabei um eine Schrift, die Dominikus einer anderen Legende zufolge von dem Apostel Paulus in Form eines Buches übergeben wurde. Die Legende dazu besagt, dass er während eines Aufenthaltes in der Kirche des Heiligen Petrus in Rom die beiden glorreichen Apostelfürsten Petrus und Paulus auf sich zukommen sah, die ja eigentlich seit mehr als tausend Jahren tot waren. Petrus überreichte Dominikus einen Stab und Paulus drückte ihm ein Buch in die Hand, mit dem Dominikus später auch immer wieder abgebildet wurde. Beide Apostel sprachen dabei zu ihm: *„Gehe hin und predige durch die Welt, denn du bist von Gott dazu ausersehen."*

Dominikus soll bei einem seiner Aufenthalte in der Heiligen Stadt Rom auch einen Mann aus dem *Reich der Toten* wieder auferweckt haben. Dies aber hätte entweder eine sehr große unbekannte Macht oder modernste medizinische Kenntnisse erfordert, die ihm eigentlich nicht zur Verfügung stehen konnten. Von wem aber hatte er diese Macht oder das Wissen?

Dominikus handelte im Auftrag Gottes und seiner Beauftragten. Zu letzteren gehören zweifelsfrei auch die Engel. Der Schriftsteller und Prä-Astronautik-Forscher Hans-Werner Sachmann verfasste über das Thema „Engel" bereits eine umfassende Abhandlung in Form seines Buches „Die Epoche der Engel". Darin kommt er zu der Schlussfolgerung, dass diese Engel außerirdische Raumfahrer waren, die von den Erdbewohnern als Götter oder zumindest als Boten der Götter verehrt wurden.

Der Halveraner Gerd L. hat im Sommer 1997 eine biblische Ausarbeitung vorgenommen, mit der er als *Leserbrief* an Erich von Däniken zu dessen Hypothesen Stellung nimmt. Darin kommt er zu folgender (Rang-) Ordnung in der Welt Gottes:

1. Der Heilige Geist (als oberster Herr).
2. Gott-Vater.
3. Gott-Sohn (Jesus Christus).
4. Luzifer (er war bis zu seinem Fall der oberste aller Engelsfürsten mit der größten Macht nach Immanuel [= Jesus]. Gerd L. vermutet in ihm auch einen *„Sohn der Dreieinigkeit")*.
5. Die beiden Erzengel Michael und Gabriel (sie sind die persönlichen Engel Gott-Vaters und nur seiner Autorität unterstellt).
6. Die vier Seraphime (die Namen sind unbekannt, sie bewachen und beschützen das Allerheiligste).
7. Die fünf Cherubime Jeremiel, Ariel, Uriel, Raphael und Assuriel. Die Bedeutung des Namens Uriel ist *„Gott ist Licht"*. Er wird auch als *„Lichtengel"* genannt. Prä-astronautische Interpretation: *Elektrotechniker.*

   Raphael – dieser Name bedeutet *„Gott heilt"*. Er gilt als der Heiler unter den Engeln. Prä-astronautische Interpretation: *Arzt.*
8. Die allgemeinen Engel. Mehr als 12 Legionen (= 60.000) sollen Jesus zur Verfügung stehen (nach Matthäus 26,53).

Anhand dieser Aufstellung sehen wir, dass alle Positionen besetzt sind, wenn wir der prä-astronautischen Hypothese folgen und zugrunde legen, dass es sich um ein Raumfahrerkommando eines fremden Sternensystems gehandelt hat, das auf der Erde landete und hier den Menschen (nach seinem Ebenbild) schuf.

Ähnliche Theorien wie zu den Engeln existieren auch um Satan/Luzifer. Er soll demnach aber heute zur Gegenpartei gehören. Die Engel sind die Guten und Satan und seine Genossen die Bösen. Beide Parteien stehen auch heute noch im Krieg miteinander und beide waren auch auf der Erde anwesend. Dadurch wurde dieser Krieg zum Teil auch auf der Erde ausgeführt. Dies ist in vielen Mythen rund um den Globus überliefert. Die Streitigkeiten zogen sich offenbar von biblischen Zeiten über das Mittelalter bis in die nahe Gegenwart. So kam es, dass offensichtlich auch Dominikus nicht davon verschont wurde. Eine Sage aus seinem Leben berichtet dazu folgendes:

Satan selbst versuchte Dominikus auf seine Seite zu ziehen. Als ihm dies nicht gelang, fuhr er ingrimmig wieder herab zur Hölle. Von dort schickte er ein *vorlautes Teufelchen* nach Dominikus zur Erde. Dieses erhielt den Auftrag Dominikus auf die Seite Satans zu ziehen. Doch auch mehrere Versuche dieses *Teufelchens* schlugen fehl und schließlich wurde es gar von Dominikus gefangen genommen. Später wurde es von ihm aber wieder freigelassen und das *Teufelchen* kam kleinlaut zur Hölle zurück. Als Strafe, weil es seinen Auftrag nicht erfüllt hatte, verbannte Satan es für 3.000 Jahre an einen recht ungemütlichen Ort.

Schließlich starb Dominikus am 6. August 1221 nach Abhalten des zweiten Generalkapitels der Dominikaner in Bologna. In dieser Stadt wurde er auch begraben. Obwohl sein Leben nur 51 Jahre währte, zählt er heute zu den bedeutendsten Männern in der Geschichte der katholischen Kirche. Bereits Anfang August des Jahres 1234, zwei Jahre nachdem der Dominikaner-Orden durch den Papst mit der Inquisition beauftragt wurde, fand die Heiligsprechung des Dominikus statt. Das Fest dazu wurde 400 Jahre lang von den Dominikanern am 4. August gefeiert und später auf den 8. August verlegt.

Doch mit dem Tod des Heiligen Dominikus hörten die Legenden und Ereignisse um ihn nicht auf. Nachdem er zuerst in einem *unwürdigen* Grab gelegen hatte, sollte er umgebettet werden. Die Mönche befürchteten, dass sein Leichnam von Würmern zerfressen sei und ganz übel rieche. Dadurch könnten die Zuschauer der Aktion erschreckt und die Verehrung des Heiligen verdunkelt werden. Als man aber den Sarg öffnete, strömte den Anwesenden ein wundersamer und lieblicher Duft entgegen. Ähnliches geschah mit anderen bedeutenden und auch unbekannten Personen im Mittelalter. Darauf werde ich noch gesondert zurückkommen.

So bekam Dominikus, dem man auch die Einführung des Rosenkranzgebetes zuschreibt, noch nachträglich ein ehrenvolles Grab. Es ist heute in St. Domenico in Bologna, im rechten Seitenschiff. An der Arca, so wird es genannt, arbeiteten mehrere bedeutende Künstler des Mittelalters. Zu ihnen gehörten auch Nicolo Pisano, Fra Guglielmo, der Patrone von Bologna Nicolo da Bari und der noch junge Michelangelo. In einem gotischen Reliquiar unter dem Altar der Kapelle befindet sich das Haupt des Heiligen Dominikus.

Dominikus ist Patron der Dominikaner und Schutzheiliger gegen Fieber, weil er selber daran gelitten hatte. Über sein vorbildliches Leben schrieb ein Biograph: „... *in der Demut des Herzens der Letzte, an Heiligkeit der Erste ...*"

Heinrich Heine prägte den bedeutsamen Satz: „*Es kommt auf dieser Welt viel darauf an, wie man heißt; der Name tut viel.*" Und tatsächlich wurden die Namen früher entsprechend ausgesucht. In unserer heutigen Zeit ist das Allgemeinwissen um die Bedeutung der Namen allerdings so gut wie verloren gegangen. Kaum jemand wählt noch für seine Kinder den Namen nach seiner Bedeutung aus und in Kreisen berühmter Schauspieler sind heute die unmöglichsten Namen durchaus gang und gebe. Und trotzdem könnte sich auch eine willkürliche Namengebung auf das künftige Leben eines Kindes auswirken.

Wenn wir unter diesem Gesichtspunkt den Namen Dominik(us) betrachten, so erfahren wir, dass er aus dem Lateinischen abgeleitet ist und soviel bedeutet wie „*der zum Herrn Gehörende*" oder auch „*der zum Herrn Zugehörige*". Mit „*Herrn*" ist dabei Jesus Christus gemeint, der Sohn Gottes. So bedeutet der Name Dominik(us) also, dass er zu Gott gehört und offenbar auch die Interessen und Aufgaben Gottes wahrnehmen soll oder gar muss. Unter den erwähnten Gesichtspunkten der Prä-Astronautik betrachtet könnte man annehmen, dass Dominikus durch den Traum seiner Mutter und der vielleicht darauf beruhenden Namengebung diese Aufgaben vorbestimmt waren. Oder war Dominikus vielleicht gar ein Kind Gottes bzw. der Götter?

Die Dominikaner und die Inquisition

Der Dominikaner-Orden, im Lateinischen *Ordo fratrum praedicatorum* (kurz *OP*), ist ein Seelsorge- und Bettelorden, der mit seinen Regeln an die der Franziskaner und Augustiner anknüpft. Viele bedeutende Theologen des Mittelalters gehörten diesem Orden an, der damals neben dem Franziskaner-Orden der Mächtigste war. Seine ersten Niederlassungen entstanden in Frankreich, Italien, Deutschland, Ungarn und England. Im Jahre 1216 wurde der Orden von Papst Honorius III. bestätigt. Zu diesem Zeitpunkt, ein Jahr nach seiner Gründung, zählte er bereits an die 60 Klöster. An der Spitze des Dominikaner-Ordens steht der Generalmagister in Rom. Sein Sitz ist das *Collegium Angelicum* in der italienischen Hauptstadt.

1232 wurde dem Orden die Inquisition übertragen und seit dem 16. Jahrhundert die Mission in Amerika. 1550 bis 1650 standen die Dominikaner gemeinsam mit den Franziskanern, Augustinern und Jesuiten an der Spitze der katholischen Kirche. Es war eine Zeit der rasanten Ausbreitung in Übersee. Der Einfluss des Ordens wurde vor allem in Mexiko und anderen Staaten Mittel- und Südamerikas, auf den Philippinen, in Indien und Teilen des Fernen Ostens spürbar.

Wegen ihrer weißen Kleidung und der schwarzen Kutten wurden die Dominikaner-Mönche auch *schwarze Brüder* genannt. Während ihrer Mitwirkung bei der Inquisition erhielten sie den Spitznamen *dominici canes*, was zu Deutsch soviel wie *Wachhunde* oder *Spürhunde des Herrn* bedeutet.

Nach jeder Glanzperiode folgt unweigerlich auch eine Zeit des Niedergangs. Das haben uns auch die frühen Hochkulturen zur Genüge bewiesen. Der Dominikaner-Orden erlebte seinen in der Zeit des 17. und 18. Jahrhunderts, in der er nahezu seine Bedeutung verlor. Erst im 19. Jahrhundert erhielt er einen neuen Auftrieb und konnte wieder mehr an Ansehen gewinnen. Im Jahre 1985 zählte der Orden nach offiziellen Angaben an die 8.000 Mitglieder in 31 Provinzen und hat außerdem rund 32.000 Ordensschwestern.

Um die Beteiligung der Dominikaner an der Inquisition und den Kreuzzügen besser zu verstehen, müssen zuerst einmal die Hintergründe beleuchtet werden. Alles auslösender Faktor war die Häresie. Dieser Begriff stammt aus dem griechischen Sprachgebrauch und bedeutet soviel wie *„religiöse Irrlehre"* oder *„Ketzerei"*. Die Vertreter dieser Irrlehre wurden Häretiker oder Ketzer genannt. Dazu lesen wir im Lexikon: *„.... Angehörige einer Religionsgemeinschaft, die von der allgemein als ‚rechtsgläubig' angenommenen Lehre abweicht. Jeder, der ein Dogma der katholischen Kirche nicht anerkennt."*

Von dem Begriff Dogma stammt der Ausdruck *„Dogmatiker"*. Ein solcher ist im Gegensatz zu den Häretikern ein Lehrer der christlichen, unumstößlichen Glaubenssätze, der diese ohne Prüfung der gedanklichen

Grundlagen übernimmt und lehrt. Immanuel Kant betrachtete dies als *„philosophieren ohne kritische Erkenntnistheorie"*.

Zu den größten Häretikern des Mittelalters gehörten die Albigenser. Sie sind jedoch unter der aus dem Griechischen stammenden Bezeichnung Katharer am bekanntesten. Der Name bedeutet soviel wie *„die Reinen"*. Bei ihnen handelt es sich um einen Zweig der im 11. Jahrhundert vom Balkan nach Oberitalien eingedrungenen Neumanichäer. Einige Lexika bezeichnen sie als eine *„christlich-manichäische Sekte"*.

Aus einem Teil dieser Katharer und ihren Anhängern wurden später die Einwohner der südfranzösischen Stadt Albi, die dort im 12. Jahrhundert ihre eigene Lehre gründeten und als Anhänger der gesamten Katharer-Sekte für eine *„Reinigung des Kirchenlebens"* stritten. Deshalb wurden sie auch als Anhänger der Irreligiosität oder als Religionslose bezeichnet. Auch der Begriff der Gegenkirche kam auf und fand im Zusammenhang mit den Albigensern immer wieder Bezug. Eine der bekanntesten Persönlichkeiten, der die Katharer und insbesondere den Zweig der Albigenser immer wieder unterstützte, war der Graf von Toulouse.

Papst Innozens III. war einer der ersten Kirchenfürsten, die die Katharer des Hochverrats beschuldigten, denn sie verwarfen die römische Kirchenlehre immer wieder aufs Neue. Im inneren Gemeindekreis übten sie *consolamentum*, die Geistestaufe. Strengste Askese und Verwerfung der kirchlichen Sakramente, Altäre, Kreuze und Bilder waren genauso an der Tagesordnung wie die später auch von der katholischen Kirche praktizierten Heiligen- und Reliquienverehrungen. All dies aber stand damals im krassen Gegensatz zu den Lehren und Glaubensgrundsätzen des Christentums.

Die Katharer waren durch die Albigenser besonders in der französischen Provence stark vertreten, aber auch im übrigen Frankreich und in Italien weit verbreitet. Sie teilten sich in zwei Schichten von *„Gläubigen"*: die *perfecti* und die *credenti*. Die *perfecti* führten ein Leben in Armut, ähnlich wie später auch die Dominikaner es taten und lebten dabei nur von den Spenden ihrer Anhänger. Sie hatten das *consolamentum* empfangen, während es die *credenti* noch nicht erhielten. Diese lebten in strenger Armut als Asketen mit Keuschheit, Vegetarismus, häufigen Fasten und Verzicht auf Ehe und Eid.

Die Katharer glaubten an zwei Götter, einen guten, der die unsichtbare, geistige Welt erschuf und einen bösen Gott, der die sichtbare, materielle Welt erschaffen hatte. Letzterer war nach ihrer Auffassung auch der Gott des Alten Testaments, der gleichzeitig auch die menschlichen Körper erschuf. Dabei hatte dieser, von den Katharern als *„böser Gott"* angesehene auch die menschliche Seele in den materiellen Körper eingesperrt. Der Tod veranlasst nach dieser Ansicht die Seele nur, von einem Körper in einen anderen menschlichen oder tierischen Körper zu wandern. Wir haben es hier also mit der Seelenwanderung oder Reinkarnation zu tun, wie sie als Wiedergeburt auch im Buddhismus gepredigt wird. Ähnlich wie dort glaubten die Katharer eine Erlösung aus diesem Teufelskreis nur durch einen Ausbruch erlangen zu können. Und demzufolge war dann auch Jesus Christus, der als Gottes Sohn von diesem gesandt wurde um den Menschen den Weg zur Erlösung zu offenbaren, nur ein Leben spendender Geist, dessen irdischer Körper nur eine Erscheinung war.

Die Katharer akzeptierten zwar das Neue Testament, lehnten aber die Fleischwerdung und die Sakramente ab. Das einzige Sakrament, von dem sie glaubten, es befähige die Seele der bösen und materiellen Welt zu entkommen, war das *consolamentum*, gespendet durch Handauflegung – ähnlich, wie dies heute Wunderheiler bei Kranken praktizieren. Das *consolamentum* soll bereits seit apostolischer Zeit durch eine Sukzession *„guter Männer"* überliefert worden sein. Doch die Kirche verkehrte nach Meinung der Katharer die Lehren und Ordnungen Christi und wurde dabei vom bösen Geist der Materie versklavt. Die Katharer, insbesondere wieder die Albigenser, forderten die Rückkehr zu den Sitten der Urkirche. Ihnen gehörte die Mehrheit des Bürgertums und des Adels im Frankreich des 13. Jahrhunderts an.

Bei diesem ganzen, offensichtlichen Dilemma wird man schon fast wieder an die Streitigkeiten der Götter untereinander erinnert. Und so stellt sich hier die Frage, ob die Differenzen und Meinungsverschiedenheiten zwischen den Katharern und den Dogmatikern noch eine Auswirkung bzw. Folge der alten Götterkriege waren.

Dann kam das Jahr 1209, in dem Papst Innozens III. auf Grund der dualistischen Anschauung der Albigenser die so genannten Albigenser-Kreuzzüge veranlasste, die bis 1229 andauern sollten. Dabei wurden die Albigenser vorerst mit Erfolg eingedämmt. Dieser Erfolg hielt jedoch nur bis zum Jahre 1250 an. Dann traten die Albigenser wieder massierter in Erscheinung. Im Jahre 1232 wurde schließlich der Dominikaner-Orden mit der Inquisition beauftragt, in deren Verlauf die Albigenser praktisch endgültig von der Bildfläche verschwanden. Die Sekte der Katharer wurde ab der Mitte des 14. Jahrhunderts als Gesamtheit bedeutungslos.

Im Auftrag der Heiligen katholischen Kirche wurden während der Inquisition mit die scheußlichsten Verbrechen der Menschheitsgeschichte begannen, die vermutlich selbst die Verbrechen der Nazis im Dritten Reich bei weitem übertrafen. Mit Hilfe der Inquisition und der Jesuiten wurde später, im 16. und 17. Jahrhundert, auch die Gegenreformation durchgeführt.

Der Begriff Inquisition stammt vom Lateinischen *inquisitio* und bedeutet etwa soviel wie *„Aufsuchen (der Wahrheit)"*. Er wurde für *„gerichtliche Untersuchungen"* verwandt. Die Inquisition (*Sanctum Officium*) ist das geistliche Gericht der katholischen Kirche zur Reinhaltung des Dogmas und der Verfolgung und Unterdrückung in Glaubensfragen. Es wurde im 13. Jahrhundert ausgebaut und geregelt. Die Inquisitionsgerichte unter dem Vorsitz von Inquisitoren, die meistens Dominikaner waren, verwandten häufig Folter und straften mit dem Feuertod, Vermögensentzug usw. Sie waren damit gleichzeitig ein wichtiges politisches Werkzeug der katholischen Kirche und eine verhängnisvolle Schwächung der Volkskraft.

Einer der Begründer und wahrscheinlich der Hauptverursacher, war der damalige Heilige Vater, Papst Innozens III. (1198 – 1216). Er erhob die Lehre von der Transsubstantiation zum Dogma und unterdrückte dann die Albigenser durch Kreuzzug und Inquisition. Innozens war der Name von insgesamt 13 Päpsten. Der Name bedeutet zu Deutsch: *„der Unschuldige"*. – Das ist ein bezeichnender Name für einen Mann der Kreuzzüge und Inquisition, in deren Verlauf viele unschuldige Menschen ihr Leben lassen mussten. Wo war hier die Akzeptanz der Bibelworte und Nächstenliebe wie *„Liebet eure Feinde"* oder des Gebotes *„Du sollst nicht töten"*?

Erst im März 2000 bekennt die römisch-katholische Kirche sich offiziell und umfassend zum ersten Male zu ihrer Schuld am Tod von Millionen Menschen. Papst Johannes Paul II. bat öffentlich um Vergebung für die Fehler der Vergangenheit zu denen neben der Spaltung der Kirche, den Feindseligkeiten gegenüber anderen Religionen und die Leiden, die den

Juden zugefügt worden seien insbesondere auch *„die Gewalttaten während der Kreuzzüge und der Inquisition"* gehörten. Allerdings sprach er dabei von der Schuld Einzelner (innerhalb der Kirche), nicht von der der Kirche als Gesamtheit.

Im Verlauf der Inquisition, die bis zum Ende hin immer mehr in ausgesprochene Wahnsinnsgemetzel ausartete, genügte schließlich der geringste ausgesprochene Verdacht, um den Denunzierten ein qualvolles Ende ihres Lebens in Aussicht zu stellen, vor dem dann nur die wenigsten Menschen bewahrt wurden. Zuerst waren es nur Fremde und zum Schluss machte die Denunzierung nicht einmal mehr vor der eigenen Familie halt.

Die grausamsten Mittel der Folter wurden angewandt um einen Verdächtigen zum Sprechen zu bringen. Unschuldige wurden von vornherein ausgeschlossen und so halfen alle Beteuerungen der Betroffenen über ihre Unschuld nichts. Fast immer wurden so Geständnisse erpresst, die von Taten berichteten, die niemals begangen wurden. Alles, was die Inquisitoren hören wollten, bekamen sie auch zu hören. Nur wer sofort gestand, der wurde von der Folter weitgehend verschont. Dem Heiligen **Dominikus** und seinem Dominikaner-Orden ist es zu verdanken, dass viele unschuldige Menschen noch kurz vor dem sicheren Tod bewahrt werden konnten, indem sie oftmals bereits auf dem Scheiterhaufen oder am Galgen zum *„wahren Glauben"* bekehrt wurden.

Um das Jahr 1205 wurde in Verona der Heilige Petrus Martyr **von** Verona, der teilweise auch kurz Petrus von Verona oder einfach Peter Martyr genannt wurde, geboren. Er war eines der besten Beispiele dafür, dass man die Inquisition auch human, im Sinne des Dominikaner-Ordens, dem er angehörte, durchführen konnte. Seine Eltern gehörten den Katharern an. Sie glaubten an die Herrschaft des Bösen in der Welt und an die Seelenwanderung, wie sie von den Katharern immer wieder gepredigt wurde. Außerdem stießen sie ständig Lästerungen gegen die Kirche und die Sakramente aus und verbannten das Kreuz aus ihrem Hause. Trotzdem ließen sie es zu, dass Petrus von katholischen Priestern erzogen wurde. So konnte er im Alter von 15 Jahren an die Universität von Bologna gelangen, wo gerade der neue Dominikaner-Orden das erste Generalkapitel abhielt. Petrus bat um seine Aufnahme in den Orden, die ihm vom Ordensstifter Dominikus persönlich gewährt wurde.

Durch seine Predigten, die er so hinreißend und überzeugend abhalten konnte, gelangten viele Irrgläubige und Katharer zum rechten Glauben der katholischen Kirche zurück. Dadurch schöpfte die katholische Obrigkeit neue Hoffnung und übertrug ihm die Inquisition in Oberitalien. Seine Mitbrüder erhoben Petrus zum Prior des Klosters Como. Sein Amt als Inquisitor übte er mit äußerster Nachsicht aus und handelte dabei strikt nach dem Wort des Herrn: *„Ich will nicht den Tod des Sünders, sondern dass er sich bekehre und lebe!"*

So war der Inquisitor Petrus Martyr von Verona jederzeit bereit, alles Gewesene zu verzeihen und den Arm des Henkers aufzuhalten, wenn er auch nur die geringste Spur von Reue bemerkte. Bis zum Galgen oder Scheiterhaufen rang er um jede Seele der Sünder und viele verdankten gerade ihm die Rettung vor dem sicheren Tod. Für die Katharer aber war Petrus ein Dorn im Auge, der beseitigt werden musste. So legten sie ihm einen Hinterhalt, in den er am 6. April des Jahres 1252, dem Samstag nach Ostern, geriet, als er über die Straßen von Como nach Mailand wanderte. Die Ketzer stießen ihm einen Dolch in die Brust. Sterbend sprach er das Credo und sank mit dem Bekenntnis des wahren Glaubens auf seinen Lippen in den Staub der Straße, bevor die Katharer seinem Leben endgültig ein Ende bereiteten, indem sie ihm den Kopf spalteten. In der Portinari-Kapelle in Mailand ist noch heute das Grab des später heilig gesprochenen Dominikaners zu sehen.

Nach der Ermordung des Inquisitors Petrus Martyr von Verona wurde die Zahl der Dominikaner-Inquisitoren in der Lombardei von bisher vier auf insgesamt acht verdoppelt. An der Bahre, auf der Petrus aufgebahrt war, *„erblühten Wunder über Wunder"*, die allerdings nicht näher bekannt wurden. Aufgrund dieser Wunder wandten sich viele Führer der Irrlehre von dieser ab, was zur Folge hatte, dass die Sekte der Katharer in dieser Gegend zerfiel und schließlich ganz von der Bildfläche verschwand. Der Mörder des Heiligen Petrus starb später als Dominikaner-Bruder im Kloster zu Forli. Noch in seinem Tode hatte Petrus die Seele seines Mörders gerettet.

Jordanus von Sachsen – Der erste Techniker des Dominikaner-Ordens

Der Name Jordanus ist seit der Zeit der Kreuzzüge in Europa gebräuchlich. Er hat seinen Ursprung vom Jordan, dem Fluss, der auch der *„Immerfließende"* genannt wird. Das Autorenpaar Erna und Hans Melchers schreibt in seinem Buch *„Die Heiligen – Geschichte und Legende"* dazu: *„...und passt, wie einer seiner Biographen poetisch feststellt, zu dem heiligen ‚Dominikaner-Mönch als sei er eigens für ihn gemacht'. Immer unterwegs für Christus, rastlos seinen Aufgaben hingegeben..."*

Jordanus von Sachsen, in einigen Quellen auch Jordanus Nemoraius genannt, wurde wahrscheinlich um das Jahr 1190 (einige Quellen sprechen auch von kurz vor, bis um 1200) in einem Ort namens Borgeberge bei Dassel in Niedersachsen geboren. Daher auch sein Beiname „von Sachsen". An einigen Stellen wird behauptet, dass seine Geburtsstätte der Ort Borgeberge in der Nähe von Paderborn in Westfalen war. Dies dürfte aber mit an Wahrscheinlichkeit grenzender Sicherheit falsch sein.

Seit dem Jahre 1210 studierte er an der Universität in Paris Philosophie und Theologie. Dort promovierte er auch 1218 zum *Magister artium* (kurz *M.A.*) und lernte Albertus Magnus kennen und schätzen. Die Freundschaft, die Jordanus von Sachsen mit Dominikus verband, bewog ihn schließlich auch zum Eintritt in den Dominikaner-Orden. Dies geschah am Aschermittwoch des Jahres 1220. Er trat dem Orden als Diakon bei und war zu dieser Zeit unter dem Namen Bakkalaureus der Theologe bekannt. Rasch erwarb er sich bei seinen Mitbrüdern ein beträchtliches Ansehen und wurde bereits zwei Monate nach seinem Ordensbeitritt als Novize zum Generalkapitel nach Bologna entsandt.

Sein rasanter Aufstieg ging Pfingsten 1221 weiter, als er zum Provinzial der Lombardei ernannt wurde. Ein Jahr später, Pfingsten 1222, wurde er Nachfolger des Ordensstifters Dominikus, der ein Jahr zuvor verstorben war. So stieg Jordanus von Sachsen innerhalb von zwei Jahren zu einem Amt auf, das sonst nur dem Erfahrenen und Würdigsten nach allen Regeln der mönchischen Tradition zukommt. Innerhalb von nur zwei Jahren nach seinem Eintritt in den Orden war er der zweite Ordensgeneral. Ein Aufstieg, wie es ihn im Verlaufe der Geschichte kein weiteres Mal gegeben hat.

Jordanus von Sachsen hatte, ähnlich wie Petrus Martyr von Verona, eine hinreißende Beredsamkeit und außerdem noch ein sagenhaftes Organisationstalent. Man sagt ihm nach, dass er in seinem ganzen Wesen das Abbild des Meisters gewesen sei. Ganz Europa und die Küsten Kleinasiens waren Schauplatz seines Wirkens. Dreimal durchquerte er ganz Deutschland, neunmal legte er die Strecke Bologna – Paris zurück, und dies alles zu Fuß, ohne Pferd und Wagen.

Rund 250 Klöster wurden von Jordanus gegründet und mehr als tausend (eine Stelle berichtet sogar *„etliche tausend"*) Ordensbrüder nahm er persönlich in den Orden auf. Darunter waren auch Albertus Magnus und der spätere Papst Innozens V. Die Klöster, in die er kam, glichen bei seiner Ankunft einem schwärmenden Bienenstock, wenn er nur schon von weitem sichtbar war. Durch Jordanus von Sachsen gewannen die Dominikaner auch zwei Lehrstühle an der Universität von Paris. Zeitweise war er noch an der päpstlichen Kurie tätig und auf der Höhe seines Lebens machte Jordanus noch den Versuch die Sarazenen für das Christentum zu gewinnen.

Auf all seinen Wegen durch das weite Land ließ er die ihn begleitenden Brüder vorangehen, um alleine zu sein. Tief in seine Gedanken versunken und meditierend lief er oftmals querfeldein ohne auf den Weg zu achten und musste dann von seinen Brüdern häufig mühsam wieder gesucht werden. Nicht selten kam es vor, dass sie ihn ohne Mantel fanden. Diesen hatte er dann einem Bettler geschenkt und entschuldigte sich mit den Worten: *„Besser den Mantel verloren, als meine Liebe."*

Es heißt über Jordanus auch, dass er sich zu den Tieren des Feldes niederbeugen konnte, die ihm auf rätselhafte Weise gehorchten, wenn er sie heranlockte. Dies erinnert an uralte Mythen und Legenden aus einer Zeit, die schon viele Tausend Jahre zurückliegen muss, und von der die Sage berichtet, dass damals noch die Menschen mit den Tieren sprechen konnten – so, wie es die Menschen heute untereinander machen.

Am 13. Februar 1237 endete das Leben des Jordanus von Sachsen. Er befand sich gerade auf der Rückreise von einer Inspektion der Dominikaner-Klöster Palästinas, als das Schiff mit dem er fuhr in einen schweren Sturm geriet und vor der syrischen Küste unbarmherzig in die Tiefe des Meeres gerissen wurde. Ein paar Quellen behaupten, dass sein Leichnam nie gefunden wurde. Daraus resultieren Spekulationen, dass er bei dem

Unglück gar nicht ums Leben kam, sondern auf irgendeine wundersame Weise (vielleicht von Außerirdischen?) gerettet wurde. Diese Hypothese wird dann verständlich, wenn man die technische Seite des Jordanus von Sachsen in Betracht zieht, auf die ich unten noch zu sprechen komme.

Andere, historisch glaubwürdigere Quellen wissen aber zu berichten, dass der Leichnam des Jordanus bei Akkon an Land gespült wurde. In der Kapelle des nahe liegenden Dominikaner-Klosters soll er dann beigesetzt worden sein. Fast 600 Jahre später, im Jahre 1828, wurde Jordanus von Sachsen selig gesprochen.

Einige Quellen, die der Öffentlichkeit kaum oder sogar gar nicht bekannt sind, berichten, dass Jordanus auch eine bemerkenswerte Gestalt in der Kunst und Entwicklung der Mechanik (= Technik) war, der mehrere Grundlagen von Isaac Newton vorwegnahm. Auch heißt es: *„In drei mathematischen Abhandlungen, die es an Mut und Einfluss mit denjenigen des* **Fibonacci** *aufnehmen können, verteidigte er die indischen Zahlzeichen und brachte die Algebra vorwärts, indem er seinen allgemeinen Formeln regelmäßig Buchstaben an Stelle der Zahlen setzte. In seiner ‚Elementa super demonstrationem ponderis' befasste er sich mit der Komponente der Schwerkraft in einer Flugbahn und stellte den als Axiom des* **Jordanus** *bekannten Grundsatz auf: was ein bestimmtes Gewicht auf eine gewisse Höhe bringen kann, bringt ein um K höheres Gewicht auf eine um K geringere Höhe. In einer zweiten Abhandlung ‚De ratione ponderis' (die aber vielleicht auch von einem seiner Schüler stammen könnte) wird der Begriff des statischen Momentes – das Ergebnis eines Druckes auf einen Hebelarm – untersucht, wobei moderne Gedanken über die Mechanik des Hebels und der geneigten Ebene zum Ausdruck kommen. In einem dritten Werkchen, das der ‚Schule des* **Jordanus**' *zugeschrieben wird, erscheint zaghaft die Theorie der virtuellen Verdrängung – ein Prinzip, das von* **Leonardo da Vinci, Descartes** *und* **Johann Bernoulli** *entwickelt wurde und im 19. Jahrhundert durch* **J. Willard Gibbs** *die endgültige Formulierung fand.“*

Wie wir sehen, war Jordanus von Sachsen auch in technischen Dingen hoch bewandert und gab dieses Wissen und seine Erfahrungen auch an seine Schüler weiter. Vielleicht erbte von ihm auch Albertus Magnus einen Teil seines Wissens um all die technischen Dinge, mit denen er sich befasste.

Wo aber bezog Jordanus von Sachsen sein Wissen um die Technik her? Von Technik war damals nur wenig bekannt. Begriffe und Formulierungen aber wie beispielsweise *„Komponenten der Schwerkraft in einer Flugbahn"* oder *„auf Höhe bringen"* stammen aus der modernen Flugtechnik der Luft- und Raumfahrt. Wie kam Jordanus zu diesen und was wusste er von Flugbahnen und Schwerkraft? Diese Begriffe passen für unseren von der Schulwissenschaft geprägten Verstand so gar nicht in die Zeit des angeblich doch so finsteren Mittelalters. Gab es damals Personen, die darüber Bescheid wussten und Jordanus davon berichteten, ihn vielleicht sogar darin schulten? Wenn dies der Fall war, dann müssen es hochgestellte Intelligenzen gewesen sein, die nicht von dieser Welt waren.

Albertus Magnus kommt ins Spiel des Lebens

Geboren wurde Albertus Magnus vermutlich als Sohn einer Dienstmannen- (Ministerialen-) Familie (nicht als Graf Albrecht von Bollstadt aus dem Geschlecht der Ritter **von** Bollstadt, wie einige Quellen irrtümlich angeben) um das Jahr 1193 im schwäbischen Lauingen an der Donau. Sein Vater war ein bürgerlicher Beamter in der Stadt. Bis ins 19. Jahrhundert soll auch das Geburtshaus von Albertus Magnus noch gestanden haben und mit einem Kräutergarten, der aus seiner Zeit stammte, umgeben gewesen sein. Heute steht an dieser Stelle ein neues Haus und nur noch eine Hinweistafel an der Mauer, die kaum beachtet wird, kündet von seiner einstigen Geburtsstätte.

Schon in seiner Jugendzeit beschäftigte sich Albert von Lauingen, wie er zuerst genannt wurde, viel mit der Natur und deren unergründeten Kräften. In diesem Zusammenhang ist vielleicht auch ein Buch erwähnenswert, das den Titel *„Albertus Magnus bewährte und approbierte sympathetische und natürliche egyptische Geheimnisse für Menschen und Vieh"* trägt. Das Werk ist sehr umstritten und wird offiziell nicht als Schrift von Albertus Magnus anerkannt. Dies wird durchaus zutreffen, denn es ergibt sich hier auch mehr der Eindruck, dass der Name Albertus Magnus keine Autorenangabe ist, sondern bereits zum Titel gehört. Persönlich möchte ich es aus einer Intuition heraus dann auch einem seiner Schüler zuschreiben, ohne dafür aber einen Beweis zu haben. Im Kapitel 5 werde ich noch ausführlicher auf dieses Buch eingehen.

Im Jahre 1222 taucht Albert von Lauingen erstmals in Oberitalien auf und lässt sich an der Universität von Padua einschreiben, wo er auch Jordanus von Sachsen, der zu diesem Zeitpunkt bereits Nachfolger des verstorbenen Dominikus ist, kennen lernt. Dieser konnte ihn im darauf folgenden Jahr 1223 überreden in den Dominikaner-Orden einzutreten. Jordanus nahm Albert persönlich auf, kleidete ihn ein und schickte den neuen Ordensbruder nach Köln, wo er den Namen Albert von Köln erhielt.

Abb. 1: Das Albertus-Magnus-Denkmal an der St.-Andreas-Dominikanerkirche in Köln, in deren Kellergewölbe sich heute sein Sarkophag befindet. (Foto: Axel Ertelt)

Zwischen den Jahren 1234 und 1242 war er auch als Lektor an den Konventen zu Hildesheim, Freiburg im Breisgau, Regensburg und Strassburg tätig. In letzterer Stadt hat er vermutlich auch seinen zweiten Schüler, Ulrich von Strassburg, kennen gelernt. Nach dem Tode des Jordanus von Sachsen, im Jahre 1237, stellte man Albertus Magnus auch für das Amt des Ordensmeisters auf, ohne ihn dann jedoch zu wählen.

Nach Abschluss seines Theologiestudiums in seiner zweiten Heimat Köln wurde Albertus Magnus als erster Deutscher auf einen Ordenslehrstuhl an der Universität in Paris berufen. Dies war etwa um 1242/1243. In Paris traf er erstmals mit seinem späteren Schüler Thomas von Aquin zusammen. Beide sind im Jahr 1248, dem Jahr der Grundsteinlegung des heutigen Kölner Domes, wieder in Köln. Zumindest Albertus Magnus wird kurz darauf auch direkt in den Bau des Domes verwickelt werden. Dies werde ich später noch ausführlich abhandeln.

Albertus Magnus war immer und überall für jeden da. So kam es, dass er auch des Öfteren die Aufgabe eines Friedensstifters oder Schiedsrichters übernahm. Dies geschah beispielsweise zwischen dem Erzbischof und den Bürgern in Köln in den Jahren 1252, 1258 und 1271. Einmal ging es dabei um das Münzrecht der Stadt. Der Streit darum endete, als Albertus dem Bischof empfahl, sich aus dieser Angelegenheit herauszuhalten. Das war ein obligatorischer Spruch eines Dominikaner-Mönches gegen den Bischof.

Sein weiteres religiöses Leben verlief danach wie folgt: Am 5. Januar 1260 ernennt ihn Papst Alexander IV. zum Bischof von Regensburg. Während seiner dortigen Amtszeit erhielt er im Volksmund den Namen **Bundschuh**. Etwa zwei Jahre blieb er in seinem Regensburger Bischofsamt. Danach sandte ihn der Papst als Kurier quer durch Deutschland und Böhmen um den Kreuzzug zu predigen. Ab dem Jahre 1269 ist er schließlich wieder in Köln und kann sich vorerst hauptsächlich seiner Wissenschaft widmen.

Im Jahre 1273 reiste Albertus Magnus nach Nymwegen und 1274 nahm er als führender Theologe am Allgemeinen Konzil von Lyon teil. 1275 soll er noch einmal einen Streit zwischen der Kölner Bürgerschaft, dem Erzbischof und der Kurie geschlichtet haben. Um das Jahr 1277 eilte er nach Paris, um dort an der Universität die Lehre seines Schülers Thomas von Aquin zu verteidigen.

Am 15. November 1280 war sein Leben schließlich beendet. Er starb in Köln, seiner zweiten Heimat. Sein Grab befindet sich heute in den Kellergewölben der aus dem 13. Jahrhundert stammenden St.-Andreas-Kirche in Köln, die seit 1947 von den Dominikanern betreut wird und in unmittelbarer Nähe des Kölner Domes steht. Unter dieser spätromanischen Kirche mit ihrem gotischen Chor befindet sich eine Krypta aus dem 11.

Jahrhundert, in der sich in einem steinernen römischen Sarkophag, unter gotischer Ausstattung, heute seine Gebeine befinden.

Erst im Jahre 1931 wurde Albertus Magnus in das Verzeichnis der Heiligen aufgenommen. Der Tag, an dem er kanonisiert bzw. heilig gesprochen wurde, war der 15. November 1931 – genau 651 Jahre nach seinem Todestag. Heute ist er auch in das „Fürbittgebet zu den Kölner Heiligen" aufgenommen: „(V) Heiliger **Albert der Große**, du Fürst der Weisheit und des Friedens: (A) bitte für uns ..."

Der Name Albertus, abgeleitet von Albert, ist eine Kurzform des Namens Adalbert. Dieser bedeutet „aus edlem Geschlecht" oder auch „der Edelglänzende aus leuchtendem Geschlecht". Auf seine irdische Abstammung trifft dies zweifelsfrei zu. Neben Päpsten, Kaisern und Königen ist Albert der einzige Wissenschaftler, dem die Nachwelt den Beinamen „der Große" gegeben hat. Die Kölner nennen ihn noch heute Sint Mang. Der Ehrentitel wurde zum Eigennamen und so entstand der lateinische Name Albertus Magnus. Magnus heißt im Deutschen „der Große". Bekannt geworden und in die Geschichte eingegangen ist er unter seinem lateinischen Namen. Eine besondere Ehrung dürfte auch die ihm – wohl lange nach seinem Tod – gewidmete Bezeichnung als „Geistfürst des Mittelalters" sein.

Die tiefste Erkenntnis des Albertus Magnus ist vielleicht in seinem folgenden Satz dargelegt: „Will man fragen nach den Geheimnissen **Gottes**, so frage man nach dem ärmsten Menschen, der mit Freuden arm ist aus Liebe zu **Gott**; der weiß von **Gott**es Geheimnissen mehr als der weiseste Gelehrte auf Erden." Der Dominikaner-Novizenmeister Meinolf Lohrum schrieb einmal über Albertus Magnus: „In all seinem Forschen begegnete ihm **Gott**."

Der von der katholischen Kirche und dem Dominikaner-Orden immer nur als Philosoph und Theologe betitelte Albertus Magnus wurde wegen seines ungeheuren Wissens von Historikern auch als „Doctor universalis" geführt. Diese Betitelung ist Beweis dafür, dass die Philosophie und Theologie nicht die einzigen Wissensgebiete waren, mit denen sich Albertus Magnus in seinem Leben beschäftigte. Er war es schließlich auch, der die Lehre des **Aristoteles** in die Scholastik einführte, was wiederum auch ein Grund war, aus dem er als umfassender Gelehrter des Mittelalters gilt. Er hat Aristoteles nicht nur kommentiert, sondern auch in einigen Punkten ergänzt. Das zeugt wiederum von einem ungeheuren Wissen in Astronomie oder Kosmologie, wie man es früher auch nannte, mit dem er „*die Tür zur Neuzeit aufstieß*".

Der Dichter Heinrich von Würzburg nennt Albertus Magnus bereits um 1265 (also schon zu Lebzeiten) „*ein universelles Genie*". Albertus hinterließ ein Werk, das heute rund 40 Bände zählt und Abhandlungen über Theologie, Philosophie, Grammatik, Mathematik, Biologie, Astronomie, Chemie und Alchemie enthält. Auch soll er als Erster über die chemische Zusammensetzung von Zinnober, Blei und Mennige geschrieben haben.

Den größten Teil all dieser Werke verfasste er vermutlich zwischen 1250 und 1270. Das war die Zeit, in der er als Lehrer, Provinzial, Kreuzzugsprediger und Bischof tätig war. Diese Aktivitäten allein müssen ihn schon ungeheuer in Anspruch genommen haben. Umso erstaunlicher ist dabei seine schriftstellerische Leistung. Manfred Entrich OP schreibt dazu: „*Man fragt sich also, wie er überhaupt Zeit und Kraft fand, das alles niederzuschreiben. Erst recht kommt man ins Staunen, wenn man bedenkt, welch ungeheures Maß an Vorarbeiten dafür nötig war: Sammlung des Materials, Sichtung und Ordnung des Stoffes, Kraft zur Zusammenschau und Darstellung. ... Man steht vor einem Rätsel, wie* **Albert** *in seinem zwar langen, aber doch auch mit vielen anderen als nur wissenschaftlichen Aufgaben ausgefüllten Leben das alles bewerkstelligte.*"

Die letzten Absätze waren nur ein paar Andeutungen auf die technische, wissenschaftliche und magische Seite des Albertus Magnus. Es könnten erste Indizien dafür sein, dass er ein Wissen besaß, das es eigentlich, nach der gültigen Schulmeinung, im Mittelalter nicht geben konnte. Vielleicht ist ja auch Alberts Satz „*Ein Mensch, der mit den Sorgen des Alltags restlos erfüllt ist, kann die Weisheit nicht erlangen*", heute noch gültig und betrifft die Wissenschaftler der Gegenwart mit ihrer Sorge um die mögliche Erkenntnis, dass sie sich ganz gewaltig geirrt haben. Hatte dies vielleicht auch Siddharta Gautama erkannt, als er in die Welt hinauszog, zur Erkenntnis kam und dann als **Buddha** auf Erden weilte? Wenn man Alberts Satz „*Du darfst niemanden so lieben, dass du ihm zuliebe die Wahrheit aufgäbest*" nur ganz minimal abändert, indem man das Wort „*niemanden*" durch das Wort „*nichts*" ersetzt, so sollten sich die Wissenschaftler unserer Tage hierzu einmal ernsthafte Gedanken machen. Vielleicht kämen dann endlich neue Erkenntnisse über unsere Vergangenheit auch in der Schulwissenschaft zum Durchbruch.

34

Alberts Schüler Ulrich von Strassburg und Thomas von Aquin

Obwohl Ulrich von Strassburg der Lieblingsschüler von Albertus Magnus gewesen sein soll, ist von ihm viel weniger überliefert als von Thomas von Aquin. Das hängt wahrscheinlich damit zusammen, dass Albertus mit Ulrich nicht so häufig zusammen war, und dass Thomas bei der technischen Seite des Albertus eine tragische Rolle gespielt hat, auf die ich später noch näher eingehen werde.

Andere Namen, unter denen Ulrich von Strassburg Erwähnung fand und in die Geschichte einging sind Ulrich Engelberti von Strassburg, in der Kurzform davon auch Ulricus Engelberti und Ulricus de Argentina. Letzterer deutet darauf hin, dass er einen Teil seines Lebens und Wirkens in Argentinien vollbrachte, wahrscheinlich um dort in den Dominikaner-Klöstern als Missionar tätig zu sein und zu lehren. Dadurch wird verständlich, dass Ulrich von Strassburg nur wenig im Zusammenhang mit Albertus Magnus Erwähnung findet.

Geboren wurde Ulrich vermutlich um das Jahr 1200 in Strassburg. Daher stammt auch wieder sein Namenzusatz *„von Strassburg"*. Der Vorname Ulrich ist eine Kurzform von Uldarich. Die Bedeutung dieses Namens wird mit *„Mächtig durch Erbbesitz"* oder auch mit *„Herr des Besitzes"* interpretiert.

Es heißt, dass Albertus Magnus einige Zeit in Strassburg verbrachte. Dies war vermutlich um das Jahr 1268, als Ulrich an seiner theologischen Summe arbeitete. Albertus hatte bei ihm ein hohes Ansehen und in seiner *„Summa de bone"* rühmte Ulrich seinen Lehrer Albertus Magnus als ein *„staunen erregendes Wunder unserer* (also seiner) *Zeit"*.

Einige wenige Quellen berichten, dass spezifisch-arabische Elemente der Philosophie des Albertus Magnus von seinem Schüler Ulrich von Strassburg aufgenommen und über Dietrich von Freiburg an Berthold von Moosburg und andere vermittelt worden sind. Damit erschöpfen sich bereits die wesentlichen Angaben über Ulrichs Leben und Wirken im Zusammenhang mit Albertus Magnus.

Gestorben ist Ulrich von Strassburg schließlich im Jahre 1277 oder 1278 in Paris. Das genaue Sterbedatum ist heute nicht mehr bekannt und die Angaben dazu widersprüchlich und somit ungenau. Fest steht lediglich, dass Ulrich seinen Lehrer Albertus Magnus hoch einschätzte und ihn verehrte.

Anders hingegen war es bei dem bedeutend jüngeren Thomas von Aquin. Er wurde um das Jahr 1225/1226 in der italienischen Stadt Aquino geboren. Gemäß der korrekten Schreibweise des Namens seiner Geburtsstadt wird er dann auch öfters als Thomas von Aquino genannt. Die meisten Quellen lassen jedoch das „O" am Ende weg, so dass auch ich bei der Schreibweise Thomas von Aquin bleiben werde. Sein Vorname Thomas stammt aus dem Hebräischen und bedeutet *„Zwilling"* bzw. *„der Zwilling"*.

Er war der Sohn einer sehr reichen Familie und wurde bereits mit fünf Jahren ins Kloster Monte Cassino geschickt, wo er bis zu seinem 14. Lebensjahr blieb. Anschließend studierte er an der Universität in Neapel. Dort entschloss er sich auch dem Dominikaner-Orden beizutreten. Seine Eltern waren über diesen Entschluss erbost und zornig. Mit allen Mitteln versuchten sie Thomas davon abzubringen. Zuerst heuerten sie eine Dirne an, die ihn verführen sollte. Der Plan schlug fehl, denn Thomas wurde nicht schwach und blieb standhaft. Dann entführten seine Eltern ihn. Doch auch damit änderte sich nichts an seinem Entschluss. Als letztes Mittel boten sie ihm schließlich an, das Amt des Erzbischofs von Neapel zu kaufen, wenn er dem Orden nicht betreten würde. Aber auch dieser letzte Versuch fruchtete nicht. Thomas blieb bei seiner Entscheidung und reiste nach Paris, dem damaligen Mittelpunkt der theologischen Gelehrsamkeit.

In Paris studierte er unter Albertus Magnus und bekannte sich 1243 endgültig zum Dominikaner-Orden. So ging er bald darauf, im Jahre 1244, nach Köln um dort in der Dominikaner-Schule unter Albertus Magnus weiter zu studieren. Ab dem Jahre 1248 war Thomas, der wegen seiner ungeheuren Leibesfülle und des bedächtigen Ernstes, den er an den Tag zu legen pflegte, von seinen Mitbrüdern auch **Tumber Ochse** genannt wurde, der persönliche Schüler des Albertus Magnus. Im Herbst 1252 kehrte Thomas nach Paris zurück, um dort und in Italien für den Rest seines Lebens zu lehren.

Im Oktober 1257 wurde Thomas zum ordentlichen Professor ernannt und Anfang des Jahres 1260 rief ihn der Papst an seinen Hof, um in den Universalverhandlungen mit dem Griechenkaiser die Angelegenheiten der römischen Kirche zu vertreten. Im Herbst 1265 übernahm er die Leitung der Ordensschule in Rom. Hier schuf er auch sein stärkstes und fruchtbarstes Werk, die „Summa theologica".

Sein Gesamtwerk soll um die 20 Bände umfassen. Darunter sind Kommentare über die meisten Bücher der Bibel, ein Sentenzenkommentar, Besprechungen von 13 Werken des Aristoteles und eine Anzahl Disputationen und Predigten. Sein bedeutendstes Buch neben der „Summa theologica" ist sein Werk „Summa contra Gentiles". Einige historische Biographen bescheinigen ihm allerdings, dass er als Schriftsteller kaum geeignet war. Er interpretierte beispielsweise die Bibel im „1. Mose 1,3" („Es werde Licht" aus der Schöpfungsgeschichte) falsch: „Christus sei Liebe" (allegorisch), „Mögen wir geistig von Christus erleuchtet werden" (moralisch) und „Mögen wir vor Christus zur Herrlichkeit geführt werden" (analogisch).

Der „große Philosoph" Thomas von Aquin konzipierte im 13. Jahrhundert auch den Gedanken des „gerechten Preises", der es dem Verkäufer erlaubte, seine Familie angemessen zu unterhalten. Zuvor waren nämlich Gewinne jeder Art bei allen Geschäften kirchlich verboten.

Von 1268 bis 1272 hatte Thomas in Paris einen dreifachen Kampf gegen den Irrlehrer Siger von Brabant, die Platoniker und gegen die Feinde der Bettelmönche gekämpft. So folgte er schließlich dem Ruf in die Heimat und machte sich im Frühjahr 1274 auf Bitten des Papstes, trotz seiner Krankheit die inzwischen von ihm Besitz ergriffen hatte, auf, um am Konzil von Lyon teilzunehmen. Inzwischen völlig am Ende seiner Kraft angelangt, stieß er während des Weges, tief in seine Gedanken versunken, heftig gegen einen gefällten Baum. Von seinen Mitbrüdern wurde er in das nahe gelegene Zisterzienser-Kloster von Fossanuova gebracht, wo er bei Tagesanbruch am 7. März 1274 verstarb. Der Leib des Heiligen Thomas von Aquin ruht im Dom von Toulouse und sein Haupt in der Kirche St. Sernin. Die katholischen Hochschulen, die studierende Jugend und die Buchhändler verehren ihn als ihren Schutzpatron. 1323 wurde er heilig gesprochen und 1879 von Papst Leo XIII. zum ersten Lehrer der katholischen Kirche erklärt. Bezeichnet wurde er dann später auch als „Doctor angelicus".

Noch in den letzten Jahren seines Lebens musste Thomas Zweifel, Skepsis und erste Kritiken der Universität von Paris zu seinen Lehren erleben. Doch ebenso leicht, wie er diese ertrug, verzichtete er auch auf das Erzbistum Neapel und die Kardinalswürde. Zu seinem eigenen Vorteil oder zu seiner eigenen Verteidigung war ihm stets jedes Wort zu schade. Nur wenn es um die Verteidigung seines geliebten Dominikaner-Ordens oder um die der katholischen Lehre ging, sparte er nicht an Kraft, Energie, Ausdauer und Worten. So blieb er trotz seines Weltruhmes, den er bereits zu Lebzeiten erlangt hatte, im Grunde seines Herzens immer der einfache Bettelmönch, der sein Tuch zum Mantel, ähnlich wie Jordanus von Sachsen, denjenigen schenkte, die es nötiger hatten als er selber. Thomas verehrte insbesondere auch die Heilige Agnes, dessen Reliquien er stets bei sich trug.

Drei Jahre nach dem Tod von Thomas von Aquin, im Jahre 1277, wurden dann schließlich viele seiner Aussagen von der Pariser Universität öffentlich verurteilt und verworfen. Diese offenen Angriffe auf seine Lehren veranlassten Albertus Magnus noch drei Jahre vor dessen Tode nach Paris zu eilen, um die Lehren von Thomas zu verteidigen. Der wurde zu diesem Zeitpunkt bereits als *„gefährlicher Neuerer der Scholastik"* betrachtet und sein Werk wurde mit einem See verglichen, in den hinein und aus dem heraus viele Ströme flossen, der aber selbst keine Wasserquelle besaß. Zu den Personen, die seine Lehre in Frage stellten, gehörten unter anderem auch Männer wie Wilhelm von Ockham (um 1280 bis 1349) und Duns Scotus (um 1266 bis 1308) in England sowie Johannes Buridan († 1358) und Nicolaus von Oresme († 1382) in Frankreich.

Das bekannteste Werk der Scholastik war *„Die Sentenzen"* des Petrus Lombardus, zu denen Thomas einen Kommentar verfasst hatte. Erwähnenswert ist hier auch noch Peter Abaelard, der um 1079 in der Bretagne geboren wurde und 1141 bei Cluny, auf dem Weg nach Rom, verstarb. Er gilt heute als einer der Pioniere der Scholastik im 11. und 12. Jahrhundert.

In späteren Jahren gelangte das Werk von Thomas von Aquin doch noch zur Vorherrschaft in der römisch-katholischen Theologie, die es bis heute innehat. Hierauf geht auch die spätere Neuscholastik zurück. 1545 und 1563 benutzten die katholischen Reformtheologen sein Werk beim Konzil zu Trient zur Abfassung ihrer Dekrete und 1879 erklärte der amtierende Papst den *Thomismus,* die Theologie des Thomas von Aquin, für alle Zeiten als normativ.

Martin Luther hat Thomas von Aquin einmal als einen *„Schwätzer"* bezeichnet. Dies hielt aber selbst die evangelische Kirche in neuerer Zeit nicht davon ab, öffentlich zu bekennen, dass Thomas von Aquin auch für die evangelischen Christen stark an Bedeutung gewonnen hat.

Der geheimnisvolle Meister Eckhard und andere rätselhafte Gestalten der Zeitgeschichte

Eine andere geheimnisvolle Person aus der umfassenden Geschichte des Dominikaner-Ordens ist der große Lyriker und *„größte deutsche Mystiker"* Meister Eckhard (auch Meister Eckehard). Das *„Meister"* steht hier für den Titel Magister, der aus dem Lateinischen kommt und soviel wie Lehrer bedeutet. Es handelt sich um einen akademischen Grad, der noch bis zum Anfang des 19. Jahrhunderts durch philosophische Fakultäten deutscher Universitäten nach Promotion verliehen wurde. Nachdem er dann einige Zeit lang *„verschwand"*, wurde er Anfang der 60er Jahre des 19. Jahrhunderts als Studienabschluss wieder eingeführt. In Österreich ist er akademischer Grad für alle hochschulmäßig ausgebildeten Lehrer, dem als Zusatz die Studienrichtung angefügt wird.

Der Name Eckhard oder Eckehard bedeutet soviel wie *„der Schwertgewaltige"*, *„der kühne Schwertkämpfer"* oder auch *„der Schwertstarke"*. Der Dominikaner-Magister Meister Eckhard aber machte dieser Interpretation seines Namens kaum Ehre – wie es scheint. Geboren wurde er um das Jahr 1260 und war später hauptsächlich im Bereich der Stadt Köln tätig. Eine Spaltung des Glaubens in Wirklichkeit und Überwirklichkeit lehnte er stets strikt ab und er war auch ein großer Gegner des katholischen Dogmas.

Nach einem erfüllten Leben verstarb er im Jahre 1327 im Alter von etwa 67 Jahren. Nach dem Tode von Meister Eckhard wurden seine Lehren vom Papst verdammt und erst in jüngster Zeit ist allgemein anerkannt, dass er wahrscheinlich die anregendste Gestalt im religiösen Leben Deutschlands vor der Reformation war.

Zum Leben des Dominikaners Meister Eckhard gibt es merkwürdige Parallelen aus verschiedenen Zeiten. Ein Eckhard zieht sich als herausragende Persönlichkeit durch die Geschichte. Das beginnt bereits in der germanischen Mythologie. Dort ist die Rede von einem *„wilden Heer"*, das von dem *„wilden Reiter"* (auch *„wilden Jäger"*) angeführt wurde. Dieser *„wilde Reiter"* zog mit seinem *„wilden Heer"* über die Lande und machte die Gegend unsicher. Der „wilde Reiter" soll kein geringerer gewesen sein, als die germanische Gottheit Wotan selbst. Das Autorenteam Frank Bruns und Herbert Mohren kommt in seinem 1981 veröffentlichten Buch „Mag Mor – die erste Kultur der Erde" zu der Schlussfolgerung, das Wotan auch die Gottheit Odin gewesen sein müsste. Ihre weiteren Spekulationen (die ich persönlich allerdings auch beim besten Willen nicht nachvollziehen kann) gehen sogar soweit, dass sie dies auch auf den griechischen Göttervater Zeus mit einbeziehen.

Wie dem auch immer sei, die Legenden um Wotan und sein „wildes Heer" ziehen sich von mythologischer Zeit bis ins frühe Mittelalter. Zu allen Zeiten sahen die Menschen das „wilde Heer" über die Felder brausen und opferten ihm von allem, was sie hatten, etwas. Der Westerwälder beispielsweise ließ immer die drei letzten Äpfel und Birnen als Opfergabe am Baum hängen und die letzten Halme des Korns auf dem Felde stehen.

Das „wilde Heer" war jedoch den Menschen nicht unbedingt schlecht gesonnen und immer wenn es sich in die Lüfte erhob kam ihm ein Warner mit einem weißen Stab voran, der den Leuten riet, sich mit dem Gesicht nach unten auf den Boden zu werfen. Einer dieser Warner wurde auch der Getreue Eckhard genannt. Ob es da einen Zusammenhang zu dem Meister Eckhard geben könnte?

Johann Wolfgang von Goethe widmete dem Getreuen Eckhardt, der dem „Wilden Heer" als Warner vorauszog, sogar ein Gedicht („Der Getreue Eckhard"). Und Anfang des 20. Jahrhunderts (ab ca. 1907 bis mindestens 1914) gab es sogar eine Heftreihe, die nach ihm benannt wurde: „Der getreue Eckhard – Antiultramontane Blätter zur Lehr und Wehr".

Was war das nun für ein „wilder Reiter"? Was war das „wilde Heer", welches sich donnernd und brausend in die Luft erhob? In unserem Buch „Sie kommen von anderen Welten" (Luxemburg 1982), das ich zusammen mit Herbert Mohren verfasste, stellten wir die Hypothese auf, dass es sich dabei um ein Raumschiff gehandelt haben könnte. Auch wenn dies hier sehr phantastisch klingen mag, es gab ein Ereignis, das diese Schlussfolgerung durchaus rechtfertigt.

Es wird von einem Ackersknecht berichtet, der die Warnungen in den Wind geschlagen hatte und das Aufsteigen des „wilden Heers" aus der Nähe betrachten wollte. Als das „wilde Heer" aufstieg, wurde der Ackersknecht erfasst und durch die Lüfte entführt, um dann in einem fernen Land abgesetzt zu werden. Erst nach vielen Jahren gelang es ihm in seine Heimat zurückzukehren. Dort erzählte er den staunenden Menschen von diesem fernen und heißen Land, in dem nur schwarze Menschen lebten. *„Hier"*, so berichtete er, *„hat mich das ‚wilde Heer' abgesetzt."* Was war dies für ein geheimnisvolles, fernes und heißes Land, in dem nur schwarze Menschen lebten? Die einzige Schlussfolgerung daraus, zu der man zwangsläufig gelangen muss, heißt Afrika!

Ein weiterer bedeutender Eckhard der Geschichte war auch der im 11. Jahrhundert lebende Markgraf Eckhard II. von Meissen, der zusammen mit der Markgräfin Uta zu den Stiftern des Naumburger Domes gehörte. Auch dieser Eckhard spielte zu seiner Zeit eine nicht unbedeutende Rolle in der Geschichte. So bezeichnet ihn Heinrich III. in einer Urkunde aus dem Jahr 1039 als den *„von mir geliebten Markgrafen Eckhard"* und nennt ihn in einer weiteren Urkunde im Jahr 1041 als seinen *„getreuesten getreuen Eckhard"*.

Der Chronist Ekkehard von Aura verfasste eine interessante Chronik, in der viele geheimnisvolle Begebenheiten enthalten sind. So meldet er aus dem Jahr 1123, dass im Wormsgau über mehrere Tage hinweg eine große Ritterschar die Gegend in Aufruhr versetzte. Es soll sich dabei um Seelen kürzlich verstorbener Ritter gehandelt haben.

Ein Herzog Eckhard von Bayern war der Legende nach ein enger Begleiter auf einem der Kreuzzüge von Friedrich II. Barbarossa und hisste für ihn nach dem Sieg über die türkischen Truppen die Flagge.

Und selbst der deutsche Diktator Adolf Hitler hatte vor 1924 einen guten Freund, der ihn offenbar in vielen Dingen beeinflusste. Dieser Freund hieß Dietrich Eckart, wurde am 23. März 1868 in Neumarkt in der Oberpfalz geboren und wird von Werner Maser sogar als *„intimer Hitler-Freund"* und *„Hitlers Mentor"* bezeichnet. Dass Dietrich Eckart starken Einfluss auf Hitler nahm und diesen in seinen Vorstellungen bestätigte, beweist Eckarts Herausgabe einer antisemitischen Zeitschrift, die er im Dezember 1918 in München gründete. Auch schrieb er 1923 das *„Sturmlied"*, das später von der NSDAP verbreitet wurde. Am 26.12.1923 starb Dietrich Eckart am Obersalzberg, wo er Unterschlupf gefunden hatte. Adolf Hitler sagte einmal, dass die Freundschaft mit Dietrich Eckart *„zu dem Schönsten gehörte, was ihm in den Zwanziger Jahren zuteil geworden war"*.

Und nach seinem Tod sprach Hitler immer wehmütig von seinem Freund, dem „getreuen Ekkehard".

Auch Landwirtschafts- und Umweltminister Eckhard Uhlenberg wurde als „getreuer Eckhard" bezeichnet. Das geschah beispielsweise in einer Pressemitteilung der Grünen („Der getreue Eckhard der Agrarindustrie") vom 17.11.2005 und in einem Bericht der „Welt am Sonntag" vom 18.06.2006. Und dann war da noch Eckhard Seeber, genannt „Ecki", der langjährige Chauffeur von Altbundeskanzler Helmut Kohl, der 2008 in den Ruhestand ging. Wegen seiner langjährigen treuen Dienste wurde auch er „der getreue Eckhard" genannt.

Ursprünglich hatte ich in Erwägung gezogen, dass es sich bei all den Eckhards des Mittelalters um eine einzige Person gehandelt haben könnte, die als Reisender die Jahrhunderte durchstreifte. Und so verglich ich ihn in meinem Buch „Die interplanetaren Kontakte des Albertus Magnus" dann auch mit dem Graf von St. Germain, dessen Leben und Wirken sich über zweieinhalb Jahrhunderte verfolgen lässt. Voltaire sagte von ihm: „Er ist ein Mann, der alles weiß und niemals stirbt." Der Graf selbst behauptete von sich: „Ich bin in der Tat sehr alt." Einmal soll er sogar von Eisenbahnen und Dampfschiffen gesprochen haben. Das aber war gut 100 Jahre bevor diese dann tatsächlich erfunden wurden.

Die Theorie des Zeitreisenden Eckhards mag weiterhin im Raum stehen bleiben, doch sind die Indizien dafür bisher sehr dürftig geblieben und es gibt noch keine neuen und konkreten Anhaltspunkte dazu.

Aus Meister Eckhards Zeit sind zwei Personen besonders in die Geschichte eingegangen, die auch mit ihm in sehr engem Kontakt standen, da sie seine Schüler waren. Einer von ihnen ist Johann Tauler, der um das Jahr 1300 geboren wurde. Wie sein Lehrer gehörte auch er dem Dominikaner-Orden an. Von ihm sagt man, dass er „ein vollmächtiger Prediger war, der nie aufhörte zu betonen, dass der Mensch im Angesicht Gottes nichts sei." Seine Predigten haben sogar Martin Luther in einer entscheidenden Phase seiner theologischen Entwicklung beeinflusst. Tauler selbst wiederum stand stark unter Meister Eckhards Einfluss. Er bemühte sich jedoch sehr, dessen pantheisierende Züge zu vermeiden und wurde später auch als der bedeutendste Prediger seiner Zeit angesehen.

Wie (fast) alle Namen bedeutender Männer des Mittelalters, so hat auch der Name Johann eine besondere Bedeutung im Christentum. Er ist die Kurzform von Johannes und stammt ursprünglich aus dem Griechischen und Hebräischen. Er bedeutet soviel wie *„Gott ist gnädig"*, *„Gott schenkt"* oder *„Jehova ist gnädig"*. Das trifft zweifellos auf Johann Tauler zu, denn *„Gott war ihm gnädig und schenkte ihm"* zahlreiche Anhänger. Das waren vor allem die so genannten *„Gottesfreunde"* von Strassburg und Basel. Daher gehörte Strassburg auch zum Hauptgebiet seines Wirkens. Johann Tauler starb wahrscheinlich im Jahre 1361.

Der andere Schüler von Meister Eckhard war Heinrich Seuse. Der Name Seuse existiert im Lateinischen als Suso und in einer Abwandlung davon als Susa. Sowohl der Name Seuse, als auch Susa sind heute noch weit verbreitet. Geboren wurde Heinrich Seuse am 21. März 1295, vermutlich in Konstanz. Sein Vater war Heinrich von Berg, ein Ritter, der nur auf Geld, Reichtum und Genuss aus war. Die Mutter war eine fromme Frau und hieß Seuse. Von ihr stammt dann der Nachname des Heinrich Seuse, weil er immer zur Mutter gehalten hatte und den tyrannischen Vater nicht mochte. So wurde die Mutter vom Volk vielfach auch als Seuserin oder Dulderin benannt, da sie die Tyrannei ihres Gatten erdulden musste. Dementsprechend zerrüttet war dann auch ihre Ehe mit Ritter Heinrich von Berg.

Der Name Heinrich bedeutet soviel wie *„Herrscher in seinem umhegten Besitz"*, *„Herr in seinem Haus oder Heim"*, *„der im Hag herrschende"* oder schlicht und einfach auch *„der Hausherr"*. Das trifft ganz bestimmt für den Tyrannen Ritter Heinrich von Berg zu. Aber auf Heinrich Seuse? – Es gibt jedoch noch eine andere Bedeutung des Namens: *„der an Wald reiche"*. Da wiederum könnte es eine ganz interessante Querverbindung zum Geschlecht von Berg geben, auf das ich später noch eingehen werde.

Heinrich Seuse war sicher ein (Be-) Herrscher seines Metiers und genau wie sein Lehrer Meister Eckhard wirkte er stark auf die nachfolgenden Generationen deutscher Mystiker, denn bereits zu seiner Zeit war die mystische Tradition im Dominikaner-Orden stark vertreten. Seuses Leben verlief recht hektisch und liest sich in knappen Sätzen wie folgt:

Mit 13 Jahren kam er ins Inselkloster der Dominikaner zu Konstanz. Zu dieser Zeit war er noch ein aufgeweckter und lebensfroher Junge, der allen weltlichen Dingen angetan war und sich daran begeistern konnte.

Doch spätestens seit seinem 18. Lebensjahr änderte sich dies abrupt, denn da ereilte ihn ein unermesslicher Sinneswandel, der ihn ganz in den Bann der christlichen Lehre führte.

Drei Jahre lang studierte Seuse in Köln unter Meister Eckhard. 1326 entstand sein Werk *„Büchlein der Wahrheit"*, das auch als *„Buch von der Wahrheit"* bekannt ist. Später leitete er im Konstanzer Inselkloster als Lektor die wissenschaftliche Schulung seiner Mitbrüder, bevor er mit 40 Jahren als Wanderprediger und Beichtvater zu Fuß von der Schweiz nach den Niederlanden zog. Die Nonnenklöster Schwabens verehrten ihn am stärksten, denn durch Heinrich Seuse blühte auch die Frauenmystik auf.

In Dießenkoven war Seuse zwei Jahre lang Prior, bis er wegen seiner Tätigkeit Verleumdungen ausgesetzt war. Hier dürfte er auch sein *„Buch von der ewigen Weisheit"* verfasst haben, das auch als *„Büchlein der ewigen Weisheit"* bekannt wurde. Seine lateinische Bearbeitung des Buches trägt den Titel *„Horologium sapientise"*. Es entstand in den Jahren 1327 und 1328.

In Anlehnung an den Heiligen Franziskus, den Begründer des Franziskaner-Ordens, nannte man Seuse auch den *„Schwäbischen Franz"* oder den *„Minnesänger Gottes"*. Sein Leben war, so heißt es, *„begnadet von Wundern und Visionen"*, wegen denen er dann verfolgt, verleumdet und sogar als Häretiker verschrien wurde. Trotz dieser üblen Verleumdungen und schändlichen Nachreden blieb er jedoch von vielen hoch geachtet und sogar nach seinem Tode verehrt. Erst 1831 wurde diese Verehrung durch Papst Gregor XVI. offiziell bestätigt. Und so wird sein Gedächtnis im Bistum Rottenburg am 28. Januar und im Erzbistum Freiburg und im Dominikaner-Orden am 2. März gefeiert.

Eine besonders innige Freundschaft verband Heinrich Seuse mit Elisabeth Stäglin, die um das Jahr 1360 im Kloster Thöß bei Winterthur in der Schweiz verstarb. Ihr verdankt die Nachwelt die Lebensgeschichte des Heinrich Seuse, der auch eine Schwester hatte. Diese führte zuerst ebenfalls ein strenges Klosterleben. Später verließ sie das Kloster aber wieder und führte ein sündhaftes Leben voll weltlicher Dinge. Nur mit Mühe gelang es ihrem Bruder sie wieder auf den rechten Weg und zum rechten Glauben zurückzuführen.

Am 25. Januar 1366 starb Heinrich Seuse in Ulm, wo er sich nach seinem Ausschluss aus dem Inselkloster hin zurückgezogen hatte. Beigesetzt wurde er im Ulmer Dominikaner-Kloster. Um seine Gebeine gibt es noch recht merkwürdige und interessante Legenden. Das erscheint uns nur logisch, wenn man bedenkt, dass sein Leben von Wundern und Visionen begleitet war, über die allerdings nicht viel im Detail überliefert ist. Wir müssen jedoch heute davon ausgehen, dass diese Wunder und vor allem die Visionen für seine damalige Zeit, das Mittelalter, so fortschrittlich gewesen sind, dass Seuse beinahe das gleiche Schicksal ereilt hätte, wie andere Wegbereiter der Wissenschaften, die als Ketzer und Hexen verbrannt wurden.

Zu den Legenden um den Tod von Heinrich Seuse berichtet uns sein Namensvetter Heinrich Murer, der Verfasser der *„Helvetia sancta"*, folgendes: *„... Nachdem er aber 248 Jahre dort geruht und im Jahre 1613 die Reichsstadt Ulm bei den Predigern in dem Kreuzgang hat graben lassen, um etwas zu bauen, kamen die Werkleute von ungefähr auf den Leichnam unseres gottseligen Vaters Suso und fanden ihn ganz unversehrt in seinem gewöhnlichen Ordenskleidern allda liegen, der auch einen lieblichen Geruch von sich gab... Während aber die Werkleute zum Bürgermeister gingen, um ihm von dem Wunder zu berichten, stieg eine fromme Person in das Grab und schnitt nach altem katholischen Brauch ein Stück von seinem schwarzen Mantel und seinem weißen Skapulier und verehrte es etlichen katholischen Personen, dessen auch ich ein Stücklein zu besitzen mich höchlich erfreue."*

Dieser Bericht von Heinrich Murer gibt Anlass genug zu Spekulationen. Warum war der Leichnam von Heinrich Seuse nicht verwest? Und was war das für ein *„lieblicher Duft"*, der aus seinem Grab strömte? Erinnern wir uns: Gleiches wird von der Umbettung des Heiligen Dominikus berichtet! Deutet dies daraufhin, dass die Leichen einbalsamiert wurden, ähnlich wie dies im alten Ägypten mit den Pharaonen gemacht wurde? Oder wurden sie durch ein fremdartiges Gas konserviert? Befanden sie sich gar nur im Tiefschlaf, aus dem sie eines Tages wiedererweckt werden sollten? Dann allerdings fanden sie durch die sicherlich nicht vorgesehene Graböffnung endgültig den Tod. Auch um den Leichnam von Albertus Magnus ranken sich solche und andere geheimnisvolle Geschichten, auf die ich am Ende des 5. Kapitels noch näher eingehen werde.

Wenn Sie, verehrte Leser, nun meinen, dass die Frage nach dem Tiefschlaf weit hergeholt und absurd sei, so denken Sie einmal über folgendes Ereignis nach:

Im Jahre 1485 waren Arbeiter in einem Marmorbergwerk an der Via Appia in Rom auf ein mysteriöses Ziegelgewölbe gestoßen, das vollständig im Marmor eingeschlossen war! Alleine dies ist eine Tatsache, die jeder Logik entbehrt und die wissenschaftliche Vorstellungskraft sprengt wie Dynamit einen simplen Heuhaufen. Doch das Unbegreifliche war, so wird berichtet, Realität. Das rätselhafte Gewölbe wurde geöffnet und in seiner Mitte stand ein Marmorsarkophag. Von dort strömte den Arbeitern ein angenehmer, lieblicher Duft entgegen. Mit zitternden Knien traten die Männer näher an den Sarkophag heran. Entsetzt wichen sie zurück, als sie in ihm *„eine Frau von unbeschreiblicher Schönheit"* liegen sahen. Diese Frau sah keinesfalls so aus, als ob sie tot wäre. Vielmehr hatten die Leute den Eindruck, dass sie noch lebe und nur schlafe. Dieser Verdacht wurde dadurch bestärkt, dass die unbekannte Schönheit nach der Öffnung des Gewölbes fast zunehmend an Glanz verlor und schließlich doch als tot befunden werden musste.

Hier spricht also alles dafür, dass die Unbekannte sich in einer Art Tiefschlaf befand. Der Geruch kam zweifellos durch eine Art Gas zustande. Für die Tiefschlafhypothese spricht auch das sehr gut getarnte Versteck, mitten im Marmor. Wenn es dann so gewesen sein sollte, ist hierfür eine hoch entwickelte Technik von Nöten, die es weder damals noch heute auf unserem Planeten gab. Ja, wir können nicht einmal ahnen, wie das Ziegelgewölbe in den natürlich „gewachsenen" Marmor kam.

Doch es ist noch mehr an diesem Fund, dass auf eine hoch stehende Technik deutet. Neben dem Sarkophag stand eine Lampe, die brannte(!) und die Szenerie hell erleuchtete. Da man damals angeblich nur Öllampen kannte, wurde sie schlichtweg als solche bezeichnet. Doch dies ist völlig absurd, denn das geheimnisvolle Gewölbe musste nachweislich ein Alter von vielen Hundert Jahren – wahrscheinlich sogar mehreren Tausend Jahren – gehabt haben, als man es schließlich durch einen dummen Zufall entdeckte und öffnete. So alt wie das Gewölbe war, solange musste auch schon die Lampe brennen! Was war sie? Ein „ewiges Licht"?

Der Düsseldorfer Schriftsteller und UFO-Forscher Herbert Mohren stellte im Februar 1979 erstmals die Theorie auf, dass es sich bei jener Schönen von der Via Appia in Rom um eine außerirdische Raumfahrerin gehandelt haben könnte. Seine Theorie klingt in Anbetracht der Begleitumstände durchaus nachdenkenswert. Und auch er kam zu dem Schluss, dass sich die Frau lediglich in einer Art von Tiefschlaf befunden habe und durch das unsachgemäße Eindringen der Arbeiter in das Gewölbe getötet wurde. Einer angeblich in dem Gewölbe gefundenen Aufschrift nach hat es sich bei der Schönen jedoch um Tullia, die Tochter des Cicero, gehandelt. Doch auch dadurch wird das Rätsel nicht gelöst, sondern im Gegenteil eher noch größer.

Neben dem Rätsel der Konservierung der Frau bleibt auch das Geheimnis um die brennende Lampe ungelöst. Es erinnert an die Beschreibungen mehrerer Chronisten aus dem 13. Jahrhundert, die bezeugen, dass der französische Rabbiner Jechieli, dessen großer Gelehrsamkeit selbst Ludwig der Heilige große Achtung zollte, eine Lampe hatte, *„die brannte ohne Öl und Docht und leuchtete von selber auf"*. Der Rabbiner stellte sie des Nachts vor sein Fenster, was seine Mitbürger in jener Zeit in Angst und Schrecken versetzte.

Ungebetener Besuch, den er einmal erhielt, vertrieb er damit, dass er ihm einen Schlag versetzte, als die Besucher seinen Türknauf anfassten (ohne diese aber dabei selber zu berühren). Das Ganze erinnert an Elektrizität und schon Eliphas Levi schrieb dazu: *„Alles, was man über diese Lampe und ihre magische Leuchtkraft sagen kann, beweist, dass Jechieli die Elektrizität entdeckt hatte, oder zumindest ihre hauptsächlichen Anwendungsmöglichkeiten kannte."*

Ebenfalls aus dem alten Rom gibt es eine Überlieferung, wonach der Zauberer Virgilius mitten in der Stadt, in der Nähe eines Palastes, eine gewaltige Marmorsäule errichtete, auf der er eine gläserne Lampe montierte. Die soll in der Nacht weite Teile der Stadt erhellt haben, konnte von niemandem ausgelöscht werden und brannte der Legende zufolge ununterbrochen über einen Zeitraum von 300 Jahren. Sollte in dieser Legende ein Körnchen Wahrheit stecken, so ist auch sie nur durch Elektrizität erklärbar. Die Lampe wurde übrigens durch einen *„metallenen Bogenschützen"* zerstört, der, ebenfalls von Virgilius, auf einer Mauer aufgestellt worden war und dort die ganzen 300 Jahre bewegungslos verharrt hatte. Nach der Zerstörung soll dieser Bogenschütze eilig davongelaufen und nie wieder gesehen worden sein. War es ein Roboter? (Vgl. hierzu *„Die Roboter des Albertus Magnus"* in Kapitel 3.)

Kommen wir zurück zu Heinrich Seuse. Eine der wenigen Legenden um ihn, die bis heute überliefert sind, sagt, dass er von Gott selbst einen neuen Namen erhielt: *„Bei der Taufe erhielt er den Namen Heinrich, weil er durch das Sakrament der Taufe ein Christ wurde. Aber weil er voller Tugend und durch die Gnade **Gottes** ein vollkommener, geistlicher und Gott liebender, dem Himmel zugewandter Mensch war, geschah es, dass Gott, die ewige Weisheit selbst, ihm den Namen Heinrich abnahm und den Namen Amandus* (der Liebende) *erteilte."* Die Legende berichtet auch, dass er von Gott einen neuen Nachnamen bekam, der uns offenbar aber nicht überliefert wurde – jedenfalls ist er nirgendwo erwähnt.

Wie bekannt, stammte Heinrich Seuse aus dem Geschlecht der Sippe von Berg. Aus dem gleichen Geschlecht stammte auch Engelbert I. von Köln. Er wurde um das Jahr 1185 geboren. Der später heilig gesprochene Engelbert war eine Zeit lang Erzbischof von Köln. Das war kein Zufall, denn die Grafen von Berg beherrschten in der Blüte des Mittelalters das Erzbistum Köln. Fünfmal in einem einzigen Jahrhundert hatten Söhne des Hauses Berg die Mitra der Kölner Erzbischöfe getragen.

Wie seinen Namensvetter Ritter Heinrich von Berg könnte man auch Engelbert I. von Köln als Tyrannen bezeichnen. Zwar wurde er in der Kölner Domschule erzogen, doch hielt er während seiner Amtszeit als Erzbischof die Partei seines habgierigen und treubrüchigen Verwandten, des Erzbischofs Adolf, gegen König Otto und brandschatzte die Höfe der zu Otto stehenden Domherren. Später nahm er als Buße dafür, die jedoch nicht ernst gemeint war und nur aus Prestigegründen erfolgte, für 40 Tage in Südfrankreich am Albigenser-Kreuzzug teil.

Seine Ernennung zum Erzbischof von Köln geschah unter großer Mehrheit des Volkes am 29. Februar 1216. Das war genau in jenem Jahr, in dem Papst Honorius III. den von Dominikus neu gegründeten Dominikaner-Orden bestätigte. Von Engelbert heißt es an einer Stelle, dass sein Herr und Meister einmal gesagt habe: *„Mein Reich ist nicht von dieser Welt!"*

Wie war dies gemeint? Ich möchte bezweifeln, dass damit ein Ausspruch von Jesus gemeint war, denn obwohl Engelbert Erzbischof war, handelte er ja keinesfalls christlich. Seine Brandschatzungen und seine Teilnahme am Albigenser-Kreuzzug lassen ihn eher als Angehörigen der Gegenpartei vermuten. Auch dann trifft der Ausspruch sicherlich zu, denn auch Luzifer ist nicht von dieser Welt. Haben wir hier einen Hinweis darauf, dass die Götterkriege aus mythologischer Zeit auch im Mittelalter ihre Spuren auf der Erde hinterließen?

Wie manch anderen bösen und finsteren Gesellen ereilte auch Engelbert von Köln ein gewaltsames Ende. Am 7. November 1225 geriet er auf einem Hohlweg zwischen Gevelsberg und Schwelm in Westfalen (vermutlich noch in der Nähe von Gevelsberg) in einen Hinterhalt seiner eigenen Blutsverwandten. Es heißt, dass er *„durch 40 Dolch- und Schwertstiche und Hiebe"* so schwer verletzt wurde, dass er noch am Ort des Geschehens starb. Im folgenden Jahr wurde er feierlich im Kölner Dom beigesetzt und durch den Kardinallegaten Konrad von Porto zum Märtyrer erklärt. Für den Hinterhalt und den grausigen Mord war sein Neffe Friedrich von Isenburg verantwortlich, der dafür ganze 25 Männer aufgeboten hatte. Friedrich von Isenburg verfiel nach der Gräueltat der Reichsacht und musste fliehen. Fast ein Jahr irrte er ziellos durch die Städte, von einem Land ins andere. Dann wurde er gestellt und musste am 14. November 1226 seine Tat vor seinen irdischen Richtern verantworten und sühnen. Sein Leben endete zu Köln auf dem Rad.

Heinrich Seuse lebte annähernd 70 Jahre nach Engelbert von Köln. Dennoch gibt es Parallelen zwischen ihnen: Beide stammen aus dem habgierigen Geschlecht der von Berg, beide spielen noch heute eine Rolle in der Geschichte der katholischen Kirche. Engelbert wurde heilig gesprochen, Heinrich wurde selig gesprochen. Beide hatten außerdem noch ein besonders hartes Schicksal zu ertragen.

Die Grafen von Berg stammten aus der Kölner und Düsseldorfer Gegend. Es war ein reiches Geschlecht. Zum Reichtum gehörte damals vor allem auch Grundbesitz. In Düsseldorf heißt noch heute ein Stadtteil *Grafenberg*. Dort gibt es auch den *Grafenberger Wald*. Obwohl diese Gegend gut zu dem Geschlecht der von Berg passen würde, hat beides nach Ansicht der Historiker nichts miteinander zu tun. So jedenfalls die offizielle Version, wie sie mir mitgeteilt wurde – und die scheint hier tatsächlich einmal ausnahmsweise zu stimmen. Oder ist es hier schon gelungen die Geschichte endgültig zu verfälschen?

Kapitel 2: Albertus Magnus ist der Konstrukteur des Kölner Doms

Der Kölner Dom und seine Geheimnisse

Im April 2008 jährte sich die Grundsteinlegung des Kölner Doms zum 760sten Male. Noch immer hat er seine Geheimnisse nicht vollständig preisgegeben. Einige der größten Rätsel sind folgende Fragen: Wie konnte ein solches Gebäude in der damaligen Zeit überhaupt geplant und gebaut werden? Woher kam das Baumaterial? – Immerhin sind zum Dombau mehr als 50 verschiedene Steinarten verwendet worden. Der Dom gilt zudem als relativ erdbebensicher und dürfte ein Beben der Stärke 6,0 auf der Richterskala ohne nennenswerte Schäden überstehen. Dies ergaben jüngste Forschungsergebnisse, die auch den Dombaumeister Dr. Arnold Wolff im Jahre 1997 beruhigten. Der derzeitige Dombaumeister ist zum ersten Mal in der Geschichte des Kölner Domes eine Dombaumeisterin, Frau Prof. Barbara Schock-Werner.

Zumindest das Rätsel um die Baupläne ist jetzt gelöst. Der Urheber der Baupläne war Albertus Magnus. Wie es dazu kam werde ich im Verlaufe dieses Kapitels noch ausführlich erläutern. Das Albertus Magnus die Baupläne, nach denen gebaut wurde, tatsächlich geliefert hat, ist heute eigentlich eine historisch anerkannte Tatsache. Unklar ist geblieben, wie er sie beschaffte bzw. woher er überhaupt die Fähigkeit hatte so etwas zu machen. Schließlich ist der Kölner Dom praktisch das erste Bauwerk der Gotik überhaupt. Damit aber ist Albertus Magnus der *Erfinder* der gesamten gotischen Baukunst.

Joachim Fernau schreibt dazu in seinem historischen Buch *„Die Genies der Deutschen"*: *„Die gotischen Dome standen quasi über Nacht da! Während einer Generation wuchsen die ersten Zeugen aus dem Boden, phantastische, nie gesehene, verwirrende Wunderwerke eines ganz fremden Geistes. Und sie standen, ehe etwas anderes nachfolgte und ehe sich ihr Geist auf anderen Gebieten überhaupt erst einmal zu erkennen gab, lange Zeit allein."*

Diese Zeilen machen die Urplötzlichkeit des neuen Stiles, in dem der Kölner Dom erbaut wurde, sehr schön deutlich. Er war quasi über Nacht da. Das aber ist eigentlich eine Unmöglichkeit! Ein neuer Baustil für ein solch gigantisches Bauwerk benötigt in seiner Entstehung eine gewisse

Zeit, eine bestimmte Entwicklungsphase. Das war bisher immer so gewesen. Liegt da doch die Schlussfolgerung nahe, dass die Pläne eigentlich schon fertig waren und in irgendeiner *Schublade* nur noch darauf warteten endlich auch zum Einsatz zu gelangen. Die Legende sagt, dass Albertus Magnus die Baupläne in einer einzigen Nacht erschuf. Dies aber hätte er ohne fremde Hilfe und der wahrscheinlich bereits fertigen Pläne niemals zustande bringen können. Außerdem war er kein Baumeister und nichts in seinem Leben deutet daraufhin, dass er irgendetwas mit Architektur oder Baukunst zu schaffen hatte – außer eben jenen geheimnisvollen Bauplänen des wahren Meisterwerkes, des Kölner Domes.

Fernau meint weiter dazu: *„Aus allem geht hervor, dass die ersten, die revolutionierenden gotischen Werke Urleistungen von Baumeistern waren. Vielleicht eines einzigen Mannes, eventuell eines Auftraggebers. Im Gegensatz zur Romanik weist nichts auf eine andere Fährte. Die Urschöpfung des Gotischen lag auf architektonischem Gebiet. Das ist ungeheuer. Ungeheuer als Leistung, ungeheuer als Rätsel. Denn – und jetzt tritt der Fall ein, dass ein Wunder keinen Namen hat – die Forschung hat bis auf den heutigen Tag das Geheimnis der Erbauer der Dome oder des ersten großen Schöpfers der Gotik nicht entschleiern können."*

Die Forschung, die Wissenschaft, steht also vor einem ungeheuren Rätsel. Auch wenn man heute den Kölner Dom ganz offen Albertus Magnus zuschreibt, so kann man ganz offensichtlich nicht akzeptieren und glauben, dass er der Urheber, der alleinige *Erfinder* der gotischen Baukunst, des gotischen Baustils, ist. Und so heißt es offiziell immer noch, dass sie nichts, aber auch gar nichts, über die Erfindung des gotischen Stils wissen. Und damit dürften sie zweifellos Recht behalten, denn Albertus Magnus lieferte zwar die Pläne, aber sie stammten im Ursprung nicht von ihm! Ich werde dies noch näher erläutern – und, meine Theorie steht dabei nicht einmal im Widerspruch zur bei diesem Problem offenkundig unwissenden Wissenschaft und Lehrmeinung.

Während in anderen Fällen ein langsamer Übergang zwischen den Stilrichtungen erkennbar und eine Zwischenphase, in der experimentiert wurde, allgemein bekannt ist, so ist dies beim gotischen Baustil überhaupt nicht der Fall! – *„Die gotischen Dome standen quasi über Nacht da!"*

„Dies alles", schreibt Fernau weiter, *„besagt nicht mehr und nicht weniger als: die Baumeister konnten zu diesem Zeitpunkt im Prinzip alle schon so bauen!*

Aber aus ein paar Spitzbögen und Strebepfeilern entsteht noch kein Kölner Dom. Wer hatte die Gesamtvision, wer hatte das Gesicht, wer schob ihnen die große Skizze hin, wer hob die Hand und gab den Auftrag? Wer gab das Zeichen zum Einsetzen des vollen Akkordes? Es gibt ihn, und zwar zeitlich verhältnismäßig gut umgrenzt. Es könnte ein sehr angesehener, mächtiger, einflussreicher Baumeister selbst gewesen sein. Es könnte. Aber wir kennen keinen, auf den diese Beschreibung passt."

Bis hierhin spiegelt alles den Stand der Dinge bis um das Jahr 1820 wieder. In dieser Zeit stieß man schließlich doch auf eine Spur – und die führte ausgerechnet zu Albertus Magnus! In einem mittelalterlichen Bauhüttenbuch stieß man auf den Ausdruck *„Albertische Manier"*. Und dieser war nichts anderes als die damals gebräuchliche Bezeichnung für den gotischen Baustil! Plötzlich fanden sich weitere Hinweise. In anderen Dokumenten wird der gotische Baustil als *„Albertus-System"*, *„Albertisches System des Achtorts"* oder auch als *„auf albertische Art und Weise gebaut"* bezeichnet. Der *„Erfinder"* des gotischen Baustils war gefunden. – Aber, war er es wirklich?

Der Chronist Vincentius Justinianus schreibt in seinem Werk *„Leben des Albert des Großen"*: *„Den Chor der Kölner Predigerkirche ließ er als der beste Architekt nach allen Regeln der wahren Messkunst so, wie wir ihn heute sehen, errichten."*

Auch eine zeitgenössische Handschrift in der Sabina Bibliothek in Rom enthält einen erstaunlichen Hinweis zum Thema: *„Er (Albertus Magnus) machte den Bauleuten den Plan zum Bau nach der wahren Messkunst."*

Für den Bau des Kölner Domes und der Kirchen allgemein galt seit jeher, dass sie sich von den heidnischen Bauwerken und Tempeln zu unterscheiden hatten. So sollte den christlichen Bauten immer eine hohe göttliche Weihe gegeben werden. Um dies sicher zu stellen soll Albertus Magnus dem gotischen Baustil die acht heiligen Zahlen der Heiligen Schrift zu Grunde gelegt haben, *„und zwar in der Form zweier Quadrate, von denen das eine über Eck gestellt ist, wodurch eine mathematische Architektur entstand, welche sich so großartig und sinnvoll gebildet hat, dass sie die systematische auf streng geometrischen Regeln ruhende Kunstweise erhebender und poetischer als alle anderen Baustyle erscheint."* Zu dieser Schlussfolgerung gelangt C. A. Heideloff in seinem Buch *„Der kleine Altdeutsche (Gothe) oder Grundlagen des altdeutschen Baustyles"*.

Neben dieser Quadratur muss nach Ansicht der Theoretiker der deutschen Neugotik in den Entwurfsverfahren auch die so genannte Triangulatur eine ganz entscheidende Rolle gespielt haben.

Albertus Magnus, und das kann heute niemand mehr ernsthaft bestreiten, hat die Baupläne zum Kölner Dom geliefert! Doch wie kam er dazu? Woher hatte er das Wissen, das dafür nötig war? Wie konnte er einen völlig neuen Baustil quasi über Nacht vorlegen? Nirgendwo auf der Welt gab es etwas Vergleichbares! Und da hat Joachim Fernau zumindest aus historischer Sicht recht, wenn er abschließend zu diesem Thema bemerkt: *„Völlig ist das Dunkel um das Genie der Gotik bis auf den heutigen Tag nicht geklärt worden."* Denn eines steht fest: Albertus Magnus hat sich niemals zuvor mit der *Baukunst* befasst! Er war kein Architekt und Baumeister. Aber wo hatte er die Baupläne her? Und, was noch viel interessanter ist: Wieso war gerade er es, der die Baupläne lieferte? Aber auch andere Fragen sind nach wie vor relevant. Dazu gehört beispielsweise die Frage: Warum wurde der Kölner Dom überhaupt gebaut? Außerdem: Wozu ausgerechnet in dieser gewaltigen Dimension? Der Dom war damals immerhin das höchste Bauwerk der Welt! Selbst heute noch ist er mit seinen 157,38 m das zweithöchste Kirchengebäude Europas (nach dem Ulmer Münster) und sogar das dritthöchste der Welt. 1996 wurde er von der **UNESCO** als eines der europäischen Meisterwerke gotischer Architektur zum Weltkulturerbe erklärt. Auf all die zuvor gestellten Fragen gibt die Geschichte eine Antwort, wenn man es versteht, all die vielen Puzzle-Steinchen, die sich mal in Chroniken, mal in Legenden oder anderen Überlieferungen finden lassen, zu einem kompletten Gesamtbild zusammenfügt.

Albertus Magnus als Urheber des Planes zum Kölner Dome

Unter diesem Titel verfasste ein Autor, von dem nur die Initialen J. W. bekannt sind, ein Gedicht, das alle Hinweise zu den vorstehend genannten Fragen berücksichtigt und die Antwort zusammenhängend in Versform gibt. Ich werde dieses Gedicht hier vollständig wiedergeben und dann Vers für Vers erläutern und neu interpretieren.

Von Dassel kam zum heim'schen Strand
Fern aus Italiens Gauen,
Ihn leitete des Engels Hand,
Den Mann voll Gottvertrauen.
Er führte mit sich unversehrt
Der Heiligen Gebeine,
Die einst im Stall den Herrn verehrt
Mit Hirten im Vereine.

Das Volk fiel gläubig in den Staub,
Als man an's Land geschritten,
Und streute frisches Waldeslaub,
Nach alter frommer Sitte.
Selbst zu den fernsten Landen hin
Bracht man die Freudenkunde,
Und alles zog mit frommen Sinn
Nach Köln aus weiter Runde.

Schier schien zu klein die große Stadt,
Die Pilger all' zu fassen,
Die Menge wogte früh und spat
Durch Straßen und durch Gassen. –
Erzbischof Konrad that den Schwur:
Ein Gotteshaus zu bauen,
So hoch und hehr, wie solches nur
In Deutschland wär' zu schauen.

Er hieß Albertus Magnus dann,
Den Plan zum Tempel schaffen;
Und flugs begann der Gottesmann
Mit seines Geistes Waffen.
Doch bange Zweifel drückten sehr
Den Meister, ob's gelänge;
Ihm schien ohn' Grenzen, wie das Meer,
Der kühnen Pläne Menge.

Er saß in seiner Zelle Bann,
Umgaukelt von Gebilden:
Wann finde ich die Lösung? – Wann?

Fort Geister, fort ihr wilden,
Hier lieg' ich auf dem Angesicht
Des Herrn und bitte, flehe,
Ach käme doch ein göttlich Licht,
Damit ich heller sähe.

Kaum ist verklungen sein Gebet,
Da hört er leise Tritte,
Ein Kindlein vor dem Denker steht
In seiner Zelle Mitte;
Es führt vier Männer silberweiß
Mit Zirkel, Maß und Waage,
Und heißet sie beginnen leis. –
So geht die fromme Sage.

Sieh', an der kleinen Zelle Wand,
Da zeichneten sie Bogen
Und Thürme mit geschickter Hand,
Nach Kreis und Maß gezogen.
Bald prangte stolz der hohe Bau
In tausend lichten Zügen,
Hell glänzend in der Dämm'rung Grau
Thut sich das Ganze fügen.

Albertus staunte ob der Pracht,
Der Bauplan schien gefunden;
Doch bald versank das Bild in Nacht,
Der Zauber war verschwunden.
Und draußen sprach des Kindleins Mund:
„Albertus, auf! Erwache!
Mit Thürmen stolz, mit Bogen rund
Den Plan zum Tempel mache!"

Mit regem Eifer und mit Fleiß
Schafft er am großen Werke,
Er wirkte auf des Herrn Geheiß,
Der Herr verlieh ihm Stärke.
Er schuf den Plan, den er geschaut
In mitternächt'ger Stille,

Und nach dem Plane ward gebaut,
So war's des Herren Wille.

J. W. (aus: *„Albertus Magnus in Geschichte und Sage"*; J. B. Bachem-Verlag, Köln 1880)

Es gibt noch ein weiteres Gedicht, wonach es die Gottesmutter selbst war, die in jener Nacht Albertus Magnus in seiner Zelle besuchte und auf die gleiche Weise, wie im vorstehenden Gedicht beschrieben, die Baupläne an der Wand der Klosterzelle erscheinen ließ.

In einer anderen, allerdings diesmal nicht in Gedichtform verfassten Legende, ist hingegen wieder die Rede von vier Männern in weißen Talaren. Sie sind in verschiedenen Lebensaltern und werden von der *„Heiligen Jungfrau"* (also wieder die Gottesmutter) selbst angeführt. Nach ihren Angaben zeichneten die vier Männer unter einer Lichtflut die Baupläne an die Wand. Allerdings war es nach dieser Legendenfassung nicht die Wand von Albertus Magnus kleiner Klosterzelle, sondern die des Speiseraums im Kloster. In diesem war, der Legende zufolge, Albert eines Abends nach dem Essen, tief in seine Gedanken versunken, alleine sitzen geblieben und hatte nicht bemerkt, wie es um ihn herum dunkel geworden war.

Plötzlich erschienen die geheimnisvollen Besucher in strahlendem Licht im Raum – genauso, wie so oft *„Geister und seltsame Gäste"* in seiner Klosterzelle ein- und ausgegangen sein sollen. Das Ganze erinnert auch etwas an das bis heute sehr mysteriöse und rätselhafte Phänomen der so genannten *„Bedroom Visitors"*, das gerade in unserer Zeit sehr weit verbreitet ist – auch in Deutschland. Als ein Mitbruder mit einem kleinen Licht den Speisesaal betrat, um Albert zu suchen, verschwand der Spuk wieder in Nichts.

Alle drei Versionen, von denen das Gedicht des J. W. sicherlich die schönste Fassung ist, sagen im Grunde ein und dasselbe aus. Aus der Fassung mit der *„Gottesmutter"* geht nicht hervor, wie viele Begleiter sie hatte. Es ist jedoch die Rede von mindestens einem *„dienenden Engel"*. In den beiden anderen Fassungen, die zu diesem Ereignis berichten, sind es jeweils insgesamt fünf Personen, von denen vier Männer sind, die als Architekten unter der Regie der fünften Person auftreten. Diese fünfte

Person, einmal als *„Kindlein"* und einmal als *„Heilige Jungfrau"* bezeichnet, ist identisch mit der *„Gottesmutter"* in der zweiten Version. Vermutlich sind die beiden Gedichtversionen später, nach der dritten hier genannten Version, entstanden.

Rainald von Dassel, Friedrich I. Barbarossa und die Italienfeldzüge

In der ersten Strophe heißt es, dass eine Person mit dem Namen von Dassel aus Italien zurück in heimatliche Gefilde kam. Es gilt also erst einmal festzustellen, wer dieser von Dassel war, was für *„Heilige Gebeine"* er mit sich führte und was die eigentlichen Hintergründe zu diesem geschichtlich realen Ereignis waren.

Nun, bei von Dassel handelte es sich um niemand anderen, als um den damaligen Erzbischof von Köln, Rainald von Dassel, der zugleich auch noch der Kanzler des Königs und Kaisers Friedrich I. Barbarossa war. Geboren wurde er vermutlich noch vor dem Jahr 1130 in dem Ort Dassel, der in der Nähe von Northeim bei Göttingen liegt. Daher auch sein Namenzusatz von Dassel. Der Name Rainald ist eine Abwandlung von Reinhold und bedeutet soviel wie *„Richter und Herrscher"* oder auch *„der im Rat Zuverlässige"*. 1156 wurde er zum Reichskanzler von Friedrich I. Barbarossa ernannt und war dann auch dessen engster Freund und vertrauter Verbündeter. Im Jahre 1159 wurde er Erzbischof von Köln (und <u>nicht,</u> wie in einigen Schulbüchern fälschlicherweise angegeben: *„Erzbischof von Mainz"*)!

Friedrich I., wegen seines roten Bartes von den Italienern Barbarossa (= Rotbart) genannt, wurde um das Jahr 1121 geboren und regierte von 1152 bis zu seinem Tode auf dem 3. Kreuzzug im Jahre 1190. Insgesamt führte er fünf Feldzüge nach Italien durch, während des ersten, der in den Jahren 1154 bis 1155 stattfand, wurde er zum Kaiser gekrönt. Der Name Friedrich stammt aus dem Altdeutschen und bedeutet soviel wie *„der Friedreiche"*.

Im Zusammenhang mit Rainald von Dassel und dem Gedicht von J. W. ist der zweite Italienfeldzug von Bedeutung, denn dieser war es, von dem Rainald von Dassel aus Italien zurückkam. Der Feldzug fand in den Jahren von 1158 bis 1162 statt.

Wir schreiben das Jahr 1162: Nachdem Mailand zwei Jahre lang vom Heer Barbarossas belagert worden war, ergab sich die Stadt auf Gedeih und Verderb. Die wertvollen religiösen Reliquien der Mailänder Kirchen verteilte Barbarossa an seine Bischöfe. Darunter befanden sich auch die Gebeine der biblischen *Heiligen Drei Könige*. Diese bekam Rainald von Dassel zugesprochen. Als Erzbischof von Köln brachte er sie in einer festlichen Prozession am 23.07.1164 natürlich nach Köln, wo sie vom Rhein in den alten Hildebold Dom überführt wurden.

In Köln werden sie übrigens noch heute aufbewahrt, genauer gesagt in einem Schrein des Kölner Doms. Der Bau dieses Schreins wurde vermutlich noch unter Rainald von Dassels Nachfolger, Erzbischof Philipp von Heinsberg († 1191) im Jahre 1180 begonnen. Der Goldschmied Nikolaus von Verdun (auch bekannt unter der Bezeichnung *„Meister von Verdun"*) war an seiner Herstellung, die bis um das Jahr 1225 dauerte, offenbar maßgeblich beteiligt. Nach einer Quelle aus dem 15. Jahrhundert sollte er ursprünglich in der Vierung des vollendeten Doms aufgestellt werden. 1322 stellte man ihn anlässlich der Chorweihe in der Dreikönigenkapelle auf und seit 1948 befindet er sich an seinem heutigen Platz. Der *Dreikönigsschrein* ist eine Kombination aus drei Schreinen, die in ihrer Gesamtheit den größten erhaltenen Schrein des Mittelalters darstellen.

Die *Heiligen Drei Könige* galten damals als Reichsheilige und waren dadurch auch den deutschen Königen und Kaiser Vorbild und Fürbitter. Deshalb kamen sie nach ihrer Krönung, die üblicherweise in Aachen stattfand auch immer nach Köln zum Gebet vor dem *Dreikönigsschrein*, an dem sie auch immer ihre Weihegaben abzulegen pflegten. Eine solche *„Realpräsenz"* von königlichen Heiligen, die praktisch als allererste Heiden Jesus selbst in der Krippe gesehen und angebetet hatten, darf für die Menschen im Mittelalter keinesfalls unterschätzt werden. So wurden dann den Heiligen auch starke Schutzkräfte zugesprochen, die gegen Schicksalsschläge helfen und alles Böse von den Menschen, dem Vieh und dem Haus abwenden.

Barbarossa gab schließlich den Befehl zur völligen Zerstörung Mailands und ließ die Einwohner an vier verschiedenen Orten, rund um die alte Stadt Mailand, neu ansiedeln. Nach der Zerstörung der Stadt unterwarfen sich die meisten anderen lombardischen Städte in Mittelitalien.

1163 machte Barbarossa seinen dritten Zug. Diesmal allerdings ohne Heer. Drei Jahre später, 1166, unternahm er seinen vierten Italienfeldzug mit dem Ziel die Stadt Rom zu unterwerfen. Diese Aktion dauerte bis zum Jahre 1168. Er hatte Rom fast besiegt und in seiner Hand, als eine schreckliche Seuche ausbrach, der Tausende von seinen Streitern zum Opfer fielen. Auch Kanzler Rainald von Dassel war diesmal wieder mit von der Partie. Ebenso wie die Tausende seiner Weggefährten sollte auch er die Heimat nie wieder sehen. Von Dassel starb im Jahre 1167 an der ausgebrochenen Seuche in Italien und wurde später in der Marienkapelle des Kölner Doms beigesetzt. So blieb Barbarossa nichts anderes übrig, als mit den Resten seines dezimierten Heeres den Rückzug anzutreten. Schließlich erreichte er als geschlagener Kaiser wieder deutschen Reichsboden.

Um das Jahr 1188/89 hatte Saladin, der große Sultan von Ägypten, die Stadt Jerusalem im Sturm erobert und eingenommen. Die Nachricht darüber erreichte Barbarossa 1189 in Regensburg. Ohne Zögern stellte er ein Ritterheer auf und brach noch im selben Jahr von Regensburg aus zum 3. Kreuzzug auf. In dessen Verlauf waren schon viele schwere Schlachten mit dem türkischen Reiterheer erfolgreich überstanden, als Barbarossa im Jahre 1190 sein Schicksal traf.

Nach langem Marsch erhitzt, ging er in den Fluss Saleph, an dem sie gerade lagerten, um zu baden und sich abzukühlen. Alle, die Kenntnis von diesem Vorhaben hatten, warnten Barbarossa davor und rieten ihm dringend davon ab. Doch der Kaiser schlug alle Warnungen in den Wind. Kaum war er in den Fluss gegangen, als er plötzlich unterging und ertrank. Jeder Rettungsversuch blieb ergebnislos.

An der Stelle, an der er im Fluss ertrank, bildete das Wasser eine Furt, so dass man eigentlich bequem hätte durchwaten können. Das macht die Umstände seines Todes unverständlich und rätselhaft. Die Gebeine von Friedrich I. Barbarossa wurden, so ist in Geschichtsbüchern zu lesen, in einer Gruft bei der alten Stadt Tyros beigesetzt. Von dort sind sie dann später spurlos verschwunden. Aus diesem Umstand heraus entwickelte sich eine recht interessante Legende, auf die ich später zurückkommen werde.

Abb. 2: Der Tod von Kaiser Friedrich I. Barbarossa nach einem Gemälde von Julius Schnorr von Carolsfeld aus dem Jahr 1832. (Foto: Archiv MYSTERIA)

Das Rätsel um die Heiligen Drei Könige

Die erste Strophe des Gedichtes von J. W. dürfte jetzt jedem klar verständlich sein. Sie beruht auf geschichtlich gesicherten Fakten und wir wissen jetzt, wer aus Italien kam und was er warum mitbrachte: die Gebeine der *Heiligen Drei Könige*. Den meisten dürften die *Heiligen Drei Könige* ein Begriff sein und sie wissen, um welche Personen es sich dabei handeln soll. Wenn man darüber aber genauer nachliest und nachdenkt, kommt man schnell zu vielen Fragen, die bis heute ungeklärt sind. Es gibt offenbar keinerlei Indizien darüber, um wessen Gebeine es sich wirklich handelt! Um dies darzulegen müssen wir die Geschichte von Anfang an, Punkt für Punkt, im Detail durchgehen.

Nach Auffassung der katholischen Geistlichkeit handelt es sich bei den *Heiligen Drei Königen* um jene im Neuen Testament der Bibel beschriebenen *„Weisen aus dem Morgenland"*. Nun ist aber die Bibel, und gerade auch das Neue Testament, eine willkürlich zusammen gewürfelte Mischung aus den verschiedensten Quellen und Überlieferungen. Dabei ist es oft

60

mühsam, die biblische Geschichte vollständig zusammen zu bekommen und zu rekonstruieren, zumal die einzelnen Evangelien nicht immer alle über alles berichten.

In dem Gedicht von J. W. heißt es: *„... Er führte mit sich unversehrt der Heiligen Gebeine, die einst im Stall den Herrn verehrt mit Hirten im Vereine."* So berichtet uns das Evangelium des Lukas beispielsweise über diese Hirten aus dem Gedicht, während Matthäus zwar als einziger über die *„Weisen aus dem Morgenland"*, die ja die *Heiligen Drei Könige* sein sollen, berichtet, aber gar nichts von den Hirten schreibt. Von Letzteren lesen wir bei Lukas:

Jesu Geburt

01 *Es begab sich aber zu der Zeit, dass ein Gebot von dem Kaiser Augustus ausging, dass alle Welt geschätzt würde.*

02 *Und diese Schätzung war die allererste und geschah zur Zeit, da Cyrenius Landpfleger in Syrien war.*

03 *Und jedermann ging, dass er sich schätzen ließe, ein jeglicher in seine Stadt.*

04 *Da machte sich auf auch Joseph aus Galiläa, aus der Stadt Nazareth, in das jüdische Land zur Stadt Davids, die da heißt Bethlehem, darum dass er von dem Hause und Geschlechte Davids war,*

05 *auf dass er sich schätzen ließe mit Maria, seinem vertrauten Weibe, die war schwanger.*

06 *Und als sie daselbst waren, kam die Zeit, dass sie gebären sollte.*

07 *Und sie gebar ihren ersten Sohn und wickelte ihn in Windeln und legte ihn in eine Krippe; denn sie hatten sonst keinen Raum in der Herberge.*

08 *Und es waren Hirten in derselben Gegend auf dem Felde bei den Hürden, die hüteten des Nachts ihre Herde.*

09 *Und siehe, des Herrn Engel trat zu ihnen, und die Klarheit des Herrn leuchtete um sie; und sie fürchteten sich sehr.*

10 *Und der Engel sprach zu ihnen: „Fürchtet euch nicht! Siehe, ich verkünde euch große Freude, die allem Volk widerfahren wird;*

11	denn euch ist heute der Heiland geboren, welcher ist Christus, der Herr, in der Stadt Davids.
12	Und das habt zum Zeichen: ihr werdet finden das Kind in Windeln gewickelt und in einer Krippe liegen."
13	Und alsbald war da bei dem Engel die Menge der himmlischen Heerscharen, die lobten Gott und sprachen:
14	„Ehre sei Gott in der Höhe und Friede auf Erden und den Menschen ein Wohlgefallen."
15	Und da die Engel von ihnen gen Himmel fuhren, sprachen die Hirten untereinander: „Lasst uns nun gehen nach Bethlehem und die Geschichte sehen, die da geschehen ist, die uns der Herr kundgetan hat."
16	Und sie kamen eilend und fanden beide, Maria und Joseph, dazu ein Kind in der Krippe liegen.
17	Da sie es aber gesehen hatten, breiteten sie das Wort aus, welches zu ihnen von diesem Kinde gesagt war.
18	Und alle, vor die es kam, wunderten sich der Rede, die ihnen die Hirten gesagt hatten.
19	Maria aber behielt alle diese Worte und bewegte sie in ihrem Herzen.
20	Und die Hirten kehrten wieder um, priesen und lobten Gott um alles, was sie gehört und gesehen hatten, wie denn zu ihnen gesagt war.
21	Und da acht Tage um waren und man das Kind beschneiden musste, da ward sein Name genannt **Jesus**, wie er genannt war von dem Engel, ehe denn er im Mutterleibe empfangen ward."

Lukas 2, 1-21

Genau wie in dem Gedicht von J. W. von Engeln die Rede ist, die Rainald von Dassel sicher von Italien nach Deutschland geleiteten, berichtet auch Lukas von einem Engel, der die Ankunft von Jesus den Hirten angekündigt hat. Außerdem ist da noch die Rede von der „Menge der himmlischen Heerscharen".

Wir haben es hierbei doch zweifelsfrei mit überirdischen (weil **nicht irdischen**, also kann man getrost auch von außerirdischen sprechen)

62

Mächten zu tun. Und diese leiteten die Geschicke der Menschheit offenbar von Anfang an und waren bei allen wichtigen Ereignissen zu allen Zeiten zugegen.

Kommen wir zurück zu Jesus Geburt und, noch viel wichtiger für diese Untersuchung, die *Heiligen Drei Könige*. Das Buch der Bücher, die Bibel, erwähnt an keiner Stelle *„drei Könige"*! Es handelt sich nach der Überlieferung lediglich um *„die Weisen aus dem Morgenland"*. Matthäus ist der einzige Bibelchronist, der von ihnen berichtet. Doch lassen wir ihn selbst zu Wort kommen:

Die Weisen aus dem Morgenland

01 *Da Jesus geboren war zu Bethlehem im jüdischen Lande zur Zeit des Königs Herodes, siehe, da kamen Weise aus dem Morgenland nach Jerusalem und sprachen:*

02 *„Wo ist der neugeborene König der Juden? Wir haben seinen Stern gesehen im Morgenland und sind gekommen ihn anzubeten."*

03 *Da das der König Herodes hörte, erschrak er und mit ihm das ganze Jerusalem*

04 *und ließ versammeln alle Hohepriester und Schriftgelehrten unter dem Volk und erforschte von ihnen, wo der Christus sollte geboren werden.*

05 *Und sie sagten zu ihm: „Zu Bethlehem im jüdischen Lande; denn also steht geschrieben durch den Propheten (Micha 5,1):*

06 *Und du Bethlehem im jüdischen Lande bist mitnichten die kleinste unter den Städten in Juda; denn aus dir soll mir kommen der Herzog, der über mein Volk Israel ein Herr sei."*

07 *Da berief Herodes die Weisen heimlich und erkundete mit Fleiß von ihnen, wann der Stern erschienen wäre,*

08 *und wies sie nach Bethlehem und sprach: „Ziehet hin und forschet fleißig nach dem Kindlein; und wenn ihr's findet, so sagt mir's wieder, dass ich auch komme und es anbete."*

09 *Als sie nun den König gehört hatten, zogen sie* (gemeint sind hier wieder die „Weisen aus dem Morgenland"; Anm. d. Verf.) *hin. Und siehe, der Stern den sie im Morgenland gesehen hatten, ging vor ihnen hin, bis dass er kam und stand oben über, wo das Kindlein war.*

10   *Da sie den Stern sahen, wurden sie hocherfreut*

11   *und gingen in das Haus und fanden das Kindlein mit Maria, seiner Mutter, und fielen nieder und beteten es an und taten ihre Schätze auf und schenkten ihm Gold, Weihrauch und Myrrhe.*

12   *Und Gott befahl ihnen im Traum, dass sie nicht sollten wieder zu Herodes gehen, und sie zogen auf einem anderen Weg wieder in ihr Land.*

Matthäus 2, 1-12

Interessant in dieser Schilderung ist auch der *„Stern"*. Hierzu haben sowohl UFO-Forscher als auch Prä-Astronautik-Forscher mehrfach darüber spekuliert, ob es sich um ein UFO im Sinne eines außerirdischen Raumschiffes gehandelt haben könnte. In Anbetracht der Theorie von Hans-Werner Sachmann in seinem Buch *„Die Epoche der Engel"* und die damit verbundene Identifizierung der Engel als außerirdische Besucher liegt diese Schlussfolgerung durchaus im Bereich des Möglichen. Zumal nach Lukas ja auch bei der Geburt von Jesus mindestens ein solcher Engel zugegen war.

In der aus dem 15. Jahrhundert stammenden belorussischen Version der vermutlich in der Mitte des 3. Jahrhunderts in Latein verfassten alten Schrift *„Narración de los tres reyes magos"* ist zu lesen, wie der *„Stern von Bethlehem"* einen Tag lang über dem Berg Wans stand, ohne dass sich die Luft bewegte. Demnach hatte der *„Stern"* auch *„Flügel wie ein Adler und viele große Strahlen, die ihn kreisförmig bewegten, als er auf dem Berg Wans niederging"*. Gleiches berichtet auch die Schrift *„Apóerifos"* (Bd. 2): *„Je näher sie (die Heiligen Drei Könige) Bethlehem kamen, um so stärker wurde der Glanz des Sterns. Dieser hatte die Form eines Adlers, er flog durch die Lüfte und bewegte seine Flügel."* An gleicher Stelle ist auch über einen merkwürdigen Zeitverlust zu lesen, den die *Heiligen Drei Könige* während ihrer Reise, die 13 Tage dauerte, erlitten haben sollen. Während der ganzen Zeit nahmen sie keine Nahrung zu sich und verspürten auch keinerlei Verlangen danach. Am Ziel angekommen, kam es ihnen so vor, als habe die Reise nur einen Tag gedauert. Parallelen zu solchen Zeitverschiebungen finden sich in vielen alten Legenden und vor allem auch in der neuzeitlichen UFO-Forschung. – Auch dies ein Indiz für die Theorie eines außerirdischen Raumschiffes?

Ähnliches schreibt auch Jakob Lorber in seiner Version des Jakobus-Evangeliums, wenn darin die Rede ist dass auf seinem Weg von der Höhle (hier und auch im Original Jakobus-Evangelium ist die Rede von einer Höhle, nicht von einem Stall, in der Jesus geboren wurde) in die Stadt (um eine Hebamme zu holen) die Zeit offenbar um ihn herum stillstand, weil alles bewegungslos war und selbst das Wasser den Berg nicht mehr herunter floss sondern still stand. Dies wird in ganz ähnlicher, fast identischer Weise allerdings auch im Original Jakobus-Evangelium so erzählt.

In vielen Hochkulturen wurden damals besondere astronomische Ereignisse mit geschichtlich historischen Ereignissen in Verbindung gebracht. Und so begann die Suche nach einem astronomischen Ereignis, das als *„Stern von Bethlehem"* gedeutet werden könnte bereits mit der christlichen Theologie im 2. Jahrhundert. Nach Auffassung einiger Forscher soll dann der *„Stern von Bethlehem"* ein Komet gewesen sein. Und so wurde er auf bildlichen Darstellungen seit Beginn des 14. Jahrhunderts häufig als Komet abgebildet. Diese ursprünglich entstandene Kometen-Interpretation wurde jedoch schnell wieder verworfen, weil Kometen in der Antike und im Altertum allgemein als Unheilsboten galten.

Sowohl im 12. als auch im 15. Jahrhundert sahen die Gelehrten in einer Planeten-Konjunktion von Jupiter und Saturn im Sternbild der Fische ein Zeichen für die Geburt des Messias. Der Astronom Johannes Keppler errechnete korrekt im 17. Jahrhundert eine solche dreifache Konjunktion der Planeten Jupiter und Saturn im Sternbild der Fische für das Jahr 7 v. Chr. Sollte diese als *„Stern von Bethlehem"* missverstanden worden sein? Wäre sie zutreffend, dann würde allerdings das Geburtsdatum von Jesus und damit auch unsere Zeitrechnung nicht stimmen, weil letztere dann um sieben Jahre zu spät begonnen hätte.

Nichtsdestotrotz stimmt unsere Zeitrechnung offenbar sowieso nicht, da Jesus Geburt ja in der Zeit der Regentschaft von König Herodes (= Herodes I. oder auch Herodes der Große) gewesen sein soll, wie uns Matthäus berichtet. Dieser aber starb bereits im März des Jahres 4 vor Chr. Zudem war die Volkszählung, auf die sich wiederum Lukas bezieht, erst sieben Jahre nach dem Tod von Herodes und somit im Jahre 3 unserer Zeitrechnung (also im Jahre 3 n. Chr.).

Inzwischen wurden von Astronomen zwei weitere Planeten-Konjunktionen errechnet, diesmal von Venus und Jupiter. Die erste davon fand im Jahr 3 v. Chr. im Sternbild des Löwen statt, die zweite im Jahr 2 v. Chr. Käme eine von beiden tatsächlich in Betracht, dann würde das Todesjahr von König Herodes nicht stimmen und müsse zurückverlegt werden. Da aber gingen die Historiker auf die Barrikaden, die dafür am Jahr 4 v. Chr. festhalten.

Als letzte astronomische Hypothese gibt es noch die Theorie des Altorientalisten Werner Papke, der den *„Stern von Bethlehem"* als Supernova, die im Sternbild *„Haar der Berenike"* aufleuchtete, interpretiert. Dies wird von ihm anhand verschiedener Bibeltexte spekuliert. Doch eine historische, außerbiblische Quelle für eine solche Supernova gibt es nicht. Somit ist diese Theorie auch gleich die unwahrscheinlichste von allen.

Wie wir aus dem zuvor zitierten Matthäus-Evangelium erkennen, ist dort die Rede von *„Weisen aus dem Morgenland"*, ohne dass überhaupt deren Zahl genannt wird. Also bestand die Anzahl mindestens aus zwei, vielleicht aber auch aus mehr als drei solcher Weisen. Ihre Zahl (Drei) wurde erstmals im 3. Jahrhundert durch Origenes (um 185 – 254) festgelegt. Wie er nun auf die Zahl Drei kam ist nicht sicher belegt. Es wird vermutet, dass er dies so machte, weil in der Bibel die Rede von drei Gaben, nämlich Gold, Weihrauch und Myrrhe, ist. Auf den Wandgemälden in der S.-Domitilla-Katakombe sind beispielsweise vier Könige dargestellt und in einer anderen Katakombe sind nur zwei Könige (mit phrygischen Mützen) abgebildet. In einem Mosaik, das aus dem 6. Jahrhundert stammt und sich in der Geburtsbasilika in Bethlehem befand, sind die Könige mit persischen oder syrischen Kopfbedeckungen dargestellt.

In dem Buch *„Jugend Jesu – Das Jakobus-Evangelium"*, das eine neuzeitliche Fassung des Jakobus-Evangeliums sein soll, die dem Verfasser Jakob Lorber nach eigenen Aussagen (medial) offenbart wurde, schreibt er sowohl über die Hirten als auch über die *„Weisen aus dem Morgenland"*. Nach seiner Version, die allerdings erst 1843 entstand, also lange nachdem die Festlegung der Anzahl auf Drei stattgefunden hatte, schreibt Lorber in seinem Werk von *„drei mächtigen persischen Karawanen"* mit *„drei oberste Anführer als Magier"*. Diese, die er später auch als *„Weise"* bezeichnet und die sich in seinem Text selbst als *„Sterndeuter"* betiteln nennt er dann – wie ebenfalls schon lange bekannt – in etwas abgewandelter Form Chaspara, Melcheor und Balthehasara. Diese drei, die nach Lorber allesamt aus Persien (dem heutigen Iran) kamen, sollen von den Geistern der alttestamentarischen Gestalten Adam, Kain und Abraham begleitet worden sein.

Das Ganze kann man allerdings nicht wissenschaftlich ernst nehmen und keinesfalls als Beleg für die Richtigkeit der kirchlichen Behauptungen über die *Heiligen drei Könige* ansehen, zumal das Werk Lorbers ja auch erst 1843 entstand. Zudem ist im Original Jakobus-Evangelium weder die Rede von *„drei"* Magiern noch von den *„drei mächtigen persischen Karawanen"* sondern lediglich von *„Magiern aus dem Osten"*, die auch hier namentlich nicht genannt werden!

Hier nun der entsprechende Text über die Weisen aus dem Original Jakobus-Evangelium in einer Übersetzung aus dem Griechischen von Wieland Willker aus dem Jahr 2000:

21,1: *Und siehe, Joseph machte sich bereit, aus Judäa fortzuziehen, als in Bethlehem ein Aufstand ausbrach. Denn es kamen Magier aus dem Osten (aus Persien) und sprachen: „Wo ist der neugeborene König der Juden? Denn wir haben seinen Stern gesehen im Osten und sind gekommen um ihm zu huldigen."*

Der in Klammern gesetzte Zusatz *„aus Persien"*, der im vorstehenden Vers nicht kursiv gesetzt ist, dürfte lediglich ein Zusatz des Übersetzers sein, der im Originaltext (sowie in der *„Berleburger Bibel"*) nicht enthalten ist.

21,2: *Und es hörte Herodes, erschrak und sandte Diener zu den Magiern und schickte auch nach den Hohepriestern und fragte sie: „Wo soll der Messias geboren werden?" – Sie aber antworteten: „In Bethlehem in Judäa, denn so steht es geschrieben." Und er entließ sie und fragte die Magier: „Was habt ihr für ein Zeichen gesehen bezüglich des neugeborenen Königs?" Und es sagten die Magier: „Wir haben einen Stern gesehen, der sehr hell schien unter den Sternen. Er verdunkelte sie sogar und wir wissen, dass ein König für Israel geboren wurde. Darum sind wir gekommen, um ihn anzubeten." Da sagte **Herodes:** „Geht hin und forscht genau nach dem Kind. Und wenn ihr es gefunden habt, berichtet es mir, damit auch ich gehe um es anzubeten."*

21,3: *Und die Magier gingen davon. Und siehe, der Stern, den sie im Osten gesehen hatten, ging vor ihnen her, bis er zum stehen kam in der Höhle über dem Haupt des Kindes. Und als die Magier es sahen mit seiner Mutter Maria huldigten sie ihm und öffneten ihre Schätze und gaben ihnen Geschenke: Gold und Weihrauch und Myrrhe. Und sie wurden gewarnt von einem Engel des Herrn, nicht zurück zu Herodes zu gehen, sondern einen anderen Weg in ihr Land zu nehmen.*

Jakobus 21, 1-3 (nach der Übersetzung von Wieland Willker)

Ein Vergleich zur Veröffentlichung in der Berleburger Bibel (Teil 8), Ursprungsausgabe von 1742, ergab eine völlige Übereinstimmung. Lediglich die Willker-Übersetzung ist etwas flüssiger im Text.

In mittelalterlichen Quellen werden dann endgültig aus den *„Weisen"* die *„Magier aus dem Morgenland"*. Im Spanischen heißen die *Heiligen Drei Könige* noch heute *„Los Reyes Magos"*. Das Wort *„Mago"* bedeutet im Deutschen *„Magier"*. Der deutschstämmige, spanische Journalist Andreas Faber-Kaiser (s. Literaturverzeichnis) vermutet aus dieser Ableitung heraus, dass die *„Magier aus dem Morgenland"* zum Stamm der **Magier** gehörten. Das war ursprünglich ein medischer Volksstamm, in dessen Verband sich die Priesterwürde vererbte. Doch außer der Bezeichnung selbst sind keinerlei Hinweise zu finden, die darauf hindeuten. Lange nach dem tatsächlichen Ereignis, nämlich erst im 6. nachchristlichen Jahrhundert, wurde ihre Zahl dann willkürlich und endgültig auf *„drei"* festgelegt. Außerdem entstand dabei damals die Bezeichnung *„Drei Könige"*. Aber auch hierbei gilt: An keiner Stelle der Bibel steht, dass es sich um Könige gehandelt hat! Lediglich Tertullian (um 160 – 220) sagte zu Anfang des 3. Jahrhunderts von ihnen, sie seien *„fast <u>wie</u> Könige"* aufgetreten. Er verweist dabei auf Jesaja 60,3 *„Völker wandern zu deinem Licht und Könige zu deinem strahlenden Glanz"* und Psalm 72,10: *„Könige von Tarschisch, Saba und Scheba bringen Geschenke"*. Seit spätestens Caesarius von Arles (469 – 542) sind dann die drei Magier auch endgültig zu Königen geworden.

Die *„Drei Könige"* wurden später heilig gesprochen, so dass aus ihnen schlussendlich die *Heiligen Drei Könige* entstanden. Von den Künstlern des Mittelalters wurden sie nicht nur in verschiedenen Lebensaltern dargestellt, sondern auch in verschiedenen Rassen. Auch zu diesen beiden Faktoren gibt es in der Bibel, wie könnte es jetzt auch anders sein, keinen Anhaltspunkt. Das Ganze dürfte somit wohl einzig und allein symbolischen Charakter besitzen, indem die verschiedenen Lebensalter die verschiedenen Generationen darstellen und die verschiedenen Rassen als Symbol der ganzen Menschheit (aus den damals lediglich drei bekannten Erdteilen bzw. Kontinenten Europa, Asien und Afrika) stehen sollen. Diese Einordnung geschah um das Jahr 700 durch den englischen Benediktinermönch Beda Venerabilis (674 – 735). Eine spätere Interpretation ordnete die drei Könige den drei biblischen Rassen der Semiten, Chamiten und Jafetiten (nach den Söhnen Noahs, Sem, Ham und Japheth, in 1. Mose 6, Vers 10) zu.

Christoph Kolumbus suchte bekanntlich einen Seeweg über Westen nach Indien. Während seiner Fahrten entdeckte er dabei Amerika. Doch starb Kolumbus am 20.05.1506 in Valladolid im festen Glauben den Seeweg nach Indien entdeckt zu haben. Aus seinen Tagebüchern ist bekannt geworden, dass er auf seinen beiden ersten Fahrten in den Jahren 1492 und 1496 seiner Mannschaft zuerst vor Haiti und später auch vor Kuba erklärte, dass sie nun jene Länder zu Gesicht bekämen, aus denen die *Heiligen Drei Könige* mit ihren Gold- und Weihrauchgaben gekommen und nach Bethlehem gezogen seien. Somit verschaffte Kolumbus den *Heiligen Drei Königen* Einzug nach Amerika. Das gipfelte schließlich in bildlichen Darstellungen der *Heiligen Drei Könige*, bei denen einer von ihnen als Indianer abgebildet wurde. So zum Beispiel auf dem Foto eines anonymen Tafelbildes, das um das Jahr 1505 entstand und sich heute im Archiv des Arquivo National de Fotografia in Lissabon befindet. Und am Grabmal des Erzbischofs Dietrich von Moers (1414 – 1463), das sich im Kölner Dom befindet, ist einer der *Heiligen Drei Könige* als Schwarzer abgebildet. Das wiederum dürfte auf den englischen Benediktinermönch Beda Venerabilis zurückgehen. Lediglich Jakob Lorber schreibt in seiner umstrittenen Version des Jakobus-Evangeliums davon, dass einer von ihnen ein *„Mohr"* war. Im Original Jakobus-Evangelium ist davon <u>nicht</u> die Rede! Zuerst Caspar, später vor allem aber Melchior, wurden vornehmlich als Schwarze bzw. Farbige (früher als *„Mohren"* bezeichnet) abgebildet. Auch wurden ihnen später schon einmal Reittiere zugewiesen, die wiederum für die drei Kontinente typisch waren:

1.   Ein Pferd für den Kontinent Europa,
2.   ein Kamel für den Kontinent Asien,
3.   ein Elefant für den Kontinent Afrika.

Die Zuordnung der Reittiere zu den Kontinenten erfolgte nach Dr. Manfred Becker-Huberti (s. Literatur- und Quellenverzeichnis). Gefühlsmäßig mag man geneigt sein das Kamel eher dem Kontinent Afrika (z. B. Ägypten) zuzuschreiben und den Elefanten wiederum dem Kontinent Asien, wo diese früher auch als Kriegselefanten (z. B. burmesisch-siamesische Kriege, Attilas Einfall in Europa usw.) eingesetzt wurden. Man muss dies jedoch auf das damals bekannte Vorderasien beziehen wie Saudi Arabien, Syrien, Israel (Palästina), Irak, Iran (Persien) usw.

Dass alle drei bekannten Kontinente in die Geschichte von Jesus Geburt einbezogen werden sollten, wurde besonders deutlich bei den Missionaren des 16. Jahrhunderts. Als Amerika entdeckt worden war, konnte man die Personenzahl nicht erhöhen. Also ließ man es stillschweigend zu, dass einer der *Heiligen Drei Könige* nun plötzlich (als Indianer) aus Amerika kam. Anfang des 17. Jahrhunderts gelangte ein frommer Gelehrter schließlich zu dem Schluss, dieser müsse sich irgendwie über Nordamerika und die Landbrücke zwischen Alaska und Sibirien, und von dort aus nach Bethlehem, durchgeschlagen haben.

Vor allem in der Zeit des 16. Jahrhunderts gab es in Amerika viele Dreikönigsprozessionen, mit denen die Missionare die Indianer missionieren und die spanischen Kolonialherren sie unterwerfen wollten. Dass dies zumindest größtenteils scheinbar gelang, zeigen deutlich die geschichtlichen Dokumente jener Zeit. Eine der ausführlichsten Beschreibungen einer solchen Prozession stammt von dem Franziskanermönch Antonio de Ciudad Real, der 1587 aus Tlaxomulco, das in der Nähe von Guadalajara liegt, berichtete:

„Diese Prozession fand alljährlich statt. Von jenseits der umliegenden Berge kamen die drei von Einheimischen gespielten Könige zu Pferd, von Bannerträgern begleitet, in den Hof des Klosters gezogen. Dieses fungierte hier gleichzeitig als Jerusalem, Sitz des Königs Herodes, und als Bethlehem. Die Hirten benahmen sich wie Narren, aber die Könige wurden angehalten sich wie hohe Herren zu benehmen."

Zum Abschluss wurden die Geschenke und Gaben überreicht, darunter Kopalharz, Gold und Silber. Die Kirchen selbst durften die Eingeborenen praktisch nie betreten. Ähnliche Machenschaften berichten fast alle Dokumente solcher Dreikönigsprozessionen im frühen Amerika. Diese Prozessionen machten erst die Aufnahme der eingeborenen Amerikaner in die Christenheit, wenn auch nur als minderwertige Mitglieder, möglich. Die Eingeborenen konnten sich aber auch in ihrer Rolle als *Heilige Drei Könige* gegen die Eroberer wenden und sich über sie und ihre Institutionen lustig machen. Zu diesem Schluss kommt jedenfalls Richard C. Trexler in einer Studie über dieses Thema.

Im Mittelalter erhielten die in der Bibel namenlos gebliebenen plötzlich auch Namen. Man nannte sie Caspar (Kasper), Melchior und Balthasar. Das berühmte aus dem 6. Jahrhundert stammende Mosaik in der frühchristlichen Basilika Sant' Apollinare Nuovo in Ravenna nennt bereits diese Namen. Und danach hat keiner der drei Männer eine dunkle Hautfarbe. Da in der katholischen Kirche nichts von ungefähr geschieht, soll hier auch die Bedeutung dieser Namen erwähnt werden:

Caspar: (in älteren Quellen auch Gathaspar) Der Name ist eine Version von Kasper und stammt aus dem Persischen und bedeutet soviel wie *„der Kapier"*. Die Kapier waren ein Volksstamm am Kaspischen Meer.

Melchior: Dieser Name stammt aus dem Hebräischen und bedeutet *„der König des Lichts"*. Er setzt sich aus den Wörtern *„melekh"* (= König) und *„or"* (= Licht) zusammen.

Balthasar: Dieser chaldäische Name ist ursprünglich babylonischen Ursprungs und leitet sich aus dem babylonischen Beltschazzar (bedeutet hier: *„Gott schütze sein Leben"*) ab. Balthasar ist davon die hebräische Form und bedeutet sinngemäß im Deutschen soviel wie *„der glänzende Herr"*.

Dies sind die offiziell vom Vatikan benutzten Namen der *Heiligen Drei Könige*. Ihre Herkunft liegt dennoch weitgehend im Dunkel der Zeit verborgen. Die von Jacobus von Voragine vor 1264 verfasste *„legenda aurea"* benennt die (angeblich) hebräischen Namen: Appelius, Amerius und Damascus. Gleichsam gibt er dazu als griechische Übersetzung die Namen Galgalat, Balthasar und Melchior an.

Anderenorts heißen sie auch schon mal anders. So beispielsweise bei den syrischen Christen, wo man sie Larvandad, Hormisdas und Gushnasaph benennt. In älteren syrischen Quellen heißt einer (vermutlich Caspar) auch Gudophorhem. Darin könnte sich eventuell der Name des mächtigen indisch-parthischen Königs Gondophares erkennen lassen, der der Legende nach vom Apostel Thomas getauft wurde.

Bei den Äthiopiern haben sie offenbar alle zwei Namen, entweder Tanisuram, Mika und Sisisba oder Awnison, Libtar und Kasäd. Hingegen sind bei den Armeniern nur zwei Namen bekannt, nämlich Kagba und **Badadilma**. Das könnte nun wiederum zu der Schlussfolgerung verleiten, dass man in den verschiedensten Ländern auch von einer unterschiedlichen Anzahl ausgeht: Äthiopien = sechs, Armenien = zwei. Schließlich ist ihre genaue Zahl in der Bibel nicht genannt.

Von den Anfangsbuchstaben der offiziellen Namen (Caspar, Melchior, Balthasar) leitete man dann ab Mitte des 20. Jahrhunderts die Wörter *„Christus mansionem benedicat"* als Segensspruch ab, was zu Deutsch soviel wie *„Christus diese Wohnung segne"* bedeutet. Dieser Spruch hat sich vermutlich mit der Entstehung der **Sternensinger** entwickelt, da er von diesen immer an die Eingangstüren geschrieben wird.

Wir kennen nun die Urquellen, nämlich das Lukas-Evangelium und das Matthäus-Evangelium aus dem Neuen Testament der Bibel. Wie Matthäus zu berichten weiß, zogen die *„Weisen aus dem Morgenland"* wieder zurück in ihre Heimat, wo sich offenbar jede Spur von ihnen verlor. Trotzdem machte die katholische Obrigkeit sie später zu den *Heiligen Drei Königen*, die verschiedene Lebensalter hatten und verschiedenen Rassen (obwohl sie vermutlich alle aus einem Lande kamen) angehörten. Außerdem nannte man sie plötzlich beim Namen.

In seiner Abhandlung *„Die Weihnachtskrippe (Theologie – Volkskunde)"* berichtet Dr. Manfred Becker-Huberti auf www.koelnerkrippengaenge.de [12.10.2009] im Kapitel *„Elemente der Krippe"*, Abschnitt *„Die heiligen Dreikönige"*:

„Über den weiteren Lebensweg der Dreikönige erzählen die Apokryphen. Das Proto-Evangelium des Thomas (6. Jh.) berichtet von ihrer Taufe. Sie sollen später zu Priestern und Bischöfen geweiht worden sein. Nach einer gemeinsamen Weihnachtsfeier seien alle drei kurz nach 53 nach Christus hintereinander gestorben."

Bei meiner Recherche hierzu musste ich erkennen, dass es häufig zu Missverständnissen bei diesem apokryphen Text kommt. Das liegt in erster Linie an den folgenden Umständen:

1. Der Begriff *„Proto-Evangelium"* existiert in verschiedenen Variationen:

a.) in der von Dr. Becker-Huberti benutzen Schreibweise *„Proto-Evangelium"* (seltener),

b.) in der Schreibweise *„Protoevangelium"* (aneinander geschrieben),

c.) in der Schreibweise *„Protevangelium"* (ohne das 2. *„o"*) und,

d.) abweichend von c seltener auch *„Prot-Evangelium"*.

2. Es gibt zwei Evangelien, die nicht selten verwechselt oder gar zusammengewürfelt und in einen Topf geschmissen werden. Auch gibt es wieder verschiedene Namensbezeichnungen für diese beiden Evangelien.

a.) Allgemein als *„Thomas-Evangelium"* oder *„Evangelium des Thomas"* bezeichnet wird eine Sammlung von Jesus-Zitaten, die nach heutiger Erkenntnis im 2. Jahrhundert zusammengestellt wurde.

b.) Als *„Das Kindheitsevangelium des Thomas"* wird eine Sammlung von Kindheitserlebnissen bzw. Episoden aus dem Leben Jesus bezeichnet. Dieses Evangelium stammt nach heutiger Erkenntnis aus dem 6. Jahrhundert.

Die Urheberschaft bei beiden ist umstritten. Vermutlich handelte es sich nach offizieller Meinung bei beiden Verfassern (mindestens aber beim *„Kindheitsevangelium"*) nicht um den Apostel Thomas.

Da die Quelle, auf die Dr. Becker-Huberti bei seinen Hinweis verwiesen hat, dürfte das *„Kindheitsevangelium des Thomas"* sein, weil er hierzu ausdrücklich das 6. Jahrhundert erwähnt und dieses so datiert wird, während das Thomas-Evangelium bereits im 2. Jahrhundert niedergeschrieben wurde. Dies ist aber weder eine gesicherte Quelle noch eine gesicherte Aussage und im Zusammenhang mit den *Heiligen Drei Königen* sehr zweifelhaft, denn sie wirft nur neue Fragen auf. Mir liegen verschiedene Ausgaben bzw. Übersetzungen beider Evangelien vor. In beiden werden die Weisen bzw. Magier jedoch nicht erwähnt. Das Thomas-Evangelium ist eine Zitatsammlung von Sprüchen Jesu und das Kindheitsevangelium endet mit dem 12. Lebensjahr von Jesus. Allein deshalb können beide hierzu keine Angaben enthalten, da die Weisen erst nach der Kreuzigung Jesu gestorben sein sollen. Zudem:

1. Die Aussage *„Sie sollen später zu Priestern und Bischöfen geweiht worden sein."* widerspricht ganz krass der Behauptung dass es sich um Könige gehandelt hat. Weder das Priester-, noch das Bischofsamt sind mit dem Amt des Königs vereinbar.

2. Die Behauptung der *„gemeinsamen Weihnachtsfeier"* widerspricht der Königshypothese ebenso. Warum sollten drei Könige von drei unterschiedlichen Königreichen zusammen das Weihnachtsfest feiern? Inwieweit wurde das Weihnachtsfest damals überhaupt gefeiert – rund 20 Jahre nach der Kreuzigung Jesus?

3. Die hier gemachte Festlegung auf die Zahl *„drei"* ist keinerlei Beweis für die tatsächliche Zahl der *Weisen aus dem Morgenland*, da diese (willkürliche) Festlegung bereits erstmals in der ersten Hälfte des 3. Jahrhunderts durch Origenes, der 254 verstarb, festgelegt wurde und somit dem Verfasser des Kindheitsevangeliums bekannt gewesen sein dürfte.

4. Alle drei sollen *„kurz nach 53 (also um das Jahr 54) nach Christus hintereinander gestorben"* sein. Anhand wissenschaftlicher Analysen der Gebeine der *Heiligen drei Könige* – oder besser gesagt, der Personen, die im Kölner *Dreikönigsschrein* liegen, wissen wir dass diese ein ungefähres Lebensalter von 10 – 12 Jahren, 25 – 39 Jahren und um die 50 Jahre bei ihrem Tod hatten. Damit kann es sich bei den Gebeinen auf keinen Fall um die Weisen aus dem Morgenland gehandelt haben, <u>wenn</u> diese um das Jahr 54 n. Chr. gestorben sind, denn dann müssten die Gebeine im *Dreikönigsschrein* ein Lebensalter von 64 – 66 Jahren, 79 – 93 Jahren und um die 104 Jahre aufweisen! Maximal der älteste der <u>angeblichen</u> *Heiligen Drei Könige* im Dreikönigsschrein könnte demnach zur Zeit von Jesus Geburt bereits gelebt haben – war aber dann noch selbst ein Baby!

Alleine aus letztem Grund kann eine solche Angabe nicht stimmen oder man verehrt im *Dreikönigsschrein* die falschen Reliquien! Bei dem Alter der Gebeine müssten die *Heiligen Drei Könige* kurz nach Jesus Geburt selbst gestorben sein. Dann wäre der jüngste um die 10 Jahre gewesen als er zur Krippe kam. Und dieses Alter darf man sicher getrost als absolutes Minimum ansehen.

Ein König in diesem jungen Alter ist zwar denkbar, müsste sich aber dann auch eigentlich geschichts-historisch zur Zeit von Jesus Geburt nachweisen lassen können. Mir ist allerdings keiner bekannt, der dafür in Frage käme.

Ein wenig widersprüchlich berichtet Thomas Maier in der Broschüre *„Sternsinger und die heiligen Dreikönige"* (s. Quellenverzeichnis): *„Getauft wurden die unbekannten Könige durch Papst Leo I."* Papst Leo I., meistens Leo der Große genannt, lebte im 5. Jahrhundert (* um 400, † 10.11.461). Ebenfalls nach Maier soll es der Apostel Thomas selbst gewesen sein, der sie zu Bischöfen geweiht hat: *„So soll sie der Apostel Thomas zu Bischöfen geweiht haben. Nach erfolgreicher missionarischer Tätigkeit seien sie kurz nacheinander verstorben und wurden gemeinsam beigesetzt."*

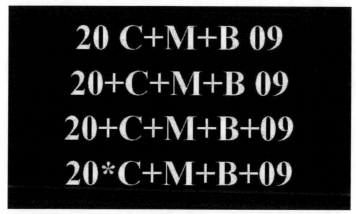

*Abb. 3: Die gängigen vier Varianten, in denen der Segensspruch der **Sternensinger** geschrieben wird. Hier das Beispiel für das Jahr 2009 (20 ... 09). Dazwischen die Buchstaben für die Heiligen Drei Könige (bzw. nach einigen Interpretationen für den Segensspruch: „Christus mansionem benedicat" = „Christus schütze dieses Haus"). Das kath. Hilfswerk Kinder-Missio Schweiz-Lichtenstein empfiehlt die untere Variante, da diese die Dreifaltigkeit Gottes (3 Kreuze) und die Menschwerdung Christi (Stern) symbolisiert. (Grafik: Axel Ertelt)*

Noch heute (eigentlich sollte man besser sagen: gerade heute) spielen die *Heiligen Drei Könige* eine große Rolle im Alltag der katholischen Christen. Am 6. Januar ist ihr Tag, der Tag der *Heiligen Drei Könige*. In Österreich und den deutschen Bundesländern Baden-Württemberg, Bayern und Sachsen-Anhalt ist der 6. Januar sogar ein gesetzlicher Feiertag geworden. Und in der Zeit nach Weihnachten bis zum 6. Januar werden die *Heiligen Drei Könige* durch die **Sternensinger** symbolisiert. Diese ziehen dann als *Heilige Drei Könige* verkleidet, in oft prächtigen und farbenfrohen Gewändern, von Tür zu Tür, verkünden die Weihnachtsbotschaft und sammeln Geld für kirchliche Zwecke in der Dritten Welt, das dort zumeist Kindern zugute kommt. Dabei segnen sie die entsprechenden Häuser oder Wohnungen. Diese Haussegnung (manchmal auch als Hausweihe bezeichnet) geht auf einen alten Abwehrsegen zurück, mit dem Schlechtes und Böses wie Feuer, Seuchen oder Unfälle vom Haus und seinem Grundstück ferngehalten werden soll. Dabei schreiben die *Sternensinger* mit geweihter Kreide die Jahreszahl und die Buchstaben C M B, verbunden mit Kreuzen (s. Abbildung) auf den Querbalken der Tür. Zum Jahreswechsel 2007/2008 gab es für die *Sternensinger* das 50jährige Bestehen ihrer Aktion. Im Jahre 2004 erhielten die Sternsinger des *Kindermissionswerk/ Die Sternsinger®* den Westfälischen Friedenspreis.

Natürlich singen die *Sternensinger* dabei auch immer ein Lied, denn schließlich heißen sie ja auch **Sternensinger** (manchmal werden sie auch **Sternsinger** genannt). Hier ein Liederbeispiel aus Oberbayern:

1. *Die heil'gen drei König mit ihrigem Stern,*
   die kommen gegangen, ihr Frauen und Herrn.
   Der Stern gab ihnen den Schein.
   Ein neues Reich geht uns herein.

2. *Die heil'gen drei König mit ihrigem Stern,*
   sie bringen dem Kindlein das Opfer so gern.
   Sie reisen in schneller Eil,
   in dreizehn Tag vierhundert Meil.

3. *Die heil'gen drei König mit ihrigem Stern*
   knien nieder und ehren das Kindlein, den Herrn.
   Ein selige, fröhliche Zeit
   verleih uns Gott im Himmelreich.

Diese ganzen Umstände (Festlegung der Personenzahl auf drei, Bezeichnung als Könige, verschiedene Lebensalter, verschiedene Rassen, Namengebung und die noch heute stattfindende Verehrung) geben mir dann doch ein bisschen zuviel zu denken. Bei genauer Analyse des Problems komme ich lediglich zu zwei möglichen Schlussfolgerungen:

1. Die Geschichte wurde hier bewusst gefälscht und mit Fakten und Daten versehen, für die es keine Quelle oder andere reale Grundlage gibt. Wer steckt dann dahinter? Ist es die katholische Obrigkeit?

2. Hat die katholische Kirche aber mit allen in diesem Fall gemachten Aussagen (Festlegung der Personenzahl auf drei, Bezeichnung als Könige, verschiedene Lebensalter, verschiedene Rassen, Namengebung und die noch heute stattfindende Verehrung) tatsächlich recht, dann werden uns (der Öffentlichkeit) von der Kirche (dann wahrscheinlich dem Vatikan) die Informationen und Beweise dazu vorenthalten! – Und dann bitteschön, soll uns die Kirche endlich die Beweise vorlegen, damit wir alle ruhigen Gewissens das glauben können, was uns von der geistlichen Welt immer wieder erzählt wird.

Letztere Schlussfolgerung würde wiederum die im Umlauf befindlichen Gerüchte unterstützen, die besagen, dass in den geheimen Archiven des Vatikans noch viel mehr Wissen verborgen ist, das der Öffentlichkeit nicht zugänglich gemacht wird, weil dann der Beweis der Geschichtsverfälschung zutage käme. Die Verfechter dieser Theorie gehen ja bekanntlich davon aus, dass im Vatikan die Beweise schlummern, mit denen unsere Vergangenheit völlig umgeschrieben werden müsste. So berichtete die *„Bild"*-Zeitung am 20.10.1980, dass der Papst ein Geheimarchiv eingeweiht habe. Dabei soll es sich um einen 64 m x 56 m großen Betonbunker mit insgesamt 50 Kilometer Regalen gehandelt haben, in denen sich bis zu 1.300 Jahre alte Akten und Schriften befinden. Die heute von der Kirche und in den Schulen gelehrte Vergangenheit war in Wirklichkeit ganz anders. Aber warum sollte hier eine Geschichtsverfälschung geschehen? Wäre die Wahrheit so schlimm?

Ein altes Sprichwort sagt: *„Nichts ist schlimmer als die Wahrheit!"* Was aber wäre für die Kirche und insbesondere den Vatikan so schlimm? Würde die Kirche, wenn die Wahrheit ans Licht käme, vielleicht sogar ihre Bedeutung und Existenz verlieren? Diese Frage scheint neuerdings berechtigt und gar nicht so weit hergeholt, denn der Göttinger Theologe Gerd Lüdemann streitet in einer Hypothese die Identifikation von Jesus als Sohn Gottes ab und sagt: *„Jesus wurde durch eine Vergewaltigung der Maria gezeugt!"*

Sollte diese ungeheuerliche Behauptung tatsächlich zutreffen, dann könnte die Kirche sicherlich einpacken und ihre Pforten für immer schließen. Der Papst hätte als *„Heiliger Vater"* ausgedient und könnte in den wohlverdienten Ruhestand treten, anstatt mit seinem angeschlagenen Gesundheitszustand (bezogen auf den Papst Johannes Paul II., der zum Zeitpunkt des Erscheinens der ersten Auflage dieses Buches amtierte) in der Welt herumzureisen und sich um mehr oder weniger politische Dinge kümmern zu müssen.

Gerd Lüdemann, der zuvor bereits schon einmal mit seiner Leugnung der Auferstehung Jesu provokatierend an die Öffentlichkeit getreten war, begründet seine erneute Provokation des christlichen Glaubens wie folgt: *„Die biblische Bezeichnung ‚Sohn der Maria' deutet darauf hin, dass der Vater ein unbekannter Sextäter sein könnte. Sonst würden Juden im Neuen Testament nämlich nicht nach der Mutter, sondern nach dem Vater benannt. Um die illegale Abstammung des angeblichen **Gottessohnes** zu verschleiern, hat das Neue Testament kurzerhand den Vergewaltiger durch den **Heiligen Geist** ersetzt und so die Idee von der Jungfrauengeburt in die Welt gesetzt."*

Nun müsste man eigentlich meinen, Gerd Lüdemann stünden als Theologen die richtigen Quellen zur Verfügung. Hat er also Recht? Der Arzt, Astrologe und Seher Nostradamus, der von 1503 – 1566 lebte und mehr als 1.000, meist düstere Prophezeiungen voraussagte, die bis ins Jahr 3797 reichen, sagte damals schon den Untergang des Papsttums voraus. Alles deutet daraufhin, dass dies in nicht mehr allzu ferner Zukunft eintreten könnte.

Zum Vatikan als den obersten Sitz der katholischen Welt wurde beispielsweise auch um den recht rätselhaften Tod von Papst Johannes Paul I. spekuliert, der wenige Monate nach seinem Amtsantritt eines Morgens tot in seinem Bett aufgefunden wurde. Unbestätigten Gerüchten zufolge soll zu diesem Zeitpunkt ein altes Buch auf seinem Nachttisch gelegen haben, in dem ausführliche Beschreibungen und Risszeichnungen von Raketen enthalten waren. Das Buch sollte aus einer Zeit stammen, die lange vor der Zeit von Peenemünde lag, in der Prof. Hermann Oberth, der als *„Vater der Weltraumfahrt"* gilt, und sein Schüler Wernher von Braun die ersten Raketen bauten, die damals allerdings zu Kriegszwecken missbraucht wurden. Um was für ein Buch es sich hier gehandelt hat, immer vorausgesetzt, die Gerüchte basieren auf Tatsachen, wurde nicht bekannt. Ich erinnere in diesem Zusammenhang jedoch an die Aufzeichnungen des Conrad Haas von Hermannstadt, auf die ich im folgenden Kapitel noch näher eingehen werde.

Unklar ist auch, warum man sich in Kirchenkreisen so sicher ist, dass es sich bei den Gebeinen, die Rainald von Dassel aus Mailand mitbrachte, wirklich um die der *Heiligen Drei Könige*, genauer gesagt um die der *Weisen aus dem Morgenland*, handelt. Die Frage danach wird heute umso dringlicher, weil: *„Heute wird die Historizität der Magiererzählung von der Forschung mehrheitlich nicht aufrechterhalten."* (Dr. Manfred Becker-Huberti) Wenn sie es aber doch wirklich sein sollten, dann hält der Vatikan auch hier die entsprechenden Beweise zurück, denn trotz intensiver Bemühen konnte ich innerhalb der katholischen Dominanz keinerlei Hinweise dazu finden. Ja, selbst die Umstände und die Voraussetzung, wie diese Gebeine überhaupt nach Mailand gelangten, blieben im Dunkel der Geschichte verborgen. Auch hier gibt es nur eisiges Schweigen bei Kirche und Schulwissenschaft! Das Einzige, das wirklich klar überliefert ist, ist der Umstand, unter dem die Gebeine von Mailand nach Köln gelangten. Und auch hierzu gibt es eine äußerst interessante Legende. Doch zuvor will ich noch kurz auf das Ende der biblischen Geschichte um die *Weisen aus dem Morgenland* eingehen.

Der Kindermord von Bethlehem

Wie Matthäus in Kapitel 2, Vers 12 und Jakobus in Kapitel 21, Vers 3, berichten, gingen die *Weisen aus dem Morgenland* auf ihrem Rückweg nicht wieder zu Herodes, sondern *„zogen auf einem anderen Weg wieder in ihr Land"* (Matthäus). Im Rest des 2. Matthäus-Kapitels sowie im Jakobus-Kapitel 22, Vers 1 ist dann beschrieben, dass Herodes darüber sehr erbost war. Während Joseph im Verlauf der nächsten Zeit mehrmals ein Engel erschien, der ihn vor Herodes warnte und ihm zuerst befahl nach Ägypten und später nach Nazareth zu fliehen, befahl Herodes den Mord an allen Kindern von Bethlehem und der Umgebung, die Knaben im Alter unter zwei Jahren waren.

Dieser biblische Kinder-Massenmord ist unter dem Begriff *„Kindermord von Bethlehem"* bekannt. Historisch-wissenschaftlich konnte er allerdings bis auf den heutigen Tag nicht belegt, nicht bewiesen werden. Auch ist sehr umstritten, um wie viele Kinder es sich gehandelt haben soll, die bei dieser vermeintlichen Massenabschlachtung ihr Leben ließen und eine Art Märtyrertod starben. Die griechische Liturgie spricht da von 14.000, während die Syrier von 64.000 sprachen und mittelalterliche Autoren später bis zu 144.000 ermordete Knaben annahmen. Jakob Lorber lässt in seiner Version des Jakobus-Evangelium das Volk von *„viele Tausend"* Knaben sprechen, die ermordet wurden. An mehreren Stellen heißt es bei ihm, dass die Kinder *„erwürgt"* wurden.

Die wohl älteste außerbiblische Quelle des Kindermordes ist eine Predigt des Bischofs Optatus von Mileve, die dieser um das Jahr 360 hielt. Allerdings wird ihm da als Quelle wohl das Matthäus-Evangelium gedient haben. Somit ist dies nicht wirklich eine beweisträchtige außerbiblische Quelle. Augustinus († 430) und Caesarius von Arles († 542) rühmen die ermordeten Kinder als Märtyrer, denen es vergönnt war stellvertretend für Jesus zu sterben. Ambrosius Theodosius Macrobius, ein römischer Philosoph, berichtete gegen Ende des 4. Jahrhunderts in seiner Schrift *„Saturnalia"*, das Kaiser Augustus, als er von dem von Herodes befohlenen Kindermord (einschließlich der Ermordung seines eigenen Sohnes) hörte, gesagt haben soll: *„Bei Herodes ist es besser, sein Schwein zu sein als sein Sohn."*

In Anbetracht der tatsächlichen Größe des Ortes Bethlehem zu biblischer Zeit wären aber selbst die 14.000 ermordeten Knaben aus der griechischen Liturgie schon viel zu viele und somit maßlos übertrieben. So gehen die Theologen späterer Zeit von deutlich weniger ermordeten Kindern aus. Dazu gehörten beispielsweise die Theologen Joseph Knabenbauer und August Bisping, die lediglich von sechs bis zwanzig ermordeten Knaben ausgehen. Die Bibel selbst und auch das originale Jakobus-Evangelium nennen hier keine Zahl. Eine der ältesten bildlichen Darstellungen des Kindermords von Bethlehem stammt aus dem 10. Jahrhundert und findet sich im *„Codex Egberti"*. Der römisch-jüdische Historiker Flavius Josephus ist bekannt für eine umfassende Aufzeichnung aller bekannt gewordenen Verbrechen des Königs Herodes, die er allesamt besonders ausführlich darstellte. Vom Kindermord in Bethlehem schreibt er allerdings mit keiner Silbe etwas ...

Anders wiederum der Österreicher Jakob Lorber in seiner Version des Jakobus-Evangeliums. Nachstehend auszugsweise ein paar Passagen aus Jakob Lorbers Version des Jakobus-Evangeliums. Teilweise sind die Begebenheiten, insbesondere ab Kapitel 47, sehr umfassend beschrieben. Da sich dies jedoch auf die Folgen für Herodes und seinen Landpfleger Maronius Pilla bezieht, finden sie hier keine nähere Beachtung.

33,03: *„...Siehe, Herodes ist in einen mächtigen Grimm ausgebrochen und hatte beschlossen, alle Kinder von ein bis zwölf Jahren Alters zu ermorden, weil er von den Weisen hintergangen ward!*

33,04: *Diese hätten es ihm anzeigen sollen, wo der neue König geboren ward, auf das er dann seine Schergen ausgesandt hätte, welche das Kind hätten ermorden sollen, welches da ist der neue König. ..."*

(Aus der Warnung eines Engels an Joseph und der Aufforderung zur Flucht vor Herodes und seinen Schergen.)

33,17: *„...Siehe, du selbst wirst ihm noch obendrauf müssen Subsidien leisten; denn er will um Bethlehem und in der Stadt selbst alle Kinder von etlich Wochen Alters bis ins zwölfte Jahr erwürgen lassen, um unter ihnen auch auf das meine zu kommen!..."*

(Joseph zum Hauptmann Kornelius, der ihm und seiner Familie geholfen hat.)

41,02: *„Denn siehe, noch in dieser Nacht werden Briefe zu dir gelangen vom Herodes aus, in denen du aufgefordert wirst, (alle) Kindlein männlichen Geschlechtes von ein bis zwei Jahren längs dem Meeresufer aufzufangen und nach Bethlehem zu schicken, damit sie Herodes dort töten wird! ...*

41,04: *Glaube mir, während ich nun bei dir bin, wird in Bethlehem gemordet, und hundert Mütter zerreißen in Verzweiflung ihre Kleider ob dem grausamen Verluste ihrer Kinder.*

41,05: *Und das geschieht alles dieses einen Kindes wegen, von dem die drei Weisen Persiens geistig aussagten, dass es ein König der Juden sein werde."*

(Joseph in einem Gespräch zum Landpfleger Cyrenius von Syrien in Tyrus.)

47,09:   *Denn viele Eltern flüchteten sich von der Küste Palästinas vor der Verfolgung des Herodes, des Kindermörders, und erzählten sogleich über Hals und Kopf, welche Greuel Herodes um Bethlehem und im ganzen südlichen Teile Palästinas mit Hilfe der römischen Soldaten verübe.*

(Aus der Beschreibung der Situation, wie sie Cyrenius an der Küste Ägyptens vorfand, nachdem er Joseph und seine Familie per Schiff dorthin gebracht hatte.)

49,08:   *Das Volk aber schrie: „Er ist da, er ist da, der Grausamste der Grausamen, der in ganz Palästina viele Tausende von den unschuldigsten Kindern ermorden ließ!"*

(Aus der Schilderung der Reaktion der Bürger von Tyrus als Herodes und der Landpfleger Maronius Pilla mit großem Gefolge dort ankamen.)

72,21:   *„Siehe, die Kindlein aber, die für mich erwürgt worden sind, sind überaus glücklich schon in meinem Reiche – und sind täglich um mich und loben und preisen mich und erkennen in mir schon vollkommen ihren Herrn für ewig!"*

(Beruhigende Worte, die das Jesus-Kindlein an seine Mutter Maria sprach.)

Lorber beschreibt die pseudo-politisch-geschichtlichen Begleitumstände und Folgen des Kindermordes teilweise so ausführlich dass man, wenn es sich um Fakten handeln würde, einfach in den römischen und israelischen Chroniken die Bestätigung finden müsste, was leider aber nicht der Fall ist. So muss man zwangsläufig davon ausgehen, dass hier fast alles auf seinen eigenen Erfindungen beruht. Ein historischer oder gar wissenschaftlicher Beweis sind Lorbers Ausführungen auf keinen Fall.

Hier nun die Textpassagen aus dem Original Jakobus-Evangelium, die den Kindermord betreffen:

22,1:   *Herodes aber erkannte, dass er von den Magiern hintergangen worden war. Er wurde zornig und sandte die Mörder und befahl ihnen die Kinder zu töten, von zwei Jahren und darunter.*

22,2: *Als aber Maria hörte, dass die Kinder getötet werden, fürchtete sie sich und nahm das Kind mit Joseph und floh nach Ägypten, wie es ihnen befohlen worden war.*

Im weiteren Verlauf ist nur noch die Rede davon, wie Herodes nach Johannes sucht, dem Sohn von Elisabeth und Zacharias. Dieser wird jedoch von Gott versteckt und zusammen mit seiner Mutter durch einen Engel geleitet. Herodes lässt daraufhin Zacharias ermorden...

Dies ist alleine schon Beweis genug, inwieweit man die Lorber-Version, die ein Vielfaches an Umfang gegenüber der Original-Version besitzt, als Quelle tatsächlich berücksichtigen kann – nämlich gar nicht. Das meiste wurde von Jakob Lorber hinzugefügt und entbehrt jeder realen und wissenschaftlichen Quelle und Grundlage. Es handelt sich dabei quasi um eine Art *„Tatsachenroman"*, bei dem man nie weiß, was ist Fakt und was ist Erfindung.

Jakob Lorber und das Jakobus-Evangelium

Da ich in den beiden vorangegangenen Kapitelabschnitten mehrmals Bezug auf das Jakobus-Evangelium, in der Version des Österreichers Jakob Lorber, nahm, komme ich nicht umhin hier aufklärend einige Informationen zur Lorberschen Version zu geben.

Aufgenommen habe ich die entsprechenden Passagen überhaupt erst aus dem Grund, weil ich noch kurz vor Drucklegung dieses Buches von dritter Seite auf die Aussagen zu den *„Weisen aus dem Morgenland"* von Jakob Lorber in seinen Werken angesprochen wurde, die mir bis dahin selbst unbekannt war. Mit welcher Vorsicht und Skepsis die Werke Lorbers jedoch zu sehen und zu bewerten sind mögen auch die nachstehenden Zeilen beweisen:

Die bekannte Fassung des Jakobus-Evangeliums nach dem Österreicher Jakob Lorber (* 22.07.1800 in Kanischa, † 24.08.1864 in Graz) findet sich in *„Jugend Jesu – Das Jakobus-Evangelium"*, die 1843 von ihm verfasst wurde. Sie wurde ihm auf medialem, visionärem Wege *„offenbart"* und hat nach Aussagen des Lorber-Verlages, in dem sie als Buchform erschien, mit der Fassung aus der *„Berlenburger Bibel"* eine *„teils wörtliche Übereinstimmung"*. Dies verleitet natürlich ganz schnell dazu sich bezüglich des

Jakobus-Evangeliums hauptsächlich mit dieser (besser greifbaren) Lorber-Version zu befassen. Doch das wäre eine fatale Fehlentscheidung. Alleine beim Umfang der Lorber-Version im Vergleich zur ältesten Handschrift des tatsächlichen Evangeliums zeigt sich, wie viel Jakob Lorber offensichtlich selbst hinzugefügt hat und wie wenig die Übereinstimmung zum Text in der *„Berlenburger Bibel"*, am gesamten Lorber-Manuskript gemessen, tatsächlich sein kann. Als historisch-wissenschaftliches Material ist es daher kaum bis gar nicht zu gebrauchen.

Jakob Lorber war eigentlich ein Musiker und Visionär, der sich selbst als *„Schreibknecht Gottes"* bezeichnete. Vermeintliche Visionen und mediale Veranlagung verhalfen ihm angeblich zu seiner Befugnis sich als christlicher Neuoffenbarer zu sehen und so vermeintlich biblische Texte (neu) zu verfassen. Somit muss man Lorber quasi als Autor seiner Version des Jakobus-Evangeliums ansehen, in die er zwar biblische Texte genauso wie historische Fakten einfließen ließ, die aber im Gesamten ein kaum bis gar nicht gesichertes biblisch-geschichtliches Bild ergeben und damit wissenschaftlich (und vermutlich auch theologisch) gesehen auch gar keinen Bestand haben.

Das offizielle und echte Jakobus-Evangelium zählt zu den apokryphen Schriften und ist nicht Bestandteil der Bibel, obwohl es in der *„Berleburger Bibel"* (manchmal auch als *„Berlenburger Bibel"* bezeichnet), die in der ersten Hälfte des 18. Jahrhunderts gedruckt wurde, enthalten war. Autor des Textes soll Jakobus, ein (Stief- bzw. Halb-) Bruder von Jesus sein, der, zusammen mit vier weiteren Söhnen, aus einer früheren Ehe des Joseph hervorging. Da allerdings Joseph nicht der leibliche Vater von Jesus und Maria nicht die leibliche Mutter der fünf Söhne Josephs ist, besteht hier natürlich keinerlei Blutsverwandtschaft.

Offiziell heißt es jedoch auch, dass dieses *„Protevangelium des Jakobus"* erst um die Mitte des 2. Jahrhunderts, also in Etwa um 150 n. Chr., niedergeschrieben wurde und somit nicht Jakobus zugeschrieben werden könne. Da es Clemens von Alexandrien († 215) und Origenes († 254) nachweislich bereits kannten, kann es aber auch nicht viel später entstanden sein.

Nicht desto Trotz war es im frühen Christentum (vor allem im Osten) weit verbreitet und hat eine hohe Wertschätzung in der christlichen Welt genossen. Dennoch wurde es bei der Festlegung der kanonischen Schriften, die in die Bibel aufgenommen wurden, als apokryphe Schrift eingestuft und aus der Bibel herausgelassen.

Die älteste heute bekannte Handschrift des Evangeliums ist der *„Papyrus Bodmer 5"*. Diese stammt aus dem 3. oder 4. Jahrhundert nach Christi Geburt. Es hat 25 Kapitel, die durchschnittlich drei Verse enthalten. Der ursprüngliche Titel des Evangeliums lautete *„Geburt/Ursprung Marias – Offenbarung des Jakobus"*. Der heute meist benutzte Titel *„Protevangelium des Jakobus"* stammt aus dem 16. Jahrhundert und geht auf den französischen Humanisten Guillaume Postel (* 25.03.1510 in Dolerie, † 06.09.1581 in Paris) zurück.

In den ersten 10 Kapiteln wird von Anna und Joachim, Marias Eltern, berichtet. Danach von Marias Geburt und ihrer Erziehung bis hin zur Übergabe an Joseph. Die Kapitel 11 – 16 erzählen über *„Mariä Verkündung"* und *„Maria Heimsuchung"* sowie über das Entsetzen Josephs über die für ihn unerklärliche Schwangerschaft und die Prüfung durch die Priester, die aber keinerlei Sünde an Joseph und Maria finden konnten.

Erst Kapitel 17 – 20 berichten dann von der Reise nach Bethlehem und der Geburt Jesu in einer Höhle, ca. 3 Meilen vor der Stadt. Im Gegensatz zu den anderen Evangelien führt das Protevangelium des Jakobus hier auch eine Hebamme sowie die ungläubige Salome in die biblische Geschichte ein. Die Hebamme bestätigt dann die *„wunderbare Empfängnis"* bzw. die Noch-Jungfraulichkeit nach der Geburt des Jesuskindes. Die zweifelnde Salome hingegen musste sich erst selbst davon überzeugen, indem sie die Maria entsprechend untersuchte. In der Folge erkrankte ihre Hand und drohte abzusterben. Da erkannte sie ihren Frevel und betete zu Gott. Schließlich wurde sie durch das Jesuskind wieder geheilt. Diese Erzählung belegt nicht nur den Glauben an die *„wunderbare Empfängnis"*, sondern belegt ferner, dass bereits ab spätestens dem 2. nachchristlichen Jahrhundert die Maria definitiv als *„virgo intacta"* galt.

Kapitel 21 erzählt dann von den Magiern und in Kapitel 22 finden sich die Hinweise zum *„Kindermord in Bethlehem"* und (bis Kapitel 24) den Mord des Herodes an Zacharias und seine Auswirkungen. Das letzte Kapitel (25) besteht lediglich noch aus zwei knappen, abschließenden Versen, die die Autorschaft Jakobus belegen sollen und eine Huldigung an Gott enthalten. Damit endet das Jakobus-Evangelium. Über die Jugend von Jesus (wie bei Jakob Lorbers Version) wird hier absolut nichts mehr berichtet.

Wie Rainald von Dassel die Gebeine der Heiligen Drei Könige nach Köln brachte

Kaiser Barbarossa belagerte Mailand, aber die Stadt wollte sich nicht ergeben und ihr Bürgermeister leistete den heftigsten Widerstand. Die Bewohner der Stadt verehrten ihren Bürgermeister sehr und standen voll hinter ihm. Barbarossa wusste dies, denn ohne den Bürgermeister hätte er die Stadt schon längst eingenommen. Darum hasste er ihn aufs äußerste und schwor bei sich, den Bürgermeister zu töten, sobald dieser in seiner Hand wäre.

Aber die Belagerung der Stadt sollte noch ein Jahr andauern und erst 1162 waren die Mailänder nicht mehr in der Lage, dem immer wieder anstürmenden Heer des Kaisers Barbarossa ausreichend Widerstand entgegenzubringen. So ergaben sie sich schließlich, wenn auch widerwillig, auf Gedeih und Verderb.

Nun hatte aber Rainald von Dassel, in einer Quelle dieser Geschichte fälschlicherweise als Graf bezeichnet, in Erfahrung bringen können, dass in einem der Mailänder Klöster, nämlich in der Kirche St. Eustorgius, auch die Gebeine der *Heiligen Drei Könige* verborgen wären. Ihr Ursprung und ihre Geschichte wie sie hierher gekommen waren, sind uns bis ins 12. Jahrhundert nur in Legendenform überliefert. Um das Jahr 326 soll die Heilige Helena († 330), die die Mutter des Kaisers Konstantin I. (um 280 - 337) war, sie während einer Pilgerfahrt durch Palästina gefunden und dann nach Konstantinopel mitgenommen haben. Eine der Legenden aus dem 12. Jahrhundert berichtet dann, dass der Mailänder Bischof Eustorgius († um 350) sie ein paar Jahre später, noch im 4. Jahrhundert, als Geschenk des Kaisers Konstantin I. erhielt und sie danach auch persönlich zu seinem Bischofssitz in Mailand überführt haben soll.

In der dem Bischof Eustorgius geweihten, damals etwas außerhalb der Stadt Mailand liegenden St. Eustorgius Kirche, wo sie in einem großen römischen Sarkophag ruhten, lassen sie sich dann auch historisch erstmals nachweisen. Angesichts der bevorstehenden Belagerung Mailands durch Kaiser Barbarossa im Jahre 1158 wurden sie von dort in den Glockenturm der St. Georg Kirche gebracht, die innerhalb der Mailänder Stadtmauer lag.

In seiner Eigenschaft als Erzbischof von Köln würde Rainald von Dassel nun die Gebeine der *Heiligen Drei Könige* gerne in einem Triumphzug mit nach Köln nehmen. So sann er darüber nach, wie er dies zu bewerkstelligen hätte.

Die Äbtissin des Klosters, in dem die Gebeine lagen, war die Schwester des Mailänder Bürgermeisters, der von Barbarossa so gehasst wurde. Sie erfuhr eines Tages von dem Wunsch des Kölner Erzbischofs und schlug ihm einen Handel vor: Die Gebeine der *Heiligen Drei Könige* gegen ihren Bruder, den Bürgermeister. Damit schien der Wunsch des Kölner Erzbischofs immer mehr in weite Ferne zu rücken. Doch dann kam ihm der rettende Einfall, eine geniale Idee und ein wahrlicher Geniestreich.

Rainald von Dassel ging zu Barbarossa und bat ihn, dass die Äbtissin soviel mit aus der Stadt nehmen dürfte, wie sie selbst auf ihrem Rücken tragen könne. Mit einiger Verwunderung gestattete der Kaiser diesen Wunsch. Am nächsten Morgen kam die Schwester des Bürgermeisters schwer bepackt und unter der Last, die sie auf ihrem Rücken trug, weit nach vorne gebeugt aus der Stadt. Sie trug auf ihrem Rücken nämlich nichts anderes als ihren eigenen Bruder, den Bürgermeister, der so mit dem Leben davonkam. Barbarossa war darüber gar nicht glücklich, hätte er den Bürgermeister doch lieber tot gesehen. Doch der Kaiser hielt sich an sein Versprechen, das er Rainald von Dassel gegeben hatte und ließ ihn ziehen.

Schnell ließ Rainald von Dassel die heiligen Gebeine aus dem Kloster holen, um sie über die Alpen nach Köln zu schaffen. Dies erwies sich als äußerst schwieriges Unterfangen und wäre beinahe noch gescheitert. Jedermann wollte wissen, was er denn da eigentlich transportiere. Doch auch dazu war dem Erzbischof ein genialer, rettender Einfall gekommen. So besorgte sich Rainald von Dassel drei schlichte und einfache Särge, in die er die Gebeine der *Heiligen Drei Könige* hineinlegen ließ. Dann ging der Marsch weiter. Jeder, der nun fragte, erhielt zur Antwort, dass es sich um die sterblichen Überreste von drei gefallenen Rittern handele, die sie nun zurück in die Heimat überführten. So gelangte die makabre Fracht schließlich unversehrt bis an den Rhein. Hier wurde sie auf ein Schiff verladen und auf dem Wasserweg bis nach Köln gebracht.

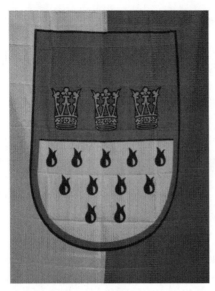

Abb. 4: Fahne von Köln mit dem Kölner Stadtwappen, das drei Kronen als Symbol für die Heiligen Drei Könige hat. Die elf Tropfen (oder Flammen) erinnern an die Heilige Ursula, eine bretonische Prinzessin, die auf der Rückreise einer Pilgerreise nach Rom von Attila und seinen Hunnen mitsamt ihrer Gefährtinnen ermordet wurde, als diese Köln belagerten. 11.000 Jungfrauen starben damals den Märtyrertod – deshalb elf Tropfen. (Foto: Rike, pixelio.de)

In der Rheinstadt wurden sie am 23.07.1164 (dem „*Fest der Translation*") von dem jubelnden Volk empfangen. Alle Glocken der Stadt, auch die des alten Domes, wurden geläutet um das Ereignis zu verkünden. So zog die kleine Gruppe um Rainald von Dassel mit den Gebeinen der *Heiligen Drei Könige* siegreich in die Stadt Köln ein, die seitdem in ihrem Stadtwappen drei Kronen führt, die immer daran erinnern sollen.

Die Reliquien werden wissenschaftlich analysiert

Während ich am Manuskript zu meinem Buch „*Die interplanetaren Kontakte des Albertus Magnus*" arbeitete, ging eine Schlagzeile durch die Weltpresse: „*Kölner Dreikönigenstoff wurde analysiert*". Dadurch kamen erstaunliche Indizien an die Öffentlichkeit, die aber wieder weitere Fragen zur Geschichte aufwarfen und die gleichfalls neue Zweifel an der schulwissenschaftlichen Wahrheit aufkommen ließen.

Die Gebeine der angeblichen *Heiligen Drei Könige* befinden sich heute hinter dem Hochaltar des Kölner Domes, in dem so genannten **Dreikönigsschrein**, der noch im 18. Jahrhundert als „*Kasten der dreyen heiligen Weisen Königen*" bezeichnet wurde. Die wissenschaftliche Untersuchung des Inhaltes hat ergeben, dass es sich tatsächlich um die Gebeine dreier männlicher Personen handelt, die verschiedenen Generationen, also unterschiedlichen Lebensaltern, angehörten. So wird ihr vermutliches Alter mit 10 – 12 Jahren, 25 – 39 Jahren und bei der letzten Person mit um die 50 Jahre angenommen.

Weiter heißt es in dem Untersuchungsbericht, dass die Gebeine in kostbare Gewänder gehüllt waren, denen bis 1978 niemand so rechte Aufmerksamkeit zukommen ließ. Doch dann fand Pater Linck aus der elsässischen Gemeinde Rappoltsweiler (Ribeauvillé) in der Sakristei seiner Kirche Stoffreste, die als *„Dreikönigenreliquien"* ausgewiesen waren. Er brachte den Mut auf und ließ diese Stofffetzen erstmals untersuchen und teilte das Ergebnis der Experten für alte Stoffe den Kölner Domherren mit, die nun wiederum ihrerseits aktiv wurden und Experten einschalteten, um die Originalstoffreste zu untersuchen. Das Ergebnis war verblüffend: Bei den kleinen Fetzen aus dem Elsass handelte es sich tatsächlich um Fragmente jener Gewänder, mit denen die Gebeine im Kölner **Dreikönigsschrein** eingehüllt sind. Sie gehörten einmal zusammen! Wie die winzigen Bruchstücke in den Elsass gelangten, darüber konnte man allerdings nichts in Erfahrung bringen. Dies bleibt wohl für alle Zeiten ein Geheimnis.

Bei dem Stoff handelt es sich um eine spätantike, seidene *„Blöckchendamaste"*, die wahrscheinlich im 2. bis 4. (<u>nachchristlichen</u>) Jahrhundert im Vorderen Orient gewebt wurde. Farbchemiker der **Bayer-Werke** in Leverkusen ermittelten in langwierigen Untersuchungen, dass die dunkelviolette Borte des Stoffes zweifelsfrei mit antikem Purpur eingefärbt wurde. Die Herstellung dieses kostbaren Farbstoffes war im Altertum nicht nur sehr schwierig, sondern auch äußerst mühevoll. Zur Herstellung von nur 1,4 Gramm des Farbstoffes wurden früher rund 12.000 Purpurschnecken benötigt! Und so gelangten nur sehr hohe Würdenträger in den Genuss, solche Gewänder, die damit eingefärbt waren, zu tragen.

Was nun den Dreikönigenstoff noch interessanter macht, ist die Tatsache, dass er als bisher einziger bekannt gewordener *„Blöckchendamast"* in seinem purpurnen Wollstreifen eine Goldwirkerei aufweist, wie sie angeblich nur in kaiserlichen Werkstätten hergestellt wurde. Das königliche Institut Patrimoine Artistique in Brüssel gab bekannt, dass es sich bei dem

Gold um eine Zusammensetzung handelt, wie sie zurzeit Christi verwandt wurde.

Vom wissenschaftlichen Standpunkt gesehen ist es sehr unwahrscheinlich, dass die Gebeine erst im 12. Jahrhundert, als Erzbischof Rainald von Dassel sie von Mailand nach Köln brachte, in diese Gewänder gehüllt wurden. Damals waren ganz andersartige und modernere Stoffe gebräuchlich. Hieraus wurde dann die Schlussfolgerung gezogen, dass auch die Gebeine, die in diese Stoffe gehüllt sind, aus jener Zeit stammen.

Das Fazit aus diesen Untersuchungen besteht darin, dass die Gebeine tatsächlich ein enorm hohes Alter haben könnten. Allerdings konnte auch durch diese Untersuchungen nicht der endgültige Beweis dafür erbracht werden, dass es sich bei den Gebeinen wirklich um die der von Matthäus in der Bibel beschriebenen *„Weisen aus dem Morgenland"* handelt. Dagegen könnte unter anderem sprechen, dass die Stoffe in die Zeit des 2. bis 4. nachchristlichen Jahrhunderts datiert wurden. Andererseits könnten sie ja auch erst später in diese Gewänder gehüllt worden sein. Und so bleibt nach wie vor für die Öffentlichkeit die Frage nach der Echtheit der Reliquien eine reine Glaubenssache. Selbst der Direktor des Kölner Diözesan-Museums und Kustos der Domschatzkammer, Walter Schulten, wandte bereits zu Anfang der 80er Jahre ein: *„Um die Frage nach der historischen Echtheit der Reliquien klar beantworten zu können, müsste unser Wissen noch viel größer sein!"*

Wie Albertus Magnus die Baupläne des Kölner Doms bekam

Dass der gotische Baustil und mit ihm auch die Baupläne des Kölner Domes auf Albertus Magnus zurückzuführen sind, habe ich eingangs in diesem Kapitel bereits ausführlich erläutert. Wenden wir uns nun also der Frage zu, warum der Kölner Dom gebaut werden sollte, wer ihn in Auftrag gab und vor allem, wie Albertus Magnus schließlich die Baupläne liefern konnte.

Dazu kommen wir wieder auf das Gedicht von J. W. zurück, das ja in Versform alle historischen Fakten zu berücksichtigen scheint. Nachdem die ersten beiden Verse über den Transport der Gebeine der *Heiligen Drei Könige* von Mailand nach Köln, inklusive der dortigen Ankunft, berichten, erzählt der dritte Vers, wie durch dieses Ereignis der Pilgerstrom nach

Köln immer größer wurde. Sie kamen in gewaltigen Massen aus halb Europa, um die neue Reliquie zu bestaunen. Dies aber konnte der kleine, ursprüngliche und alte Kölner Dom nicht mehr verkraften. Er war einfach viel zu klein für diese riesigen Menschenmassen. Da schwor eines Tages der nun in Köln amtierende Erzbischof Konrad von Hochstaden († 1261), ein neues, viel größeres und gewaltiges Gotteshaus zu bauen, um den neuen Anforderungen gerecht zu werden. Der Beschluss des Domkapitels dazu kam im Jahr 1248.

Ob es eine engere Verbindung zwischen dem Erzbischof Konrad und dem Dominikaner Albertus Magnus gab, konnte nicht einwandfrei ermittelt werden. Jedenfalls schien dem Erzbischof der Dominikaner-Mönch wohl genau der geeignete Architekt für sein Vorhaben zu sein, denn im vierten Vers wird berichtet, wie Albertus von Konrad beauftragt wird die Baupläne für den neuen Dom zu erstellen. Welche Gründe Konrad dafür hatte bleiben unbekannt. Albertus Magnus fühlte sich dadurch zweifellos geehrt. Gleichzeitig plagten ihn aber auch ungeheure Zweifel, ob er so etwas überhaupt zustande bringen würde. Schließlich war dies ja alles Neuland für ihn. Nicht den Mut, dies dem Erzbischof einzugestehen, zog er sich alleine in seine einsame Klosterzelle zurück.

Der fünfte Vers beschreibt den einsamen Kampf, den Albertus Magnus in seiner Klosterzelle mit sich selbst führte. Offenbar flehte er dabei Gott in einem Gebet so inbrünstig um Hilfe an, dass diese verzweifelten Gedanken möglicherweise auf telephatischem Wege bei den allgegenwärtigen außerirdischen Mächten ankamen. Vielleicht aber hatte er ja auch die Möglichkeit einer direkten Kommunikation zu diesen Mächten. Jedenfalls gibt es auch dazu beweiskräftige Hinweise, die ich im nächsten Kapitel noch vorstellen werde. Wie dem auch immer sei, sein Flehen um Beistand muss erhört worden sein. Alles deutet daraufhin. Anders hätte er die Baupläne nicht liefern können.

In der sechsten Strophe ist es dann endlich soweit: Die Vertreter der außerirdischen Macht sind eingetroffen. Einer von ihnen, offenbar der Anführer, scheint von sehr kleiner Körpergröße gewesen zu sein, denn er wird als *„Kindlein"* beschrieben. Währenddessen waren die anderen vier offenbar von normaler, männlicher Statur, denn sie werden dann auch als *„Männer"* benannt.

Alleine diese wenigen Aussagen über das Aussehen der Fremden lassen Vergleiche zum UFO-Phänomen der Gegenwart zu. Auch hier werden von so genannten **Kontaktlern** viele der angeblich beobachteten UFO-Insassen als klein, mit einer Körpergröße von 1,20 m bis 1,40 m beschrieben. Und die farbliche Festlegung der *„Männer"* mit *„silberweiß"* erinnert an moderne Piloten- oder Astronauten-Kombinationen.

Im siebten und achten Vers des Gedichtes wird ganz deutlich beschrieben, wie diese fremden Besucher, deren Herkunft tatsächlich ungeklärt ist, Albertus Magnus die Lösung des Problems nahe brachten und erläuterten. Sie *„zeichneten"* dazu entsprechende Bilder und Skizzen an die Wand der Klosterzelle. Doch als die Besucher verschwanden, waren auch die Bilder und Skizzen wieder verschwunden – *„versunken in der Nacht"*. Das legt den Schluss nahe, dass die Besucher die Bilder und Skizzen an die Wand projizierten. Erinnern wir uns: In der erwähnten Legende mit der *„Gottesmutter"*, die nicht in Gedichtform verfasst wurde, ist die Rede von einer *„Lichtflut"*, unter der die Bilder erschienen. So deutet alles daraufhin, dass die Skizzen und Bilder wie mit einem Diaprojektor, Episkop, Epidiaskop oder einem ähnlich funktionierenden Gerät von den Besuchern an die Wand projiziert wurden. Mit den mitgebrachten und im Gedicht erwähnten Werkzeugen wie *„Zirkel, Maß und Waage"* erläuterten sie dann die Skizzen und Pläne im Detail. Als sie damit fertig waren wurde der Projektor abgeschaltet und die Bilder waren wieder verschwunden – *„versunken in der Nacht"*, versunken im Dunkel der einsamen Klosterzelle.

Der letzte Vers berichtet dann lediglich nur noch davon, wie Albertus Magnus nach diesem Besuch die Pläne tatsächlich zeichnen konnte, und das quasi über Nacht, und dass nach diesen dann der Kölner Dom tatsächlich gebaut wurde. Das Albertus Magnus die Pläne lieferte, wurde ja eingangs zu diesem Kapitel ausführlich dargelegt und nachgewiesen. Dies alles bedeutet aber auch, dass eines der genialsten und größten Bauwerke deutscher Geschichte nach Bauplänen gebaut wurde, die ihren Ursprung nicht auf dieser Welt haben. Das Rätsel der Plötzlichkeit, mit der der gotische Baustil wie aus dem Nichts auftauchte, ist gelöst.

Aber der Kölner Dom bietet noch eine Fülle von ungelösten Rätseln. Immerhin ist er ein gigantisches Bauwerk mit einer Länge von 144 Metern und der beachtlichen Höhe von 156 Metern. Nur wenige wissen, dass sich unter dem Kölner Dom Katakomben mit einer Gesamtlänge von vielen Kilometern befinden, die sich kreuz und quer unter der Stadt herziehen. Sie sind nach wie vor kaum erforscht und heute zu einem Großteil verschüttet und unzugänglich. Über ihre Herkunft berichten die Geschichtsbücher nichts. Sie verschweigen sogar ihre Existenz. Das Einzige, das man mit Sicherheit darüber weiß, ist die Tatsache, dass diese Katakomben bereits existierten, bevor die Römer hierher kamen, denn sie wurden von diesen bereits genutzt.

Ähnliche Katakomben, nur viel größer und in einem bedeutend gigantischeren Ausmaß befinden sich unter den Städten Rom und Wien. Auch sie sind größtenteils unerforscht und führen teils in unbekannte Gefilde. Die Katakomben von Rom sind zum Teil für die Öffentlichkeit zugänglich. Es ist allerdings nicht ratsam, diese auf eigene Faust und ohne Führer zu betreten, da hier schon mancher unvorsichtige Besucher oder sogar Forscher für immer verschwunden ist. Immerhin sollen sie eine Gesamtlänge von mehr als 800 Kilometern(!) haben.

Ähnliche unterirdische Gang-, Höhlen- oder Katakombensysteme gibt es in allen Teilen der Welt. Manche haben Einstiege in bzw. unter bedeutenden Bauwerken, was die Frage aufwirft, ob es einen solchen Einstieg in die Unterwelt auch im Kölner Dom gibt. Beim Dom von Paderborn soll es einen Höhleneingang geben, der in ein System führt, das von hier aus bis nahe an die *Externsteine* bei Horn im Teutoburger Wald reicht.

Von einer Schlossburg bei Neuss wird gesagt, dass sich hier ein Eingang in ein unterirdisches Gangsystem befindet, das in unbekannte Gefilde geht. Hier hinein soll in den 50er Jahren des vergangenen Jahrhunderts eine ganze Schulklasse mit ihrem Lehrer gestiegen sein. Man hat niemals wieder etwas von ihnen gehört und alle Suchaktionen verliefen in dem kilometerlangen Ganglabyrinth ergebnislos. Später wurde der Eingang zugemauert. Diese Geschichte erzählt man sich im Raum Düsseldorf/Neuss. Eine schriftliche Quelle hierzu konnte ich leider nicht ermitteln, so dass ich in diesem Fall für den Wahrheitsgehalt nicht garantieren kann. Ähnliche Beispiele aus aller Welt deuten jedoch darauf hin, dass es wirklich passiert sein könnte.

Oberhalb der alten Inka-Hauptstadt Cuzco in den Anden Perus befindet sich die bekannte Inka-Festung Sacsayhuaman und dicht darüber das noch viel ältere, gewaltige Ruinenfeld von Kenko Grande. Wer dort einst gelebt hat, weiß niemand und selbst die Inkas sagen davon, dass sie diese Gegend schon so verwüstet vorfanden, als sie hier ankamen. Im Kenko Grande aber gibt es ein noch gewaltigeres System unterirdischer Gänge als irgendwo in Europa. Von hier geht beispielsweise ein unterirdischer Gang bis ins rund 120 Kilometer entfernte Machu Pichu. Aber auch dort sind die Eingänge heute alle verschlossen, da immer wieder Touristen in diesen Gängen spurlos verschwanden. Und so könnte man diese Liste beliebig fortsetzen. Doch das ist hier nicht unser Thema ...

Abb. 5: Der zum Dombau verwendete Baukran auf einem der halbfertigen Türme. (Foto: Archiv MYSTERIA)

Mit der Grundsteinlegung des Kölner Domes, der vielleicht noch irgendwo einen Einstieg in die Katakomben, in die Unterwelt, verbirgt, wurde im April des Jahres 1248 durch Meister Gerhard mit etwa 70 bis 100 Arbeitern begonnen. Das war kurz nachdem Albertus Magnus aus Paris zurückgekehrt war, was beweist, dass er für die Baupläne nur eine äußerst kurze Zeit zur Verfügung hatte. Damit kann aber auch die Zeit, in der die außerirdischen Besucher dort weilten, relativ genau bestimmt werden: Frühjahr 1248.

Abb. 6: Der Baukran in Nahansicht. (Foto: Archiv MYSTERIA)

Gebaut wurde am Dom bis zum Jahre 1560. Dann stellte man alle Bautätigkeit ein und der begonnene Dom war fast 300 Jahre lang eine Bauruine. Erst am 8. September 1842 legte der preußische König Friedrich Wilhelm IV. zusammen mit Koadjutor Johannes von Geissel, dem ersten Kölner Kardinal, den Grundstein zum Weiterbau des Kölner Domes. Schuld an dem Baustopp des Domes war kein Geringerer als der große Reformator Martin Luther. Das wird in einem Gedicht wie folgt karikiert:

Doch siehe dort im Mondenschein
Den kolossalen Gesellen!
Er ragt verteufelt schwarz empor,
Das ist der Dom von Köllen.

Er sollte des Geistes Bastille sein,
Und die listigen Römlinge dachten:
„In diesem Riesenkerker wird
Die deutsche Vernunft verschmachten!"

Da kam Luther, und er hat
Sein großes „Halt!" gesprochen –
Seit jenem Tage blieb der Bau
Des Domes unterbrochen.

Die Schlusssteinsetzung des Domes artete schließlich mit dem letzten Stein der Kreuzblume des Südturmes in ein regelrechtes Volksfest aus und fand am 15. Oktober 1880, im 600. Todesjahr von Albertus Magnus, in Anwesenheit von Kaiser Wilhelm I. statt, der umgeben von seinem Hofstaat, die Vollendungsurkunde verlas.

Doch der Dom war nicht wirklich fertig, denn bereits zu dieser Zeit waren umfangreiche Reparaturen notwendig. Auch heute noch, rund 130 Jahre später, wird an ihm ununterbrochen repariert. Die Schäden des Krieges und die der Umweltverschmutzung *„fressen"* das Bauwerk kaputt. Allein in den 60er Jahren des 20. Jahrhunderts gingen zahllose Scheiben durch die Überschallknalle der Düsenjäger zu Bruch. All diese Renovierungsarbeiten werden von einem Spezialistenteam der Dombauhütte unter der Regie des jeweiligen Dombaumeisters (der z. Zt. [2009] eine Dombaumeisterin ist) durchgeführt.

Doch eines kalkulierten Tages, auch wenn dies im Moment noch in weiter Ferne liegt, dürften alle Arbeiten vollendet sein. Die Kölner sagen: *„Wenn der Dom fertig ist, geht die Welt unter."* Woher dieser Spruch ursprünglich stammt und was er bedeutet, weiß heute niemand mehr so genau. Er erinnert aber stark an einen ähnlichen Spruch, den man über die großen Pyramiden von Giseh in Ägypten sagt: *„Solange die Pyramiden stehen, steht Rom; solange Rom steht, steht die Welt."*

*Abb. 7: Kaiser **Wilhelm** während der Einweihungsfeierlichkeiten des Kölner Doms. (Foto: Archiv MYSTERIA)*

Der fast 300 Jahre (genau 282 Jahre) andauernde Baustop des Kölner Doms erinnerte mich (bei der Überarbeitung zur 2. ergänzten Auflage) spontan an die so genannte *„Phantomzeit"* (-Theorie). Dabei handelt es sich um (ebenfalls fast) 300 Jahre *„erfundenes Mittelalter"*, nach Heribert Illig (* 1947) in seinem Buch *„Das erfundene Mittelalter"*.

Demnach sollen fast 300 Jahre des Mittelalters nur erfunden sein, die in Wahrheit überhaupt nicht existiert haben. Illigs Theorie ist sehr umstritten und während die Medien das Thema anfangs oft reißerisch aufgegriffen haben wird die Theorie Illigs von den Geschichtswissenschaften rigoros abgelehnt – wie sooft, wenn jemand Kritik an unserem Geschichtsbild vorbringt.

Nach Heribert Illig waren es genau 297 Jahre. Die Jahre 615 bis 910 soll es nie gegeben haben. Demnach wäre auf das Jahr 614 bereits das Jahr 911 gefolgt und wir befänden uns heute, im Jahr 2009, in Wahrheit erst im Jahre 1712. Das Millennium hätte also noch gar nicht stattgefunden. Das wiederum ist Wasser auf die Mühlen der Weltuntergangsfanatiker, die immer behauptet haben, dass spätestens im Jahr 2000 die Welt untergeht. Sollte Illigs Theorie richtig sein, was die Weltuntergangsfanatiker gerne befürworten, so stünde uns dieser ja noch bevor …

Selbst wenn Illig letztes Endes Recht behalten sollte, mit den (fast) 300 Jahren Baustopp des Kölner Doms hat dies alles offensichtlich nichts zu tun, denn der passt überhaupt nicht in die von Illig errechnete Zeitspanne des *„erfundenen Mittelalters"*. Aber immerhin würde es dann ebenfalls beweisen: *„Das Mittelalter war ganz anders"*…

Damit wäre dieses Kapitel eigentlich abgeschlossen. Aber wir haben unseren alten Kaiser Friedrich I. Barbarossa mit ins Spiel gebracht, weil dieser ja indirekt an der Entstehungsgeschichte des Kölner Domes beteiligt war. Und seine *„Geschichte"* ist noch nicht zu Ende. So will ich diese hier noch aufnehmen:

Barbarossas Tod und die Legende vom Kyffhäuser

Im Verlauf dieses Kapitels bin ich bereits kurz auf den Tod Barbarossas eingegangen, so dass ich die Umstände darum nicht wiederholen muss. Der 3. Kreuzzug endete 1192, zwei Jahre nach seinem rätselhaften Tod.

In deutschen Geschichtsbüchern wird der Name des Flusses, in dem Barbarossa ertrank, mit Saleph angegeben. Während einer Forschungsreise durch die Türkei stellte ich hierzu Recherchen an. Einen Fluss mit diesem Namen gibt es nicht, wie mir unser türkischer Reisebegleiter Merih Seker versicherte. Aber er kannte die Geschichte um Barbarossas Tod ganz genau und war stolz darauf, dass sie in seinem Land passiert war. Der Fluss, in dem der Kaiser ertrank, heißt Calicadnos. Jedenfalls gibt es an diesem eine Furt, auf die genau die Beschreibung der Stelle zutrifft, an der das Unglück geschah. An jener Stelle befindet sich auch eine offizielle Gedenktafel, die nichts anderes aussagt, als dass hier der deutsche Kaiser Friedrich I. Barbarossa während des 3. Kreuzzuges im Jahre 1190 ertrunken ist. Der Fluss Calicadnos hieß zu keiner Zeit Saleph und hatte auch nie einen anderen Namen, der diesem vielleicht ähnlich geklungen hätte.

Die Umstände des Unglücks sind ebenso rätselhaft wie mysteriös. Die Furt war so seicht, dass sich der Kaiser eigentlich nur hinzustellen brauchte um nicht zu ertrinken. Die Geschichte gibt uns keinerlei Hinweise darauf, das Barbarossa dazu nicht mehr in der Lage gewesen wäre. Nichts deutet auf fremde, äußere Einflüsse oder ein gesundheitliches Problem hin. Es scheint so, als sei er einfach von einem Augenblick auf den anderen untergegangen und nicht wieder hochgekommen.

Sein Leichnam wurde, wie berichtet wird, in Tyros beigesetzt. Von dort ist er später spurlos verschwunden und der Verbleib ist bis heute nicht restlos geklärt worden. Dies hat seit jeher Anlass zu der Spekulation gegeben, dass der Kaiser gar nicht tot sei, sondern noch irgendwo im Verborgenen lebt.

In Thüringen gibt es einen Berg, den einst eine kaiserliche Burg krönte, den man Kyffhäuser nennt und um den sich eine sagenhafte Legende entwickelte. Diese Legende, die sich erstmals im 13. Jahrhundert, genauer gesagt um das Jahr 1261, als *Bergentrückungssage* um den Ätna in Sizilien bildete, betraf ursprünglich Friedrich II. Dieser war ein Sohn von Konstanze, der Tochter von Rogers II. von Sizilien und Heinrich VI., der wiederum ein Sohn von Friedrich I. Barbarossa war. Somit war Friedrich II. ein Enkel und damit ein direkter Nachfahre des berühmten Barbarossa. Aber auch andere Personen, die im deutschen Mittelalter bedeutende

Rollen spielten, standen in einem verwandtschaftlichen Verhältnis zu Barbarossa. So war der Graf Landulf von Aquino, der der Vater von Thomas von Aquin war, ein direkter Neffe von Friedrich I. Barbarossa.

Als bekannt wurde, dass die Gebeine des Kaisers aus Tyros spurlos verschwunden waren, wurde die Kyffhäuser-Legende auf Friedrich I. Barbarossa umgemünzt. Das ist schriftlich nachgewiesen erstmals 1426 in der Chronik des Stadtpfarrers Dietrich Engelhusius von Einbeck. Man wollte einfach nicht glauben, dass der geliebte Kaiser tot war und hoffte (und glaubte dies auch teilweise) auf eine Wiederkunft. Unter diesem Gesichtspunkt ist die Legende dann allgemein bekannt geworden, denn es heißt heute noch, dass der berühmte König und Kaiser Barbarossa tief im Innern des Kyffhäusers *„schlummere"* und man sogar seinen langen, roten Bart durch den Marmor herauswachsen sehen könne.

Die Legende sagt weiter: *„An dem Tag, an dem die Raben der Zwietracht nicht mehr um den Kyffhäuser fliegen, an jenem Tage wird er aus der Erde emporsteigen, um das Reich wieder zu ordnen und ein erneuertes und starkes Deutschland schaffen."*

Fast zeitgleich wie um den Kyffhäuser entstand, offenbar unabhängig, wie der Historiker Prof. Dr. Albert Becker meint, die gleiche *Bergentrückungssage* auch in Kaiserslautern. Von dort ist sie erstmals schriftlich erwähnt in einer 1499 gedruckten Chronik. Es soll sich nämlich bei Kaiserslautern ein *„steiniger Fels"* befinden, der eine Höhle oder ein großes Loch hat. Und dort soll der Kaiser hausen. Mehrere Sagen berichten auch hier von Personen, die den Kaiser im Berg gesehen haben sollen. So wird einmal von einem Mann berichtet, den der Kaiser fragte, ob die Raben noch flögen. Also auch hier eine Parallele.

Zu der Zeit, als Bismarck ein geeintes und starkes Deutschland schmiedete, sahen viele Leute aus dem einfachen Volk den triumphierenden Kaiser Barbarossa, der endlich wieder aus dem Kyffhäuser emporgestiegen war, um die Legende zur Tatsache werden zu lassen.

Aus dem 13. Jahrhundert ist uns eine Sage über den Kyffhäuser überliefert, die, wenn sie der Wahrheit entspricht, einen ausführlichen und interessanten Augenzeugenbericht aus dem Leben von Friedrich II. (oder war es doch Barbarossa?) wiedergibt. Außerdem enthält sie alle Elemente und Komponenten einer *Zeitverschiebung*, wie sie häufiger auch bei

UFO-Begegnungen und in vielen anderen Sagen zu finden ist. Diese Legende will ich nun abschließend zu diesem Kapitel in einer gekürzten Fassung, aber mit allen wesentlichen Details, kommentarlos nacherzählen:

Einst lebte in der Nähe des Kyffhäusers ein junger Schafhirte namens Kunz. Seine Herde, die ihn nährte, war recht ansehnlich und groß. Er hatte eine junge, hübsche Frau mit dem Namen Grete und eine einjährige Tochter, die hieß Susanne.

Als es einmal zu einem Streit zwischen Kunz und seiner Grete kam, ließ Kunz in der Nähe des Kyffhäusers seine Schafe laufen wie sie wollten. Dabei war er tief in seine Gedanken versunken und sang zwischendurch ein Liedchen. Seiner Grete wollte er einen Denkzettel verpassen, indem er sich für ein paar Tage aus dem Staub machte. Sie sollte ihn vermissen; erst dann würde er zurückkommen. Wie er aber so in seine Gedanken versunken war, da fiel ihm das Scheiden plötzlich immer schwerer und Kunz dachte an sein kleines Töchterchen Susanne und daran, dass die Streitigkeiten, die zwischen ihm und seiner Grete, die hin und wieder aufflammten, so unerträglich gar nicht sind. *„Ja, wenn ich reich wäre und ihr viel Plunder kaufen könnte"*, dachte er bei sich, *„dann könnte ich ihr wohl das Maul stopfen."*

Aber Kunz war nicht übermäßig reich. Seine Gedanken schweiften ab zum Kyffhäuser, in dessen Nähe er sich nun befand. *„Wüßt' ich nur, ob es wahr ist mit den Schätzen, die im Kyffhäuser liegen sollen und was der alte Kaiser Friedrich auf meine Bitte antworten würde. Doch was hilft alles Wünschen, weiß ich doch nicht einmal das Sprüchlein, mit dem ich die Türe in den Berg auftun kann."*

Nach mehreren Stunden, die er so in seine Gedanken versunken war, trieb er seine Herde zusammen und machte sich auf den Heimweg. Diesmal nahm er aber nicht den üblichen Weg, sondern einen kleinen Pfad, der ihn dicht am Kyffhäuser vorbeiführte. Erstaunt bemerkte er, dass eine Türe im Berg war, die offen stand und den Zugang ins Innere freigab. Nach langem Zögern nahm Kunz all seinen Mut zusammen und schritt in den Berg hinein. Das Licht von zwei Pechfackeln erhellte die unheimlichen und dunklen Gänge.

Plötzlich hörte Kunz einen fröhlichen Gesang und das Klingen von voll gefüllten Bechern. Er folgte diesen Geräuschen und kam dann in eine in den Stein gehauene Rotunde. Darin saßen Ritter in prächtiger Tracht um einen Schanktisch gereiht und tranken in fröhlicher Runde lieblichen Wein. Auf dem Tisch standen wundervoll gearbeitete Weinkrüge aus Gold und mit kostbaren Edelsteinen besetzt. Der Duft des Weines stieg Kunz verlockend in die Nase. Auch die Becher, aus denen die Ritter tranken, waren aus purem Gold und klangen in den wundervollsten und hellsten Tönen, wenn sie zusammenstießen.

Neben dem Tisch, etwas abseits, stand eine ältere und blasse Frau in einer altmodischen Tracht. An ihrem Gürtel hing ein großes Schlüsselbund. Sie war die Schließerin des Weinkellers und holte für die Ritter immerzu neue Krüge voller lieblichen Weines. Aus dem ganzen Wesen der Schließerin entnahm Kunz, dass es dieser im Kyffhäuser nicht sonderlich gefiel und sie wohl gerne wieder zurück auf die Erde wollte.

Kunz, der offenbar etwas abseits von den Rittern immer noch unbemerkt geblieben war, dachte bei sich, dass es wohl schön sein müsse, in dieser Runde einmal mitzutrinken. Der Kaiser mit seinem langen und mächtigen Bart war nirgends zu sehen. Er vermochte nicht zu sagen, wo dieser sich gerade aufhielt. Da wurde er von einem Ritter bemerkt, der ihm schließlich zuwinkte und hieß näher zu treten. Da der Ritter ihn recht freundlich anschaute, verlor Kunz seine Scheu und trat vor. Dabei grüßte er die Ritter recht ehrerbietig. Der Ritter, der ihn heran gewunken hatte, fragte nun, wer er sei und woher er komme. Gleichzeitig bot er Kunz einen Becher des köstlichen Weines an. Dadurch verlor der Schafhirte seinen letzten Rest an Angst und Scheu und erzählte fröhlich aus seinem Leben, wobei die Ritter mehrmals laut auflachten.

Nachdem so eine Weile verstrichen war, vertrieben sich die Ritter ihre Zeit durch Kegelspiel. Kunz, der die Kegel wieder aufstellte, durfte dafür soviel Wein trinken, wie er wollte. Plötzlich bemerkte er, wie sich die Höhle um ihn herum bewegte. Das war wohl die Folge des umfangreichen Weingenusses. Glücklicherweise hörten die Ritter nun auf zu spielen und einer von ihnen trat zu Kunz heran und reichte ihm zwei Kugeln. Dabei sagte er: *„Nimm dies zum Lohne."* Kunz steckte die Kugeln in seinen Schnappsack, bedankte sich und schlief ein.

Draußen war es inzwischen tiefe Nacht geworden und Grete war sehr aufgeregt und besorgt. Die Herde Schafe war, angeführt durch den Hund Munter, allein zu Hause angekommen. So lief Grete immer wieder ein Stück des Weges lang und rief verzweifelt nach ihrem Mann. Doch Kunz meldete sich nicht. Auch eine folgende Suchaktion, an der sich viele Leute aus dem Dorf beteiligten, blieb ergebnislos. Nach ein paar Tagen glaubte man Kunz sei tot und Grete legte Trauer an. Nachdem das Trauerjahr zu Ende war, legte sie die Trauerkleidung wieder ab und tanzte auch wieder in der Dorfschenke. Es dauerte nicht mehr lange, da heiratete sie ihren Nachbarn Jacob, der auch ein Witwer war. Dieser war im Grunde seines Herzens so gutmütig wie Kunz. So nahm er seinen Hut und Hirtenstab, wenn die Schelte von Grete einmal zu arg wurde, und wanderte hinaus aufs Feld um Zerstreuung und Abwechslung zu suchen. Sein ein und alles war die kleine Susanne, die inzwischen zu einem hübschen jungen Mädchen von 17 Jahren angewachsen war.

Susanne hatte sich derweil in Franz, den Sohn des reichen Gastwirts Veit, verliebt. Auch Franz liebte Susanne sehr, aber sein reicher und geiziger Vater würde niemals die Einwilligung zu einer Hochzeit zwischen ihnen geben, da Susanne nur ein einfaches und armes Hirtenmädchen war. Grete war darüber sehr erbost und beleidigt und auch Jacob fühlte sich sehr gekränkt. Gerne hätte er ein paar Jahre seines Lebens dafür geopfert, wenn er seine Stieftochter, die er sehr ins Herz geschlossen hatte, an der Seite von Franz glücklich sehen könnte. Zum ersten Mal in seinem Leben wünschte sich Jacob reich zu sein.

Er überlegte oft, wie er es anstellen müsste, um reich zu werden. Eines Tages, als er des nachts tief in seine Gedanken versunken war und auf der Straße des Dorfes auf und ab ging, kam plötzlich eine zwar altmodische und schwerfällige, nicht desto weniger aber prunkvolle Kutsche, bespannt mit sechs ebenso prunkvollen Pferden, durch die Straßen des Dorfes gefahren. Neugierig trat Jacob näher. Da bat ihn der Kutscher plötzlich um einen kleinen Gefallen. Er möge ihm doch helfen, ein Rad an der Kutsche zu befestigen, das ihm losgegangen sei. Der dienstfertige Jacob half dem Kutscher sofort. Der warf ihm nach getaner Arbeit drei Münzen zu und sprach: *„Wenn du Lust hast guten Wein zu trinken, so komm zum Kyffhäuser, rufe die Schließerin und sage, du seiest der, welcher ein Rad an der Karosse befestigt habe, und du wirst erhalten, was du wünschest, doch nicht zum*

Verkauf, nur für dich und die Deinen." Dann fuhr die Karosse blitzschnell davon.

Jacob wunderte sich sehr, als er die drei Münzen betrachtete, die er von dem geheimnisvollen Kutscher bekommen hatte. Es waren drei so genannte *„Wilde-Manns-Taler"*. Damit wollte er dem Gastwirt Veit betrunken machen und ihm so sein Einverständnis zur Hochzeit von Franz und Susanne abluchsen. Aber Veit konnte eine Menge vertragen und war fast noch nüchtern, als die drei Taler verbraucht waren. Schließlich entlockte der Gastwirt dem armen Jacob das Geheimnis um die Herkunft der Münzen, als dieser schon sehr betrunken war. So beschloss man in übermütiger Weinlaune, dass Susanne und Franz zum Kyffhäuser gehen sollten, um den versprochenen Wein zu holen.

Als nun die beiden am Kyffhäuser angekommen waren, versuchte Franz, der die Geschichte nicht glauben wollte, seine Susanne dazu zu überreden, mit ihm in die weite Welt zu fliehen. Jeder würde denken, sie seien im Kyffhäuser verschollen. Aber Susanne ging nicht darauf ein und sagte den Spruch, mit dem sich ihr der Berg auftat. Sie trat hinein und hinter ihr schloss sich der Berg so schnell wie ein Blitz. Es gelang dem überraschten Franz nicht mehr, mit hinein zu kommen.

Nach einer kurzen Weile ging der Berg plötzlich wieder auf und Susanne kam mit einem verklärten Gesicht heraus. Neben ihr war die Schließerin und sie sprach zu Susanne: *„Du gutes Kind, dir dank' ich die Erlösung. 300 Jahre harrte ich vergebens, denn es ward mir auferlegt, solange im Kyffhäuser Schließerin zu sein, bis ein unschuldiges Mädchen, welches der schwersten Versuchung widerstanden, in den Berg nach Wein käme. Lebe glücklich und komme oft nach Wein, an meiner Statt wird ihn dir der Kellermeister reichen!"*

Susanne wollte die alte Schließerin noch nach dem Kaiser fragen, doch diese verschwand wie ein Hauch im Winde. Da gingen Susanne und Franz zurück zur Schenke. Der Gastwirt Veit fand den Wein überaus köstlich und trank sehr viel davon. Dann wollte ihm Jacob das Versprechen der Hochzeit zwischen ihren beiden Kindern abnehmen, doch Veit war plötzlich verschwunden. So machte sich Jacob mit den Seinen auf den Heimweg.

Der Gastwirt Veit aber war zum Kyffhäuser gelaufen, um sich noch mehr von dem köstlichsten aller Weine zu beschaffen. Statt einem Krug hatte er gleich ein ganzes Fass mitgenommen und rief nun vor dem Berg stehend: *„Holla! Holla! Holla!"* Nun gab es aber an jener Stelle ein lautes Echo, das seine Stimme zurückwarf. In seinem betrunkenen Zustand verstand Veit: *„Wer da? Wer da? Wer da?"* So rief er vergnügt: *„Ich komme im Namen dessen, welcher das Rad am Wagen befestigt hat."*

Plötzlich erklang im Innern des Berges eine gewaltige Stimme, die rief: *„Knappen, wahrt mir meine Kellerei!"* Und dann fühlte sich der geizige Gastwirt von unsichtbaren Händen gezwickt und verprügelt. Panikartig floh er vom Kyffhäuser und ließ dabei sogar sein Fass zurück. Verdrossen kam er zu Hause an und strafte den armen Jacob einen Lügner. Dann schwor er ihm zum Trotze, dass die arme Susanne nun nie und nimmer den Franz zum Mann bekommen solle.

Inzwischen war Kunz im Kyffhäuser aus seinem tiefen Schlaf erwacht. Es kam ihm so vor, als ob er recht lange geschlafen hätte und er fühlte wie sein Bart sehr lang gewachsen war und sich die ersten weißen Haare zeigten. Verwundert sah er sich um. Alles schien so wie vorher zu sein, nur die Schließerin war verschwunden. Kunz nahm seinen Schnappsack und wollte den Kyffhäuser verlassen. Zuvor fragte er jedoch noch einen Knappen, wie lange er geschlafen habe. *„Siebzehn Jahre!"* antwortete ihm dieser. *„Schalk!"* sagte Kunz und fragte nun einen der Ritter. Die Antwort war jedoch die gleiche: *„Siebzehn Jahre!"*

„Ihr scherzt, Herr Ritter!" sprach Kunz nun doch schon sichtlich erschrocken. Er ging seitlich auf eine Nische zu, in der ein hoher Mann mit langem Bart saß. Diesen fragte Kunz nun ehrerbietig: *„Herr, wie lange habe ich geschlafen?"* Und als dieser voll Milde und Ernst sprach *„Siebzehn Jahre!"*, da brach das Grauen über Kunz herein und er verließ fluchtartig den Kyffhäuser und sprach bei sich: *„Siebzehn Jahre am Leben verloren! Warum? Weil ich, Tor, ergründen wollte, was ich nicht zu wissen brauchte, was mir nichts nützt!"*

Als Kunz den Kyffhäuser verlassen hatte und im Dorf angekommen war, da fragte er die Leute nach Kunz. *„Oh, der ist nun schon seit siebzehn Jahren tot!"* erhielt er als Antwort. Auf seine Frage nach dem Haus von Grete zeigte man ihm ein andres Haus als das eigene. Er ging schließlich auf das gezeigte Haus zu und trat ein. Dort saßen sie alle, unten in der

Stube, versammelt. Kunz fragte, ob sie ihn kennen würden, aber sie alle verneinten. Nur ein alter, halbblinder Hund kam plötzlich unter dem Tisch hervor, wedelte freudig mit dem Schwanz und sprang immerzu an Kunz hoch. Da sprach dieser: *„Munter, lebst du noch und kennst deinen alten Herrn noch?"*

Schließlich erkannte ihn auch Grete. Der Schock war sehr groß, doch die Situation rasch geklärt und Kunz sagte zu Grete: *„Nun, sei ohne Sorgen, ich will euer Glück nicht stören, ich gebe alle meine Ansprüche auf dich auf, und da es mir im Dorfe so nicht mehr gefällt, so will ich hinaus in die weite Welt gehen, könnt' ich doch vorher mein liebes Kind glücklich machen."*

Jacob erzählte nun Kunz die Geschichte von der Liebe zwischen Susanne und Franz, und dass dessen geiziger Vater, der Gastwirt Veit, die Hochzeit verhindere, weil Susanne nur ein einfaches und armes Mädchen sei. *„Ach"*, rief Kunz, *„hätt' ich doch nur einen Schatz aus dem Kyffhäuser mitgebracht, damit ich meine Susanne hätte glücklich machen können. So aber habe ich nur zwei Kegelkugeln, die ich hier meinem Sack entnehme."*

Als Kunz aber die Kugeln herausnahm, da waren sie aus reinstem Gold. Erstaunt blickten sie alle auf die Kugeln, die recht prächtig im Schein der alten Lampe glitzerten. Am nächsten Tag ging Kunz zur Nachbarstadt und verkaufte dort die beiden Goldkugeln für viel Geld, welches er seiner Tochter schenkte. Sobald der geizige Veit von Susannes plötzlichem Reichtum erfuhr, warb er selbst um sie für seinen Sohn. So wurden die beiden doch noch ein glückliches Paar. Kunz aber verließ, genau wie er es versprochen hatte, bald darauf das Dorf und blieb für immer von der Bildfläche verschwunden. Jacob und Grete waren noch eine lange Zeit Zeuge vom Glück ihrer Kinder.

Kapitel 3: Die fremde Technologie des Mittelalters

Roger Bacon und das Experiment

Um das Jahr 1214 erblickte in der englischen Grafschaft Somerset ein Knabe das Licht der Welt, der mit seinem späteren Lebensverlauf, ähnlich wie Albertus Magnus, in die Geschichte eingehen sollte. Es handelte sich dabei um den legendären Roger Bacon.

Vermutlich um das Jahr 1253 trat Roger Bacon in den Franziskaner-Orden ein. Dieser Orden war 1223 vom Papst in der endgültigen Fassung approbiert worden. Der Gründer des Franziskaner-Ordens war der italienische Wanderprediger Giovanni Bernardone, der später unter dem Namen Franz von Assisi auch heilig gesprochen wurde. Geboren wurde der Ordensgründer um das Jahr 1181/82 in Assisi, wo er auch am 3. Oktober 1226 verstarb.

Wie Albertus Magnus, so beschäftigte sich auch Roger Bacon mit Geheimwissenschaften. Selber schrieb er einmal, dass er in den Jahren von 1247 bis 1267 mehr als 2.000 Pfund für den Ankauf von Geheimbüchern und Instrumenten ausgegeben hätte. In dieser Zeit stellte er auch Juden an, die ihn und seine Schüler im Hebräischen unterrichteten und ihm dabei halfen das *„Alte Testament"* in der Originalfassung zu lesen. Dies lässt vermuten, dass Roger Bacon den Bibelübersetzungen nicht traute. Und in der Tat sind diese Übersetzungen ja teilweise sehr *„frei"* und somit ungenau. Unter Robert Grosseteste studierte er in Oxford und mit ihm und einer Handvoll weiterer Franziskaner widerstand er der thomistischen Methode, der Lehre des Thomas von Aquin, dem Begründer der Neuscholastik.

Roger Bacon hat zu Lebzeiten viel von technischen Dingen erzählt, die es zu seiner Zeit angeblich noch nicht gegeben hat. Dazu gehörten auch U-Boote und Flugmaschinen. Und teilweise hat er diese offenbar mit eigenen Augen und in Aktion gesehen. Wie war dies aber möglich, wenn es diese angeblich doch noch gar nicht gab? War Roger Bacon ein Zeitreisender? Oder gab es damals doch all diese Maschinen? Eine weitere Alternative dürfte kaum zutreffend sein.

Auch vertrat Roger Bacon eine Reihe von Ansichten, die für die kirchliche Obrigkeit der streng gläubigen Katholiken nicht akzeptabel war, da sie in deren Augen mehr als ketzerisch waren. So beschäftigte er sich auch viel mit der Astrologie und behauptete sogar: *„Selbst Christus stand im Banne der Gestirne. Seine Geburt wurde nicht vom ‚Stern der Weisen' angekündigt, sondern durch ihn veranlasst!"*

Wie war dies gemeint? Wenn wir hier spekulieren, dass der *„Stern von Bethlehem"* ein UFO im Sinne eines außerirdischen Raumschiffes war, dann müsste es in letzter Konsequenz bedeuten, dass Roger Bacon damit andeuten wollte, dass Jesus der Sohn von Außerirdischen sei.

Diese Behauptung Bacons stieß auf den stärksten Widerspruch, aber Bacon blieb trotz aller Verfolgung ein harter Verteidiger der Astrologie und anderer Geheimwissenschaften. So verlangte er schließlich sogar von der Kirche die Förderung der Astrologie als Wissenschaft zu übernehmen. Hierbei stieß er aber bei der geistlichen Obrigkeit auf taube Ohren.

Papst Urban IV. (Pontifikat 1261 – 1264) entzog Roger Bacon zunächst die Lehrerlaubnis und warf ihn später sogar ins Gefängnis. Sein Nachfolger, Papst Klemens IV. (Pontifikat 1265 – 1268), war jedoch ein Bewunderer der Ideen Bacons und holte ihn wieder aus dem Gefängnis. Damit aber nicht genug. Er beauftragte Roger Bacon sogar, seine Gedanken und Ideen in einem umfangreichen und umfassenden Werk schriftlich niederzulegen. Das tat dieser dann auch und so stammen die ältesten uns erhaltenen Physik- und Metaphysikkommentare des Mittelalters von Roger Bacon.

Nach dem Tode von Papst Klemens IV., unter dem Papst Gregor X., begann erneut eine Verfolgung Bacons, die ihn wieder für zehn Jahre ins Gefängnis brachte. Dies änderte sich erst wieder mit dem von 1288 – 1292 währenden Pontifikat von Papst Nikolaus IV. und dessen Tod. 1292 wurde Roger Bacon aus dem Gefängnis entlassen. Am 11. Juni 1294 ist er dann gestorben.

Der Geologe, Prä-Astronautik-Forscher und Schriftsteller Dr. Johannes Fiebag stellte zu dieser Verfolgung von Roger Bacon, in einer seiner ersten größeren Veröffentlichungen (*„Die Gesandten des Alls"*; in: *„Die kosmischen Eingeweihten"*), die Frage: *„Warum dies alles? Was hatten die Mächtigen des 13. Jahrhunderts von einem Mann wie Bacon zu befürchten?"*

Nun, die Frage ist eigentlich einfach und schnell zu beantworten: Roger Bacon war ein Mann, der alles bewiesen haben wollte, bevor er glaubte. Er verfiel nicht in die Methode der *„Frommen des Mittelalters"*, die blindlings nur die scholastische Lehre übernahmen und, nach Kant, *„philosophierten ohne kritische Erkenntnistheorie"*. Demnach musste auch alles Hand und Fuß haben, was er sagte! Roger Bacon war der Ansicht, dass alle Theorie, sofern sie stimmte, durch Experimente bewiesen werden könnte! Dies, und die Tatsache, dass er sich mit Astrologie und Geheimwissenschaften, darunter höchstwahrscheinlich auch Alchemie und Magie, beschäftigte, war Grund genug für die geistliche Obrigkeit der katholischen Kirche, diesen Mann in der Verbannung verschwinden zu lassen.

Was jedoch verwundert, ist die Tatsache, dass hohe kirchliche Persönlichkeiten wie beispielsweise Papst Klemens IV. auf seiner Seite standen und ihn unterstützten. War dieser Papst einer der großen Eingeweihten? Warum wurde er nicht zum Schweigen gebracht?

Roger Bacon blieb nicht nur bei seiner Theorie bezüglich des Experiments, sondern führte sie auch in der Praxis aus. So gilt er heute als Begründer der Experimentalwissenschaft und der mathematischen Physik. Er selbst sagte dazu: *„Die Theorie ergibt allein keine Sicherheit. Erst durch das Experiment kann man die Wahrheit erfahren!"* – Eine Erkenntnis, die seitdem ihre Gültigkeit nicht verloren hat!

Durch seine Philosophie und Revision der damaligen Wissenschaften erwarb er sich den Titel *„Doctor mirabilis"*, was zu Deutsch etwa soviel wie *„Doktor des Wunderbaren und Außergewöhnlichen"* heißt. Und so ist Roger Bacon eine recht interessante Parallele zu Albertus Magnus, dem *„Doctor universalis"*. Auch er hat sich ja intensiv mit Alchemie und Magie beschäftigt, experimentierte und konstruierte. Der einzige Unterschied zwischen den beiden besteht wohl nur darin, dass es Albertus Magnus offenbar ausgezeichnet verstanden hat, seine Experimente und Arbeiten in vollsten Einklang mit der katholischen Obrigkeit zu bringen, oder diese vor ihr zu verbergen, denn er wurde deshalb weder verfolgt, noch ins Gefängnis geworfen.

Hatte Roger Bacon einen außerirdischen Lehrmeister?

In seinem Werk *„Von den Geheimwirkungen der Natur und Kunst von der Nichtigkeit der Magie"* legte Roger Bacon ungeheure Kenntnisse über Sprengstoffe nieder. So schrieb er darin beispielsweise: *„Wir können, wenn wir wollen, ein künstliches Feuer machen aus Salpeter, aus Petroleum, aus Ambra und Naphta; nach allem, was Plinius in seinem zweiten Buche sagt, hat sich eine Stadt mit diesem Feuer verteidigt. Man kann außerdem dauernde Lichter* (vgl. das brennende Licht bei der *„Mumie"* von der Via Appia in Rom; Kapitel 1) *und unaufhörlich brennende Bäder machen. Außerdem gibt es andere staunenswerte Dinge. Man kann Donnergeprassel und Blitze in der Luft machen, die noch schrecklicher sind als die natürlichen. Schon eine Menge von Daumengröße genügt für einen furchtbaren Knall. Die Herstellung ist auf mancherlei Weise möglich. Es kann so eine Stadt oder ein Kriegsheer zugrunde gerichtet werden."*

Die Erfindung des Schießpulvers und damit zwangsläufig auch die des Sprengstoffes fand zwar bereits ein paar Jahrhunderte früher, in China, statt, doch war dies im Europa des Mittelalters so gut wie noch gar nicht bekannt. Sprengstoff war jedoch noch lange nicht das Einzige, mit dem sich Roger Bacon beschäftigte. Es wird berichtet, dass er einen *„mächtigen Hohlspiegel"* entwickelte, mit dem man *„weit entfernte Gebäude in Brand setzen"* konnte.

Auch das Fernrohr und Teleskop waren ihm offenbar nicht unbekannt und er legte in experimentellen Studien über das Verhalten von Licht, Prismen, Regenbögen und Spiegeln die Grundlagen für die moderne Wissenschaft. Doch es gibt beeindruckende Hinweise, dass Roger Bacon mit diesen Studien nicht der Erste war. Fernrohre, Lupen und andere optische Geräte waren offenbar auch den Mayas, Inkas und anderen Indianerstämmen im alten Mittel- und Südamerika bekannt. Dies belegt nicht nur die umstrittene *„Steinerne Bibliothek von Ica/Peru"*, sondern vor allem auch ein ungeheures Wissen dieser alten indianischen Hochkulturen über Astronomie. Sie besaßen Observatorien zur Beobachtung der Gestirne, die nach unseren heutigen, modernen Sternwarten gebaut worden sein könnten. Und die alte Pyramidenstadt Teotihuacan in Mexiko ist ein maßstabsgetreues Modell unseres Sonnensystems.

Abb. 8: Das Maya-Observatorium von Chitzen Itza in Mexiko. Vorbild für unsere heutigen Observatorien?(Zeichnung: Herbert Mohren)

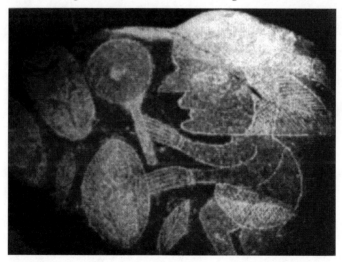

Abb. 9: Dieser „Ica-Stein" aus der Sammlung von Dr. Cabrera zeigt einen Indianer mit einer Lupe. Das Bild erweckt den Anschein, als ob er Fossilienfunde betrachtet. (Foto: Axel Ertelt)

Abb. 10: Einer der „Ica-Steine" aus Peru, der einen Indianer mit Fernrohr zeigt. (Foto: Axel Ertelt)

Alles in allem hat Roger Bacon die praktische Seite der Wissenschaft frühzeitig erkannt. Und so träumte er schließlich von einer technischen Welt, in der der Papst eine Armee mit neuartigen Waffen hätte, mit denen es ihm gelingen würde, durch einen einzigen und gewaltigen Schlag den Islam auszurotten und der Welt den Frieden zu bringen. Dieser Wunschtraum Bacons zeigt deutlich, dass er recht kriegerisch veranlagt war. Er trug damit seinen Namen zu Recht, denn Roger ist eine Nebenform von Rüdiger und dieser Name bedeutet im Deutschen *„der berühmte Speerträ-*

ger". Es handelt sich dabei um eine Zusammensetzung aus *"Ruhm"* und *"Speer"* (Ger = germanisch: Speer).

Das ganze Wissen Roger Bacons um all diese technischen Dinge war erstaunlich für die damalige Zeit, denn man lehrt uns in den Schulen, dass es dies alles zu seiner Zeit noch gar nicht gegeben hat. Darum immer wieder die brennende Frage: Woher stammte das Wissen? Aufgrund eines Auszuges aus Bacons Werk *"Epistola de secretis operibus"* kommt der Prä-Astronautik-Forscher Dr. Johannes Fiebag bereits 1980 zu der Schlussfolgerung: *"Es* (das erwähnte Werk) *bestätigt uns, dass der englische Mönch mit ,Menschen' verkehrt haben muss, die technisch weit über ihm standen und ihm Gerätschaften zeigten, die erst unser Jahrhundert möglich gemacht hat."*

Alleine konnte Roger Bacon unmöglich auf alle diese Dinge kommen. Er berichtete, dass man Maschinen bauen kann, die die Ruderer ersetzen und sich nur mit Hilfe eines einzigen Mannes auf den Flüssen und Meeren schneller fortbewegen, als dies mit einem Schiff voller Ruderknechte jemals möglich ist. Außerdem könne man Maschinen bauen, mit deren Hilfe es möglich sei, auf dem Grund der Flüsse und Ozeane hinabzutauchen.

Maschinen, so Bacon, können Wagen antreiben, ohne dass diese von Tieren gezogen werden müssen. Diese Wagen erreichen ungeheure Geschwindigkeiten. Es gibt auch eine kleine Maschine, mit deren Hilfe man gewaltige Lasten heben und senken kann und die im Notfall ungemein nützlich ist. Auch sagte er, dass man Brücken ohne Befestigung und Stützen über Wasserläufe bauen könnte, und dass es noch viele andere unglaubliche Mechanismen und Maschinen gäbe. Zu diesen gehöre eine Flugmaschine, mit deren Hilfe es dem Menschen möglich ist durch die Luft zu fliegen. *"Solche Maschinen"*, so sagte Roger Bacon einmal, *"wurden im Altertum gebaut und sicherlich auch in unserer* (also seiner) *Zeit, vielleicht mit Ausnahme der Flugmaschine, die ich nicht gesehen habe und die niemand bisher gesehen zu haben scheint."*

Nach diesem Zitat, einer dokumentierten Aussage, hat Roger Bacon all die Technik, die er beschrieb, selber gesehen – bis auf die Flugmaschinen. Wo aber war dies und wer zeigte sie ihm? Die exakte Beschreibung dieser Technik kann doch unmöglich nur eine Vision gewesen sein. Besonders interessant sind die von Bacon beschriebenen Maschinen, mit deren Hilfe man unter dem Wasser fahren kann, also: U-Boote! Eine solche Maschine soll beispielsweise auch Alexander der Große benutzt haben. Dieser soll sogar eine Flugreise gemacht haben, die ihn in eine solche Höhe brachte, dass er später darüber sagte: *„Die Welt erschien mir so klein wie ein Druschplatz."*

Auch Roger Bacons Namensvetter, Sir Francis Bacon, der um 1561 bis 1626 lebte, berichtet in seinem Romanfragment *„Neu-Atlantis"* von solchen U-Booten und Luftfahrzeugen.

Die vermutliche Existenz von U-Booten und Flugmaschinen im Altertum und Mittelalter findet seine Bestätigung durch die Beobachtungen aus aller Welt, die seit jener Zeit vom Auftauchen geheimnisvoller Unterwasserfahrzeuge berichten. Die Berichte über solche Sichtungen unbekannter Unterwasserfahrzeuge werden heute als Beobachtungen von USOs (Unidentified Submarin Object) eingestuft. Ihre Herkunft ist unbekannt und es wurde bereits spekuliert, ob es sich um Fahrzeuge handelt, mit denen Überlebende des untergegangenen Kontinents Atlantis, die heute irgendwo auf dem Grunde der Ozeane leben, herumfahren. Obwohl solche USOs nach Augenzeugenberichten auch schon mal zu UFOs wurden, sich also aus dem Wasser erhoben und in der Luft davonflogen, sollte man hier erst einmal eine Trennung beider Phänomene vornehmen. Zu einem der prominentesten Zeugen einer solchen USO-Sichtung gehörte der ehemalige Diktator Idi Amin, der einmal ein USO aus einem See im Kongo aufsteigen und durch die Luft davonfliegen sah.

Alle solche Berichte über USOs und UFOs deuten daraufhin, dass es irgendwo auf unserem Planeten geheime Stützpunkte geben könnte, in denen *„Menschen"* leben, die uns sowohl damals, als auch heute in ihrer Technik haushoch überlegen sein müssen. dass diese vielleicht von einem anderen Planeten kommen, ist nur eine von mehreren möglichen Erklärungen, die bis heute weder einwandfrei beweisbar, noch widerlegbar sind. Sollte dies aber zutreffen, dann liegt die Vermutung nahe, dass Roger Bacon vielleicht einen außerirdischen Lehrmeister hatte. Eine Intelligenz, die der Menschheit vielleicht zum entscheidenden Durchbruch der Technik verhalf und dies eventuell auch in Zukunft weiterhin machen wird.

Eine weitere technische Errungenschaft des Mittelalters (und vermutlich bereits des Altertums) sind die so genannten *„sprechenden Maschinenköpfe"*. Es handelt sich dabei um eine Art Computer der Vorzeit, die man unter Umständen sogar als Vorläufer moderner und denkender Roboter der Neuzeit – oder sogar Zukunft – betrachten kann. Diese *„sprechenden Maschinenköpfe"* waren in der Lage Fragen exakt mit *„Ja"* oder *„Nein"* zu beantworten. Es wird berichtet, dass sie in ihren Antworten genau und unfehlbar waren. Eine wahrlich phantastische Überlieferung, die uns hier mit einer Technik konfrontiert, die es doch angeblich erst seit der Erfindung des Computers im 20. Jahrhundert gibt. Wie wunderbar und vollkommen müssen diese Computer der Antike beschaffen gewesen sein, um auf jede mögliche Frage die richtige Antwort zu wissen. Und vor allem: Wer programmierte sie?

Für so etwas sind eine enorme Speicherkapazität und ein umfangreiches Programm nötig. In Anbetracht der Tatsache, dass die ersten Computer vor wenigen Jahrzehnten noch gigantische Ausmaße besaßen, erscheint ein kleiner *„sprechender Maschinenkopf"* so phantastisch, dass wir ihn uns kaum vorzustellen vermögen. Sie können nur das Produkt einer hohen Intelligenz und Technik gewesen sein. – Eine außerirdische Technik?

Solche antiken Computersysteme sind uns nicht nur in Einzelfällen überliefert. Auch Roger Bacon soll selber einen *„sprechenden Maschinenkopf"* konstruiert haben. Woher er das dazu notwendige Wissen und die Technik hatte, bleibt nach wie vor ein Rätsel. Sieben Jahre lang hat er den Berichten zur Folge daran gearbeitet und gebaut. Anderen Personen wurde offenbar ein solcher Computer in einsatzbereitem Zustand übergeben – von wem auch immer.

Die Computer der Antike basierten bereits auf binären Entscheidungsmöglichkeiten. Sie können nach Ansicht von Bernd Brasser nicht einfach erdacht worden sein, sondern müssen real existiert haben. Er schreibt dazu: *„Das ‚Aus' und ‚Ein', das ‚Positiv' und ‚Negativ', das ‚Ein-Zwei-Prinzip', also ein System aus zwei Einheiten, kurz der Binärcode, gehört zum Wesen aller modernen Computer, die mit Programmen gespeichert werden und die uns auf Abruf dafür Informationen oder Signale liefern."*

Auch Gerbert von Aurilac (940 bis 1003), der spätere Papst **Silvester** II., soll unter Berücksichtigung und Anwendung astrologischer Berechnungen einen solchen *„sprechenden Maschinenkopf"* selber konstruiert haben, der ihm auf jede Frage eine klare Antwort mit *„Ja"* oder *„Nein"* gab. Auch ansonsten war der Papst in technischen Dingen bewandert und seiner Zeit weit voraus. So wird berichtet, dass er auch eine Wasserorgel mit einem komplizierten, technischen Innenleben konstruierte, die modulierte Töne von sich gab. Eine Pendeluhr, eine mechanische Uhr und ein Fernrohr oder gar Teleskop für astronomische Beobachtungen zählten ebenso zu seinem Besitz – und das lange vor Nikolaus Kopernikus (* 19.2.1473, † 24.5.1543) und Johannes Keppler (* 27.12.1571, † 15.11.1630).

Der Nachfolger von Papst Silvester II. ließ dessen *„sprechenden Maschinenkopf"* sofort vernichten und die Spuren beseitigen. Dabei hatte er offenbar jedoch ein Buch seines Vorgängers übersehen, in dem Silvester II. diesen antiken Computer beschrieb. Darin ist zu lesen: *„Die Kunst einen sprechenden Kopf zu entwickeln, ist gar nicht so schwierig, beruht sie doch auf einer Berechnung mit nur zwei Zahlen."* Und genau dies ist das Zahlensystem, mit dem heute unsere modernen Elektronenrechner arbeiten.

Wenn man weiß, wie etwas funktioniert, die Möglichkeiten und die technischen Voraussetzungen hat, dann ist es bis zur Verwirklichung nicht mehr schwer. Wie gesagt, wenn man es weiß und hat. Doch all dies ganze Wissen, die Voraussetzungen und technischen Möglichkeiten waren doch, so unsere Wissenschaft, im Mittelalter und erst recht im Altertum nicht gegeben. Und trotzdem: *„Sprechende Maschinenköpfe"* standen noch ganz anderen Personen zur Verfügung!

Der Magier und Neuplatoniker Agrippa von Nettesheim (1486 bis 1535) berichtet in seinem Nachlass der Nachwelt, dass auch Wilhelm von Paris einen solchen ehernen (eisernen) Kopf kannte, der *„mit Menschensprache antwortete"*.

Johann II., König von Kastilien, ließ nach dem Tode von Enrique de Villena, einem Mitglied des Hochadels, dessen *„sprechenden Maschinenkopf"* und eine Sammlung kostbarer Manuskripte in arabischer und hebräischer Sprache vernichten.

Athanasius Kircher (1601 bis 1680) war einer der ganz großen Geheimwissenschaftler und Naturforscher seiner Zeit. Er beschäftigte sich auch viel mit dem untergegangenen Kontinent Atlantis und eine seiner Atlantiskarten ist bereits in zahlreichen Werken publiziert worden. Auch er besaß solch einen antiken Computer: einen *„sprechenden Maschinenkopf"*.

Roger Bacons Mitstreiter, der Lincolner Bischof Robert Grosseteste, und sein Namensvetter, Sir Francis Bacon, sollen ebenfalls im Besitz eines *„sprechenden Kopfes"* gewesen sein. Vermutlich ließe sich diese Liste noch um etliche Namen erweitern. Hinweise und Indizien gibt es genügend.

Die Geheimnisse des Mittelalters sind noch lange nicht alle aufgezählt. Wahrscheinlich gab es damals schon *„moderne"* Tonbandgeräte. Wie sonst sollte man beispielsweise Giovanni Battiste Porta (1542 bis 1597) interpretieren, wenn dieser *„vom Konservieren gesprochener Worte in Bleiröhren"* berichtet? Oder was anders, als Tonbandgeräte, könnte Cyrano de Bergerac (1619 bis 1655) gemeint haben, wenn er von *„sprechenden Büchern"* erzählte, *„die mit den Ohren gelesen wurden"*?

Den Spitzenstand mittelalterlicher Technik, die Menschen zur Verfügung gestanden haben, aber muss zweifellos Albertus Magnus erreicht haben, denn er konstruierte einen kompletten Roboter, der offenbar eigenständig handeln und denken konnte.

Die Roboter des Albertus Magnus

Unter Bezug auf die *„sprechenden Maschinenköpfe"* schreibt Eberhard David Hauber zu dem von Albertus Magnus konstruierten Roboter: *„Es ist von unterschiedlichen berühmten Leuten, unter welchen vielleicht der Poet Virgilius der älteste ist, vorgegeben worden, dass sie haben eherne Köpfe machen können (unter gewissen Stellungen der Planeten und Sterne, und durch Einschreibung der Zeichen derselben in die Metallen und Teile, daraus solche Bilder verfertiget und zusammen gesetzet worden), welche haben reden, und von denen sie verborgene Dinge, und alles, was sie zu wissen verlangten, erfahren können. Albertus Magnus solle hierin künstlicher als seine Vorgänger gewesen seyen, und einen ganzen Menschen von solcher Art verfertigt haben."*

Wir finden in diesem Zitat ausdrücklich den Hinweis auf *„gewisse Stellungen der Planeten und Sterne"*. Dieser Hinweis geht tatsächlich auf die ursprünglichen Konstrukteure zurück, sowohl bei den *„sprechenden Maschinenköpfen"* von Roger Bacon und Papst Silvester II., als auch beim Roboter des Albertus Magnus. Das erkannten bereits andere Autoren des prä-astronautischen und grenzwissenschaftlichen Genres:

„In seiner Biographie (bezogen auf Albertus Magnus; Anm. d. Verf.) *heißt es, dass sich sein automatisches Geschöpf aus ,Metallen und unbekannten Substanzen, die gemäß den Sternen ausgewählt wurden' zusammensetzte."* (Andrew Tomas in: *„Wir sind nicht die ersten";* S. 161)

Auf gleiches stützt sich auch der Grenzwissenschaftsautor Hanns Manfred Heuer und ebenso Kurt Seligmann in seinem Buch *„Das Weltreich der Magie".* Allgemein werden diese Passagen, wenn von der Wissenschaft überhaupt beachtet und zur Kenntnis genommen, als *„astrologischer Unsinn"* ebenso abgetan wie die ganze Geschichte um den Roboter des Albertus Magnus oder die *„sprechenden Maschinenköpfe"* des Mittelalters – und erst recht die der Antike.

Von der Raumfahrt her wissen wir, dass es so genannte Startfenster gibt, wenn ein bemanntes Raumschiff zum Mond fliegt oder eine (noch) unbemannte Sonde zum Mars. Die Stellungen der Planeten (die am Himmel auch als Sterne erscheinen) spielen dabei eine sehr große Rolle, denn sie haben, bedingt durch ihre Umlaufbahnen um die Sonne, immer eine andere Position zur Erde. Die günstigste muss berechnet und ausgesucht werden, um den Flug so kurz wie möglich zu halten und somit überhaupt erst zu ermöglichen.

Unter der Berücksichtigung der Möglichkeit außerirdischer Besuche zur damaligen Zeit könnte man nun diesen Aspekt getrost einbringen. Zwar kann man heute innerhalb unseres eigenen Sonnensystems weiteres, intelligentes Leben in Form einer eigenständigen Zivilisation so gut wie ausschließen, doch bestünde immerhin die Möglichkeit, dass auf einem unserer Nachbarplaneten eine größere Basis Außerirdischer existiert, die von außerhalb unseres eigenen Sonnensystems kommen. Immerhin wissen wir über unsere Nachbarplaneten noch recht wenig und gerade der Mars birgt noch viele ungelöste Rätsel wie das Marsgesicht und die so genannten Marspyramiden. Beide sind noch nicht restlos geklärt, auch dann, wenn es im Moment den Anschein hat, dass es sich beim Marsgesicht doch um eine natürliche Formation handelt, die nur im einfallenden Sonnenlicht die Illusion eines Gesichtes erweckt. Sollte eine solche Basis existieren, dann spielt die Stellung der Planeten schon eine nicht unbedeutende Rolle, wenn die Außerirdischen es waren, die die Kenntnisse für die damalige Technik – und vielleicht sogar diese selbst – zur Erde brachten.

Für eine solche Annahme könnte auch der Umstand sprechen, dass zur Konstruktion offenbar auch (auf der Erde?) unbekannte Substanzen benutzt wurden. Waren diese etwa außerirdischen Ursprungs? Albertus Magnus wusste offenbar auch ganz genau über den Aufbau der Galaxien Bescheid. Immerhin soll er die Milchstraße bereits im 13. Jahrhundert als *„Anhäufung weit entfernter Sterne"* beschrieben haben, Woher hatte er diese Kenntnis? Wie konnte er dies wissen?

Heinrich Balss weist darauf hin, dass Albertus Magnus und Thomas von Aquin (letzterer hat dies wohl von seinem Lehrer Albertus Magnus übernommen) die Lehre vertreten haben, dass *„Intelligenzen oder Engel die einzelnen Planetensphären bewegen"*. Die außerirdischen Kontakte des Albertus Magnus vorausgesetzt, erscheint diese Aussage verständlicher, wenn man darin eine Missinterpretation erkennt, der nicht nur Balss, sondern auch viele andere Historiker und Autoren zum Opfer fielen. Dann müsste es nämlich so interpretiert werden: *„Intelligenzen oder Engel bewohnen die einzelnen Planetensphären"*!

In Anbetracht dieser Überlegungen drängt sich dann die Frage auf: Was ist Astrologie eigentlich? Der Begriff selbst stammt aus dem Griechischen und bedeutet soviel wie *„Sterndeutung"*. Sie wird auch heute noch praktiziert und hat das Ziel die Veranlagung und den Lebenslauf einzelner Menschen mit den Sternen und ihren Positionen in Beziehung zu setzen. Der Ursprung der Astrologie war in Babylon. Bis zum ausgehenden Mittelalter war sie noch sehr eng mit der Astronomie verknüpft.

Aus den Stellungen von Sonne, Mond, Planeten und den Tierkreisbildern sowie bestimmten Einteilungen der Ekliptik (astrol. = Häuser) zur Zeit der Geburt eines Menschen sollen sich dabei der Lebenslauf, Charakter und das zukünftige Schicksal ergeben. Darauf basieren auch die Horoskope. Interessant ist dabei, dass sich die Tierkreisbilder seit Entstehung der Astrologie infolge der Präzession um ein ganzes Bild auf der Ekliptik verschoben haben, die Astrologie aber auch heute noch von den ursprünglichen Positionen ausgeht.

Folgt man nun der prä-astronautischen Hypothese und nimmt an, dass damals Außerirdische die Erde besuchten, so hatten diese auch die Wissenschaft der Astronomie. Vielleicht benutzten sie auch solche Startfenster, wie wir sie heute in der Raumfahrt benutzen. Könnte sich dann nicht die irdische Astrologie aus einer missverstandenen Vermischung dieser beiden Bereiche gebildet haben? Geht man noch weiter und vermutet, dass die Menschheit vielleicht erst durch solche Außerirdische *„erschaffen"* wurde (ausführlicher dazu im nachfolgenden Kapitel), liegt es dann nicht nahe zu vermuten, dass mit der Astrologie auf diese außerirdische Herkunft des Menschen hingewiesen und der Versuch unternommen wird das Schicksal mit dieser außerirdischen Herkunft in Verbindung zu bringen?

Es heißt, dass Albertus Magnus 20 bis 30 Jahre benötigte, um den Roboter fertig zu stellen. Wenn die Kenntnis und die Technik dazu von Außerirdischen kamen, wäre dieser Zeitraum wohl kaum benötigt worden. Das ist ein Gegenargument, das durchaus ernst zu nehmen ist. Und doch gibt es eine Erklärung, die dieses Argument wieder entkräften kann: Zum einen war Albertus Magnus kein Techniker, der ununterbrochen an diesem Projekt arbeitete, sondern ein Dominikaner-Mönch mit allen Rechten und Pflichten, die der Orden mit sich brachte. Er war als Lehrer ein auch anderweitig viel beschäftigter Mann und hatte sich zuerst einmal um die Dinge zu kümmern, die sein offizieller Status ihm aufbürdete.

Andererseits kennen wir auch die Beweggründe der Außerirdischen nicht, wenn sie wirklich für alle diese Technik verantwortlich waren und sie initiierten. Vielleicht gaben sie ja auch nur ein paar entscheidende Hinweise und ein paar notwendige Materialien, die es damals noch nicht gab. Sie wollten so die technische Entwicklung der Menschheit fördern, aber nicht zuviel beeinflussen, und überließen alles weitere den Personen, die sie dafür auserkoren hatten. Außerdem hatte Albertus Magnus nur dann Gelegenheit an seinem Roboter zu arbeiten, wenn er sich im Kölner Dominikaner-Kloster aufhielt. Und das war nicht die meiste Zeit der Fall. Schließlich wurde es, so die Überlieferungen, ja auch eine ganz perfekte Maschine, wie wir sie heute kaum besser machen könnten. Der Roboter konnte gehen, sprechen und vollführte sogar Hausarbeiten. Der Sprachschatz des künstlichen Menschen muss schon beträchtlich gewesen sein, denn über seinen Redefluss heißt es: *„...sein Geschwätz und seine Klatschgeschichten..."* und: *„Er konnte sprechen, und zwar soviel, dass sein Wortschwall Thomas von Aquin störte."*

Nimmt man diese Aussagen wörtlich, so konnte der Roboter offenbar selbständig sprechen. Das aber hätte eine Art von künstlicher Intelligenz bedeutet. War dies so, könnten unsere heutigen Techniker und Forscher noch viel von Albertus Magnus lernen.

Leider wurde auch dieser Roboter durch einen religiösen Fanatiker, genau wie viele der *„sprechenden Maschinenköpfe"*, zerstört. Was dabei ein wenig verwundert, ist die Tatsache, dass diese Zerstörung ausgerechnet durch Thomas von Aquin, den Schüler von Albertus Magnus, geschah. Er musste doch damit vertraut gewesen sein, denn einige Quellen berichten sogar, dass der Roboter auch ihm gedient habe. Wahrscheinlich war Thomas jedoch in seinem Wesen so labil, dass er eines Tages allein mit dem Roboter konfrontiert und möglicherweise durch irgendeine Aktivität von diesem so erschreckt wurde, dass sich bei Thomas eine Art Kurzschlusshandlung einstellte.

Kurt Seligmann schreibt zu dieser Zerstörung in seinem Buch *„Das Weltreich der Magie"*: *„Er konnte sprechen, und zwar soviel, dass sein Wortschwall den fleißigen Thomas von Aquin störte, so dass er die Maschine vernichtete."* Ähnliches schreibt Andrew Tomas in *„Wir sind nicht die ersten"*: *„Man erzählt sich, das der redselige Roboter eines Tages durch sein Geschwätz und seine Klatschgeschichten Thomas von Aquin aufs äußerste reizte. Albertus Magnus Schüler ergriff einen Hammer und zertrümmerte den Roboter."*

Über die Konstruktion wird heute spekuliert, dass das Innenleben des Roboters aus einem uhrwerkähnlichen Mechanismus mit unzähligen feinen Stahlfedern bestanden habe. Das kann durchaus möglich sein und klingt vielleicht auch am plausibelsten. Außerdem hatte Albertus Magnus offenbar Erfahrung im Bau von Robotern, denn eine Legende berichtet auch davon, wie er bereits als Jugendlicher ein mechanisches Pferd konstruiert haben soll, auf dem er genau wie auf einem lebenden Pferd reiten konnte. Und das ganz offensichtlich auch mit einer beachtlichen Geschwindigkeit.

Als Lehrmeister soll ihm dazu ein alter, strenger und frommer Mönch, der unter dem Namen Meister Scholastes bekannt war, gedient haben. Dieser soll ein ungeheures Wissen gehabt haben, das die ganze Bevölkerung mit Unbehagen zur Kenntnis nahm. In einem Lauinger Schloss soll Meister Scholastes seinem Schüler Albert bereits im Knabenalter einen großen Teil des eigenen Wissens weitergegeben und vermittelt haben. Die Bevölkerung hielt es jedes Mal für *Teufelswerk*, wenn in der Nacht die

Gemäuer des Schlosses glühten und Feuerzungen aus den Schlosstürmen schossen.

In der Legende über das Roboter-Pferd lesen wir wörtlich: *„Vor das Schloss schleppten die Diener ein hölzernes Pferd, das Albert in aller Heimlichkeit konstruiert hatte. Kurz darauf erschien der Jüngling. Er saß auf und machte sich an einem Hebel zu schaffen. Sogleich begann das Pferd zu gehen und alsbald sich mit wundersamer Geschwindigkeit zu bewegen, wobei sein Reiter es wie ein lebendiges Ross aus Fleisch und Blut lenkte."* Dies geschah zu einer Zeit, bevor Albertus Magnus nach Padua ging um sich dort schließlich dem Dominikaner-Orden anzuschließen.

Auch die griechische Sagengestalt Dädalus soll bereits einen Roboter aus Holz als Abbild der Minerva konstruiert haben, der in allen Gliedern beweglich war, so dass er durch die Bewegung seiner Zunge zu singen und zu hüpfen schien. Die Ursache dieser Bewegung war, dass in seinem hohlen Innern Werkzeuge, die *„Organe"* genannt wurden, eingebaut waren, die Quecksilber enthielten. Auf dessen Bewegung hin schien sich der Roboter, dessen Füße mit kleinen Rädern ausgestattet waren, zu bewegen. Darin befanden sich hohle Bögen, die durch kleine Zellen getrennt waren. Wenn das Quecksilber im vorderen Bogen herabstieg, erhob sich der hintere Bogen und das Rad drehte sich um. So bewegte sich der Roboter fort, denn er musste sich zwangsläufig dorthin bewegen, wohin sich das Quecksilber bewegte.

Das Geheimnis der sprechenden Bildsäule

In den alten Quellen, die ich durchstöberte, fand ich einige interessante Hinweise, nach denen Albertus Magnus noch zahlreiche weitere technische „Wunderdinge" hatte. Darunter befand sich auch die „sprechende Bildsäule". Und diese war mindestens ebenso phantastisch, wie der Roboter.

Wenn wir zugrunde legen, dass die Technik von außerirdischen Intelligenzen kam, dann muss zwangsläufig auch ein Kontakt zwischen diesen Besuchern und Albertus Magnus bestanden haben. Und das kann keine einmalige, sondern muss vielmehr eine regelmäßige Verbindung gewesen sein. Alles deutet darauf hin. Nun konnte ich aber, trotz intensiver Suche danach, außer der nächtlichen Begegnung in der Klosterzelle, als Albertus die Baupläne zum Kölner Dom erhielt, keine weiteren Hinweise auf persönliche Kontakte oder gar Begegnungen mit UFOs finden. Folglich muss der Kontakt anders ausgesehen haben. Was läge da näher, als wenn man – Technik, die ja vorhanden war, vorausgesetzt – dafür eine Funkverbindung vermuten würde? Nach den alten Quellen frei nacherzählt, ergibt sich dann folgendes Bild:

Immer, wenn sich Albertus Magnus im Kölner Dominikaner-Kloster aufhielt und es seine Zeit zuließ, zog er sich in seine Klosterzelle zurück. Hier hatte er seine Werkstatt und arbeitete an seinen technischen Errungenschaften. Viele seiner Mönchskollegen betrachteten sein Werken mit ängstlicher Scheu und bekreuzigten sich jedes Mal, wenn sie an seiner Zelle vorbeigehen mussten. Ihnen erschien es immer so, als habe Albertus den *„Leibhaftigen"* zum Gehilfen. Hinter einem dicken, feuerroten Vorhang, vor den flüchtigen Blicken eventueller Besucher etwas verborgen, stand ein wundersames *„Zaubergebilde"*. Auf diesem war manchmal eine Gestalt zu sehen, die reden konnte. Alle Anzeichen sprechen dafür, dass diese Gestalt auch auf das Geschehen in der Klosterzelle reagieren konnte. Das Gebilde war ganz offensichtlich aus metallenen und gläsernen Bestandteilen.

Wenn wir diese Aussagen nüchtern, logisch und mit heutigem Wissen betrachten, dann kann man nur noch zu der Schlussfolgerung gelangen, dass es sich bei diesem *„Zaubergebilde"* um eine (modern interpretiert) **Bild-Sprechfunk-Anlage** gehandelt hat, mit der die direkte Verbindung, und zwar live, (zu den außerirdischen Besuchern und Lehrmeistern) möglich war. Anders wäre die Tatsache nicht erklärbar, dass die Gestalt, die manchmal auf einer Art *„gläsernen Fläche"* (= Bildschirm) zu sehen war, auf das Geschehen in der Klosterzelle (zumindest akustisch, also mit Worten) reagieren konnte.

Als Thomas von Aquin eines Tages Albertus Magnus aufsuchte, fand er sich unvermittelt alleine in der Zelle wieder, in der Albertus Magnus den Legenden nach auch das Schießpulver mixte, ein kleines Feuergewehr und den Zeitmesser erfunden hatte. Außerdem war der Raum voll gestopft mit zahlreichen seltsamen Dingen, die Thomas nicht kannte, und die ihm deshalb unheimlich vorkamen. Der feuerrote Vorhang zog sein Interesse auf sich und da Albertus nicht anwesend war, nutzte er die Gelegenheit seine Neugierde zu befriedigen.

Thomas zog den Vorhang beiseite und starrte wie gebannt auf die Gestalt des „Zaubergebildes", das gerade in Betrieb war. Als die fremde Gestalt ihn dann auch noch mit einem dreifachen *„Salve, salve, salve"* begrüßte, verlor er endgültig die Beherrschung und schlug wie ein Wahnsinniger wahllos und immer wieder auf dieses technische Wunderwerk ein, das unter *„seltsamen Getön* (deutet auf Metalle) *und Geklirre* (deutet auf Glas oder ein glasähnliches Material)" zusammenbrach. – Genauso würde man es heute beschreiben, wenn jemand die Bildröhre eines Fernsehgerätes zertrümmert.

Die Bestürzung und Verzweiflung von Albertus Magnus war verständlicherweise sehr groß. Nur mit Mühe konnte er sich beherrschen, als er in seine Klosterzelle zurückkehrte, die er nur kurz verlassen hatte, und Thomas bei seinem Zerstörungswerk überraschte: *„Thomas, Thomas, was hast du getan? Deine Unwissenheit hat mit frevelhafter Hand ein Werk zerstört, auf dessen Vollendung ich den schönsten Teil meines Lebens verwendete."* Mit der Zerstörung dieser *„sprechenden Bildsäule"* riss offenbar der Kontakt zu den Fremden ab, denn danach finden sich keinerlei Hinweise mehr dazu in Alberts Leben.

Als ich 1984 auf einer Tagung der UFO-Gruppe **CENAP** in Heilbronn meine Ausarbeitungen über Albertus Magnus erstmals in einem Referat einem größeren Publikum vortrug, meinte CENAP-Veranstalter Werner Walter, der allgemein in der Szene auch als *„UFO-Skeptiker"* bekannt ist, es gäbe doch sicherlich noch Baupläne des Kölner Dominikaner-Klosters. Und wenn meine Theorie stimme, müssen dort ja die *„Elektrokabel"* und die *„Funkantenne"* eingezeichnet sein. Das wäre dann doch der Beweis für die Richtigkeit meiner Theorien. Wenn sie aber nicht eingezeichnet wären, dann wäre dies allerdings auch der eindeutige Gegenbeweis und meine Theorien nichts als blanker Unsinn. In das gleiche Horn stießen später auch andere Skeptiker. Doch alle machten den gleichen unlogischen Fehler in ihrer Argumentation ohne sich vorher fundierte Gedanken zu machen und dann logisch, korrekt und wissenschaftlich zu argumentieren. Ein *„Phänomen"*, das fast ausnahmslos alle Skeptiker und Gegenredner immer wieder an den Tag legen.

In der Tat existieren noch Baupläne des Klosters. Ebenso natürlich sind dort weder Elektrokabel noch Funkantenne eingezeichnet. Und das hat (ohne groß argumentieren zu müssen) schlicht und einfach einen simplen

Grund: Das Kloster wurde nämlich in einer Zeit gebaut, die lange vor der Zeit von Albertus Magnus und seinem Wirken lag. Zu diesem Zeitpunkt ahnte niemand, dass es einmal einen Albertus Magnus geben würde, der ausgerechnet hier, in diesem Kölner Dominikaner-Kloster, eine *Bild-Sprechfunk-Verbindung* zu (möglicherweise) Außerirdischen einrichten würde. Und bei der Benutzung eines Generators oder entsprechender Akkus wäre keine Kabelverbindung notwendig gewesen, die vielleicht zu einem E-Werk führte, dass es sowieso damals nicht gab. Auch ist ungewiss, ob dazu wirklich eine aufwendige Dachantenne benötigt wurde, denn die fremde Technologie war so fortschrittlich, dass es sicher auch eine *„Zimmerantenne"* getan hat, wie sie heute auch problemlos bei den Fernsehgeräten funktioniert und in diesen teilweise sogar bereits eingebaut ist. Fazit: Der vermeintliche Gegenbeweis der Skeptiker entlarvt sich als unsachliche und unhaltbare Argumentation.

Einige andere, die sich auch in Abhandlungen mit Albertus Magnus beschäftigten, kamen bereits ebenfalls zu dem Schluss, dass Albertus Magnus einen Roboter konstruiert hat. Andrew Tomas und Hanns Manfred Heuer habe ich in diesem Zusammenhang ja bereits erwähnt. Für ihre Argumentation haben sie jedoch auch Hinweise zur *„sprechenden Bildsäule"* auf den Roboter bezogen. Dies ist, dass muss hier ausdrücklich erwähnt werden, nach meinen Recherchen falsch! Albertus Magnus hatte beides. Die Legenden und Chroniken beweisen es!

Zur *„sprechenden Bildsäule"* und meiner Interpretation derselben als *Bild-Sprechfunk-Gerät* schrieb der englische Prä-Astronautik-Schriftsteller Walter Raymond Drake (* 02.01.1913, † 01.04.1989) in seinem Nachwort zur Anthologie *„Die kosmischen Eingeweihten"*:

„Die Andeutung, Albertus Magnus habe über Television Kontakt mit Außerirdischen gehabt, ist durchaus nicht so phantastisch, wie es zunächst klingen mag. In seinem überaus interessanten Büchlein ‚The Power of the Past' beispielsweise, interpretiert Frede Melhedegaard ein Fresko in Mexiko wie folgt: ‚Die Schlange symbolisiert die Elektrizität, wie sie für Kommunikation über weite Distanzen benötigt wird. Die Ausschmückung des Tempels soll uns davon berichten, dass dies hier ein Verbindungszentrum war. Und die Azteken tragen Transistorradios in ihren Händen und kontrollieren Bildschirme.' Legenden aus Ägypten, Tibet, Mexiko und Peru behandeln magische Spiegel. Montezuma schaute – in Trance – in einen schwarzen Spiegel und sah, wie sich Cortez und

seine Konquistadoren, auf dem Rücken ihrer Pferde sitzend, näherten. – Atha-
hualpa schaute in einen geweihten Spiegel und beobachtete den kommenden
Mord ihres Mannes durch Pizarro. Vielleicht teilte Albertus Magnus dieses Geheimnis mit wenigen anderen Eingeweihten, nämlich ein Televisionsmechanismus, den er von Außerirdischen erhalten hatte."

Leonardo da Vinci: Mehr als nur ein Maler!

Leonardo da Vinci (* 15.4.1452, † 2.5.1519) ist jedem ein Begriff, wenn
es um die Kunst alter Malerei geht. Schließlich gilt er neben Raffael und
Tizian als Begründer der italienischen Hochrenaissance. Seine schriftli-
chen Werke, die er hinterließ, hat er allesamt in Spiegelschrift verfasst.
Doch diese Tatsache ist nicht das einzige Mysterium, das die Person Leonardo da Vinci umgibt. Er machte
eine große Anzahl technischer Entdeckungen, zu denen man selbst in
Lexika lesen kann, dass sie *„geniale
Konstruktionen von Geräten und Maschinen"* gewesen sind, die *„seiner
Zeit weit voraus"* waren.

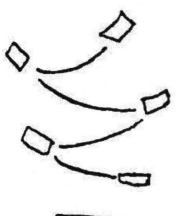

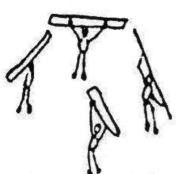

*Abb. 11: Menschliche Bewegungen des
Schwingenfluges. (Zeichnung: Leonardo
da Vinci, Archiv MYSTERIA)*

126

Es ist die technische Seite des großen Meisters, die uns hier interessiert. So befasste sich Leonardo intensiv mit den Strömungen von Luft, die er genauso studierte und untersuchte wie den Vogelflug. Es gibt sogar Hinweise darauf, dass ihn dieser Bereich seiner Forschungen das ganze Leben lang beschäftigte. Hinter diesen Studien lag einzig und allein der Gedanke, es als Mensch den Vögeln gleichzumachen und sich wie sie in die Luft zu erheben, die Schwerkraft der Erde überwinden und zu fliegen.

Abb. 12: Leonardos Schwingenflugzeug, um 1486.
(Zeichnung: Leonardo da Vinci, Archiv MYSTERIA)

Sowohl aus den Werken von Leonardo, als auch von Autoren, die über ihn berichteten, wissen wir heute, dass Leonardo da Vinci in den Anfängen seiner Flugexperimente zweigleisig arbeitete. Zum einen experimentierte er mit Schwingen, da er wohl zuerst der Ansicht aller früheren Erforscher des Fliegens war, die davon ausgingen, dass der Mensch nur auf die gleiche Art, wie die Vögel fliegen könnte. Dazu hat er etliche Skizzen und Zeichnungen hinterlassen. Wohl mehr oder weniger gleichzeitig hat er aber auch mit Ballons experimentiert – lange, bevor diese dann tatsächlich in unserer Geschichte Einzug hielten. Zu den Anfängen dieser Experimente gehörte wohl auch eine Vorführung, die er zu Ehren von Papst Leo X. machte, als dieser die päpstlichen Insignien empfing. Dazu formte er dünne Tiere aus *„einer bestimmten Sorte Wachs"*, in die er hinein blies, und die dann in die Luft flogen, bis dass *„der Wind aus ihnen heraus war"*. Weitere Hinweise dazu belegen, dass er mit Ballons experimentierte, die aus dünnem, gewachstem Papier bestanden. Auch fein ausgeputzte Hammeldärme blies er mit Schmiedebälgen bis auf Zimmergröße auf.

Bis hier könnten wir die Flugstudien des Leonardo da Vinci vielleicht noch als Ideen eines genialen Erfinders abtun. Doch es kommt noch viel besser. Aus irgendeinem Grunde kam dann moderne Flugtechnik ins Spiel. Der nächste Schritt in Leonardos Flugstudien und Experimenten war die Erfindung des Propellers! Dieser hatte Schraubenform und wird von unseren heutigen Luftfahrtingenieuren als Vorläufer der in unserem Jahrhundert benutzten Propeller angesehen. Ein Modellversuch nach da Vincis Angaben und Skizzen hat bewiesen, dass der von ihm erfundene Propeller zumindest im Modellversuch flugfähig war und den Traum Leonardos von der Überwindung der Schwerkraft erfüllte.

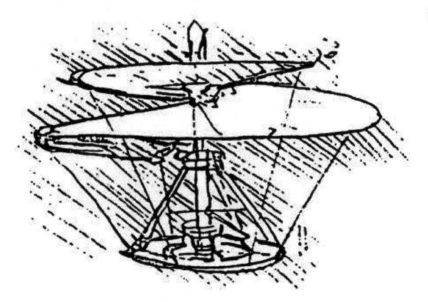

Abb. 13: Leonardos Propeller.
(Zeichnung: Leonardo da Vinci, Archiv MYSTERIA)

Peter Fiebag, der sich in einer Studie ausführlicher mit Leonardo da Vinci und seiner Technik beschäftigt hat (s. Quellen- und Literaturverzeichnis), schreibt an dieser Stelle dazu: *„Erneut muss die Frage mit Nachdruck gestellt werden, woher Leonardo all dieses Wissen besaß. Ein Einfluss von Außerirdischen ist nach Einsicht dieser Aufzeichnungen wohl nicht mehr auszuschließen."*

Auf dem Umschlag, in dem sich ein Großteil seiner Flugstudien befand, war eine seltsame Notiz Leonardos enthalten. Sie lautet: *„Es wird zum Fluge aufsteigen der große Vogel, vom Rücken des gewaltigen Schwanes, das Weltall mit Staunen, alle Schriften mit Ruhm erfüllen, ewiger Glanz dem Orte, der ihn gebar.“*

Kann man vielleicht sogar aus dieser merkwürdigen Notiz den Schluss ziehen, dass Leonardo da Vinci selber geflogen ist? Vielleicht deutet sie tatsächlich darauf hin – aber, einen wirklichen Beweis gibt es dafür scheinbar nicht. Doch liegt in der Nähe des Toskanastädtchens Fieseole ein mehr als 400 Meter hoher, kahler Hügel, der den Namen *Monte Cecero* trägt. Das bedeutet zu Deutsch *„der Rücken des gewaltigen Schwans“*. Hat Leonardo von hier aus einen (oder gar mehrere) Flugversuch(e) unternommen? Wir wissen dies leider nicht. Eines aber ist uns dennoch bekannt: Eine Sage von diesem *„Rücken des Schwans“* berichtet, *„dass eines Tages, vor vielen, vielen Jahren, von hier ein riesiger Vogel in die Lüfte gestiegen ist, der immer höher und höher flog, bis er schließlich verschwand, als habe der ewig blaue Himmel der Toskana ihn verschluckt“*.

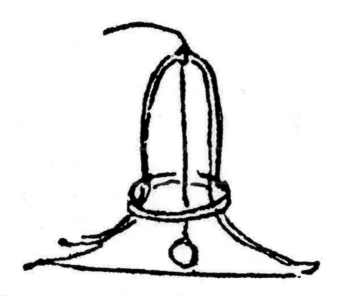

*Abb. 14: Der von Leonardo entwickelte „Flugzeugneigungsmesser“.
(Zeichnung: Leonardo da Vinci, Archiv MYSTERIA)*

Auch mit technischen Feinheiten, den Details der Flugtechnik, hat sich Leonardo da Vinci befasst und auch einige Erfindungen gemacht. So konstruierte er einen Flugzeug-Neigungsmesser, mit dem sich der Winkelstand eines Objektes in der Luft zum Erdboden bestimmen ließ. Ja, selbst eine der wichtigsten Voraussetzungen für einen Flug in extrem große Höhen – oder sogar ins Weltall hinein – hatte er erfüllt. Durch seine Erfindungen und Berechnungen über U-Boote und den Modellversuchen geht nämlich hervor, dass er in der Lage gewesen wäre ein Überlebenssystem für den luftleeren Raum zu konstruieren. Und, weil Sicherheit ja schließlich über alles geht, hat er auch gleich einen Fallschirm erfunden. Dazu schrieb er: *„Wenn ein Mensch ein Zeltdach aus abgedichteter Leinwand, das 12 Ellen breit und 12 Ellen hoch sein soll, über sich hat, so wird er aus jeder noch so großen Höhe herabstürzen können, ohne Schaden zu nehmen."*

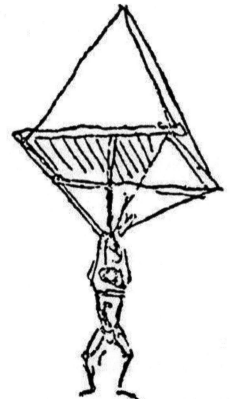

Abb. 15: Leonardos Fallschirm. (Zeichnung: Leonardo da Vinci, Archiv MYSTERIA)

Einer Legende nach soll das Prinzip des Fallschirms aber schon viel älter sein und selbst von Albertus Magnus rund 250 Jahre vor Leonardo da Vinci einer erstaunten Öffentlichkeit vorgeführt worden sein. Dazu stürzte Albert sich von einem Turm in (oder bei) Lauingen mitten in die Menge des Volkes, ohne sich zu verletzen. Für seinen spektakulären Sturz aus großer Höhe hat er sich, so berichtet die Legende, einer *„Konstruktion aus Stoff und Holz bedient, deren Form an unsere gewöhnlichen Regenschirme erinnert"*.

Abb. 16: Leonardos Raketenzeichnung.
(Zeichnung: Leonardo da Vinci, Archiv MYSTERIA)

Wie wir heute wissen, hat sich Leonardo da Vinci auch viel mit der Alchemie beschäftigt und experimentiert. Hat er dabei vielleicht sogar eine Art Raketentreibstoff gemixt? Nein, nein, ich meine dies durchaus ernst, denn Leonardo da Vinci hat sogar Konstruktionszeichnungen einer Rakete hinterlassen! Und ohne Treibstoff fliegt die nun einmal nicht. Spätestens hier kann es aber nicht mehr mit *„rechten Dingen"* zugegangen sein. Bei aller Liebe und Großzügigkeit unserer Schulwissenschaft gegenüber, hier kann es einfach nicht mehr anders gewesen sein, als dass Leonardo da Vinci zumindest von Außerirdischen beeinflusst und inspiriert wurde. Und dafür gibt es noch zahlreiche weitere Hinweise, denn schließlich hatte er auch noch ein Wissen über Astronomie, dass es damals eigentlich gar nicht geben konnte. Zu diesem Wissen gehörte seine Erkenntnis, dass sich die Sonne nicht (um die Erde) bewegt! Zu dieser Tatsache stellte Peter Fiebag in seiner Abhandlung über Leonardo so treffend fest: *„Mit diesem Postulat, dass die Sonne relativ still steht, und die Erde es ist, die sich bewegt, weicht er so klar wie selten zuvor von den Vorstellungen der Welt des Mittelalters ab. Denn dort hatte man die Erde bekanntlich zum Mittelpunkt des Alls erhoben."*

Außerdem wusste er, dass die Sonne ein glühender Körper ist, der sich um seine eigene Achse bewegt und alle Eigenschaften besitzt, sich selbst zu regenerieren. Und dann wusste er noch, dass ein Gewicht auf kürzestem Weg auf den Mittelpunkt der Erde zufällt. Das aber bedeutet zwangsläufig, dass Leonardo von der Kugelgestalt der Erde Kenntnis hatte. Schlussendlich entwickelte er noch die Methode, Landkarten aus der Luft betrachtet zu erstellen, was bis dato noch nicht der Fall gewesen war und eigentlich auch einen möglichen Blick aus großer Höhe herab, vorausgesetzt haben muss. – Ist Leonardo also doch geflogen?

Die Mehrstufen-Raketen des Conrad Haas von Hermannstadt

Nach offizieller Lehrmeinung gab es im Mittelalter keine Raketen – außer vielleicht der chinesischen Erfindung der kleinen Feuerwerksraketen, die die Vorläufer unserer Silvesterraketen waren. Es gibt aus China eine Anekdote, wonach man einen Freiwilligen auf einem Stuhl festband, diesen mit eben solchen Feuerwerksraketen bestückte und so versuchte, den Unglücklichen in die Luft zu schießen. Das Ganze misslang recht kläglich und es war dann später bekanntlich auch nicht China, das den ersten Astronauten ins All schoss.

Bisher galt der deutsche Prof. Hermann Oberth als *„Vater der Weltraumfahrt"* und Erfinder der Rakete, der während der Wirren des Zweiten Weltkrieges mit seinem Schüler Wernher von Braun, der später maßgeblich an der Entwicklung der amerikanischen *„Saturn"*-Raketen beteiligt war, für die deutsche Wehrmacht die A-4-Rakete entwickelte, die dann als Waffe unter der Bezeichnung V-2 vor allem gegen England eingesetzt wurde. Im weiteren Verlauf der deutschen Raketenentwicklung wurden noch vor Kriegsende verschiedene Mehrstufen-Raketen gebaut und getestet. Bevor diese jedoch in größerem Maße zum Einsatz kamen, hatte das Deutsche Reich den Krieg verloren und die bedeutenden Wissenschaftler aus Peenemünde, der maßgeblichen Entwicklungsstätte, wurden nach Russland und in die USA deportiert, wo sie die militärische und die zivile Raumfahrt aufbauten.

Leonardo da Vinci kann Prof. Oberth seinen Verdienst kaum streitig machen. Es ist nicht einmal sicher, ob da Vinci Experimente mit Raketen gemacht hat, oder ob es sich nur um eine zu Papier gebrachte Vision, eine

Theorie, handelt. Doch jemand anderes, der Feuermeister Conrad Haas, der Mitte des 16. Jahrhunderts im rumänischen Hermannstadt (heute Sibiu) lebte, könnte dies wohl mit Recht durchaus versucht haben.

Der rumänische Professor für Wissenschaft und Technik, Doru Todericiu, von der Universität in Bukarest, entdeckte 1961 in den Archiven der Bibliothek von Sibiu ein altes Manuskript. Dieses bestand aus drei Teilen, von denen der letzte von Conrad Haas verfasst und im Jahre 1570 abgeschlossen wurde. Haas war Feuermeister und Leiter des Artilleriedepots von Hermannstadt. Sein Bericht enthält die genaue Beschreibung einer im Jahre 1555 erfolgreich gestarteten Mehrstufen-Rakete, die mit einem festen Treibstoff betrieben wurde. Im Manuskript ist dazu die Rede von *„einer fliegenden Lanze mit großer Reichweite"*.

Auch von einem *„Häuschen"* ist darin die Rede, welches mit einer solchen Rakete in die Luft geschossen werden sollte. Dazu ist es allerdings wohl nicht gekommen, sonst wäre vielleicht schon damals die bemannte Raumfahrt eröffnet worden.

Das Manuskript enthält mehrere Darstellungen von zweistufigen und dreistufigen Raketen. Das dreistufige Modell war es schließlich, das 1555 so erfolgreich getestet wurde. Obwohl dabei fester Treibstoff aus *„besonderen Pulvermischungen"* verwendet wurde, berichtet Haas in seinem Manuskript, dass der Betrieb auch mit flüssigem Treibstoff möglich sei. Dieser sollte aus einer Mixtur von Äthylazetat, Ammoniak, Essigsäure und verschiedenen anderen chemischen Substanzen bestehen. Die Herstellung des Äthylazetats sollte aus Essig und Alkohol geschehen und der Salmiakgeist aus Urin gewonnen werden. Für die Stabilisierung der Rakete im Flug benutzte Conrad Haas deltaförmige Flügel.

Das alles ist so phantastisch, dass es fast schon unglaubwürdig klingen müsste, wäre es nicht jedermann möglich, dieses Manuskript im Museum von Sibiu mit eigenen Augen zu betrachten. Außerdem haben wir Prof. Doru Todericiu, den Entdecker des Manuskriptes als Zeugen für dessen Existenz. Zudem erschien darüber ein Bericht in der rumänischen Zeitschrift für Geschichte (Ausgabe Bd. VI, Nr. 3, 1967), die von der Akademie der Sozialistischen Republik Rumänien herausgegeben wurde.

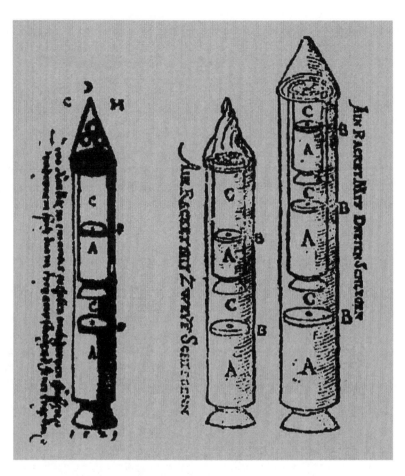

Abb. 17: Die Mehrstufen-Raketen von Hermannstadt nach dem Manuskript von Conrad Haas. (Zeichnung: Conrad Haas, Archiv MYSTERIA)

Heron von Alexandria kannte alles schon viel früher

„Es ist leichter, den ‚Außerirdischen' etwas in die Schuhe zu schieben als herauszufinden, dass die Alten das schon konnten/hatten, auch ohne Hilfe von oben!" Dieser Ansicht ist der Penzberger Autor Thomas Riemer in seinem überarbeiteten Manuskript zum Thema *„Der europäische Luftraum in der*

Antike". Riemer verweist in diesem Zusammenhang auf Heron von Alexandria, der im 1. nachchristlichen Jahrhundert lebte: *„Was seine wissenschaftlichen und technischen Kenntnisse und Fähigkeiten betrifft, gehört Heron von Alexandria mit zu den hervorragendsten Persönlichkeiten."* Dazu führt Riemer das Lexikon *„Paulys Realencyclopedie der classischen Altertumswissenschaften"* an. Dies besteht aus 68 Halbbänden und 15 Supplementbänden mit einem Umfang von insgesamt 108.746 Spalten (= 54.373 Seiten). Pauly widmet Heron von Alexandria darin den erstaunlichen Umfang von 88 Spalten (= 44 Seiten). *„Was dort alles steht, ist Wort für Wort im höchsten Maße interessant..."*, schreibt Thomas Riemer. Und er hat recht damit, denn Pauly berichtet über die Technik (lt. verschiedener Lexika auch *„Mechanik"*), die Heron von Alexandria zur Verfügung stand – oder die er zumindest kannte.

Ab Spalte 1.045 lesen wir in Stichworten (zitiert nach Riemer) über *„die Automatopoilka"*: *„...kinetisch betriebene Figuren (Automaten = Roboter) ... Gleichgewichtswerke ... Zauberapparate ... Marionetten, auch tönend (sprechend) ... Gliederung: fahrende Automaten (Auto-Kineta = Selbstbeweger) ... stehende Automaten (stata automata) und Marionetten (...den Anschein erwecken, dass es sich um lebende Wesen handelt) ... Bewegung von Wellen auf Rädern und Rollen, Übertragung (Transmission, Getriebe) mit Sehnen und Schnüren, Antrieb durch Fallgewichte, Antrieb durch Spannholz (aufziehen), Antrieb durch Spannkraft..."*

Einige der interessantesten technischen Konstruktionen des Heron haben auch Chapuis und Droz in ihrem Werk *„Automata"* (s. Quellen- und Literaturverzeichnis) vorgestellt, dass ich als weiterführende Quelle empfehlen kann.

Als Querverweis zu meinem Buch *„Die interplanetaren Kontakte des Albertus Magnus"* ist Riemer in seiner Abhandlung der Auffassung, dass die Technik des Albertus Magnus dadurch verständlich wird, *„wenn man bedenkt, aus welchen Quellen er* (Albertus Magnus) *schöpfen konnte. Die so genannten Zauberapparate tragen eindeutig die Handschrift Herons. Alle Techniken und Erfindungen standen Albertus zur Verfügung, da zu der Zeit die Kirche die meisten Schriften unter Verschluss hielt – aber Albertus ja ein Kleriker war. ...Die Frage nach interplanetarischen Kontakten ist etwas kleinlauter geworden, aber keinesfalls vom Tisch."*

Und außerdem meint Riemer noch dazu, dass durch all diese antike Technik die Frage nach wie vor ungelöst bleibt, ob die *„Götter"* der Antike nicht doch extraterrestrisch gewesen sind.

Auch bei Leonardo da Vinci ist Thomas Riemer ähnlicher Meinung wie zu Albertus Magnus – obwohl der kein Kleriker war. So vermutet Riemer, dass Leonardo vor dem Abfassen seiner *„Mechanika"* Heron von Alexandria und Vitruv, sowie die davon abhängigen Araber studiert hat. Leonardos Verdienst läge dann in diesem Fall mehr in der zeichentechnischen Ausführung, während seine Vorgänger meist nur die schriftliche Darstellung vornahmen.

So meint er zu den großen Eingeweihten des Mittelalters: *„Das ‚Genie' erstreckt sich also nicht auf die ‚Entdeckung', sondern auf die Erinnerung an die Überlieferungen der Alten."* Doch vergessen wir nicht: Selbst Riemer lässt die Möglichkeit offen, dass die Götter der Antike außerirdische Besucher waren – und somit auch die Möglichkeit, dass diese das ganze Wissen erst auf die Erde gebracht haben. Und wenn diese Außerirdischen im Altertum da waren, dann kann dies auch genauso gut der Fall im Mittelalter gewesen sein. Auch wenn die Möglichkeit besteht, dass Albertus Magnus und Leonardo da Vinci den Heron von Alexandria, Vitruv oder andere gelesen haben, es gibt dafür jedoch auch keinen Beweis, dass sie ihn gelesen haben. Und dass es zu allen Zeiten des Mittelalters seltsame *„Himmelsbesucher"* gab, beweist meine chronologische Zusammenfassung einer Auswahl von UFO-Beobachtungen im 6. Kapitel. Ergo ist die Grundfrage der Prä-Astronautik, wie schon Riemer zugab, noch lange nicht vom Tisch!

Kapitel 4: Der Traum vom künstlichen Menschen

Golems in der jüdischen Sage

Der Traum, einen künstlichen Menschen zu schaffen, ist uralt und der jüdischen Sage nach sollen die Rabbiner bis ins hohe Mittelalter (und vielleicht auch heute noch) in der Lage gewesen sein, Menschen aus Lehm zu schaffen: die Golems.

In seiner Geschichte *„Der Golem"* beschreibt Gustav Meyrink das Golem-Phänomen ganz treffend: *,,„Wer kann sagen, dass er über den Golem etwas wisse?', antwortete Zwakh und zuckte die Achseln. ,Man verweist ihn ins Reich der Sage, bis sich eines Tages in den Gassen ein Ereignis vollzieht, das ihn plötzlich wieder aufleben lässt. Und eine Zeitlang spricht dann jeder von ihm, und die Gerüchte wachsen ins Ungeheuerliche.'"*

Solche Sagen über Golems als künstliche Menschen, erschaffen von jüdischen Rabbinern, werden in vielen alten Quellen überliefert und in diesen Kreisen durchaus ernst genommen – auch dann, wenn es hier niemand zugeben möchte. So weist Rabbi Chaim Potok beispielsweise darauf hin, dass die ersten ausführlichen Golem-Legenden vermutlich im 12. bis 13. Jahrhundert in Deutschland und Frankreich entstanden sind, denn aus dieser Zeit sind die ersten Schriften darüber bekannt, die erklären, wie die Juden solche Golems schufen. Rabbi Chaim Potok, der die Golems für reine Legende hält und selbst einen Roman (*„Am Anfang"*) zu diesem Thema verfasste, vermutet die Entstehung der Legende aus der Sicht, den Golem als Helfer und Schutzschild gegen die Peiniger des jüdischen Volkes zu sehen, die seit Jahrtausenden das Judentum ausrotten wollten. Dann wäre der Golem eine Art Verkörperung der Hoffnung Gott näher zu kommen und dem Mysterium der Schöpfung beizuwohnen, denn: *„Für die Juden symbolisiert der Golem nicht Furcht, sondern Freiheit."*

Ein Golem erhielt, einmal erweckt, ein völlig eigenständiges Leben. Ließ man den Golem dann einfach gewähren, so gewann dieser immer mehr an Größe und Kraft und konnte jedem, auch seinem Schöpfer, sehr gefährlich werden. Nicht alle Golem-Sagen berichten auch über deren Erschaffung. Eine besonders ausführliche Schöpfungsgeschichte eines Golems ist uns über die Golem-Schöpfung des Rabbi Löw überliefert.

In Worms lebte einst ein Mann namens Bezalel, dem ein Sohn geboren wurde, der Juda Aria (Aria = Löwe) genannt wurde. Dieser wurde dann später Rabbiner in der Stadt Posen und war wegen seines Namens vor allem als Rabbi Löw bekannt geworden. Er beherrschte viele Sprachen und war auch mit den meisten Wissenszweigen vertraut. Kurz nach Beginn seiner Tätigkeit als Rabbiner wurde er nach Prag berufen. Dort hatte er eines Nachts einen Traum, in dem ihm befohlen wurde einen Menschen aus Ton zu erschaffen. In der Sage wird dies so geschildert: *„Da ward ihm in einem nächtlichen Gesicht der Bescheid: Mache ein Menschenbild aus Ton."* Weiter heißt es in der Legende, dass der Meister, Rabbi Löw, daraufhin *„seinen Eidam* (Eidam = veraltete Bezeichnung für Schwiegersohn) *wie seinen ältesten Schüler zu sich rief und ihnen die himmlische Antwort anvertraute"*, die nach der freien Enzyklopädie Wikipedia wie folgt gelautet haben soll: *„ata bra Golem devuk hakhomer v'tigtzar tzedim khevel torfe yisrael."* Das bedeutet ins Deutsche übersetzt soviel wie: *„schaffe du aus Lehm einen Golem und überwinde das feindselige Pack, welches den Juden Übles will."* Anschließend bat er sie um ihre Hilfe und Unterstützung bei seinem Schöpfungsvorhaben.

Es heißt in der Überlieferung weiter, dass die vier Elemente Erde, Wasser, Feuer und Luft, die auch in der Alchemie eine große Rolle spielen, zur Erschaffung des Menschen notwendig waren. Diese Praxis bezieht sich dann auch auf die Schöpfung eines Golems. Sieben Tage brauchten Rabbi Löw und seine beiden Helfer, um sich auf dieses Schöpfungswerk vorzubereiten. Dann war es soweit. *„Es war der zwanzigste Tag des Monats Adar* (der Monat Adar geht etwa von Mitte Februar bis Mitte März) *im Jahre fünftausenddreihundertvierzig und die vierte Stunde nach Mitternacht"*, als sie in einer Lehmgrube am Ufer des außerhalb der Stadt gelegenen Stromes (gemeint ist die Elbe) mit ihrem geheimnisvollen Werk begannen.

„Hier kneteten sie aus dem weichen Ton eine menschliche Figur" in allen Details und machten sie drei Ellen hoch. Nun gibt uns diese Maßangabe leider nur eine ungenaue Beschreibung der tatsächlichen Größe, denn es ist zwischen zwei Arten des Größenmaßes *„Elle"* zu unterscheiden: die kleine Elle und die große Elle. Ein Unterschied darin wurde hauptsächlich in Babylonien, Ägypten und Israel gemacht. Und beide Maße variieren. Nach heutiger Lehrmeinung umfasste die kleine Elle etwa 45 bis 49 Zentimeter und die große Elle etwa 52,2 bis 55 Zentimeter. Das würde bei drei

Ellen einer Golem-Größe von mindestens 1,35 Metern bis maximal 1,65 Metern entsprechen. Dabei erscheint dann die große Elle am wahrscheinlichsten.

Nachdem das Formen der menschlichen Figur abgeschlossen war, wurde diese auf den Rücken gelegt und der Rabbi befahl seinem Schwiegersohn siebenmal im Kreise um *sie* herumzugehen und dabei eine von ihm zusammengestellte Formel zu sprechen. Als dies geschehen war, wurde die menschliche Figur aus Ton und Lehm *„gleich einer glühenden Kohle rot"*. Daraufhin musste nun auch der Schüler des Rabbi den halbfertigen Golem siebenmal umkreisen. Auch er sprach dabei eine von Rabbi Löw entwickelte Formel. *„Da kühlte sich die Glut ab, der Körper wurde feucht und strömte Dämpfe aus, und siehe da, den Spitzen der Finger entsprossen Nägel, Haare bedeckten seinen Kopf, und der Körper der Figur und das Gesicht erschienen als die eines dreißigjährigen Mannes."*

Nun machte der Rabbi selbst sieben Runden um den Golem und alle drei sprachen dazu den Satz aus der Schöpfungsgeschichte: *„Und **Gott** stieß ihm den lebendigen Odem in die Nase, und der Mensch ward zur lebendigen Seele."*

Danach befahl der Rabbi dem Golem: *„Richte dich auf!"* Der Golem gehorchte und stand auf. Nun bekam er Kleidungsstücke, wie sie von den Synagogendienern getragen wurden, denn er war ja nackt. *„Und der Rabbi sprach zu dem Menschen aus Ton: ‚Wisse, dass wir dich aus dem Staub der Erde geschaffen haben.'"*

Diese Golem-Sage wurde Gegenstand des berühmten deutschen Filmklassikers *„Der Golem von Prag"*, der als SW-Stummfilm 1920 entstand. Doch der Film hält sich nicht genau an die Legende und ihm zufolge schuf Rabbi Löw seinen Golem nicht mit Gottes, sondern mit Hilfe des Teufels. Das aber ist nach Rabbi Chaim Potok völlig ausgeschlossen.

Eine sehr lange Zeit, so berichtet die Legende weiter, soll dieser Golem im Dienste des Rabbi Löw gestanden haben. Auf den Freitag folgt der Sabbat, an dem alle ruhen und jeder tun und lassen kann, was er will. Dies hatte auch für einen Golem zu gelten. So stellte Rabbi Löw seinen Golem freitags immer ruhig. Als er ihn jedoch einmal an einem Freitag vergaß und die Gemeinde sich bereits in der Synagoge zum Gebet versammelt und schon den 92. Psalm gesprochen hatte, hörte sie den Golem mächtig toben. Das ganze Stadtviertel war in Gefahr und es herrschte Panik. Da aber der Sabbat noch nicht angefangen hatte, konnte Rabbi Löw den Golem noch ruhig stellen. Danach ließ er den 92. Psalm ein zweites Mal singen. Dieser Brauch wurde bis heute beibehalten.

Nach diesem Ereignis hat Rabbi Löw seinen Golem nie wieder erweckt und ihn auf den Dachboden der Synagoge gebracht. Diese wurde einst an der Stelle erbaut, wo der Sage nach ein Engel einen Stein aus dem Tempel in Jerusalem vom Himmel zur Erde fallen ließ. Als Mahnmal der Unachtsamkeit von Rabbi Löw soll man der Legende nach noch heute auf dem Speicher der Prager Synagoge *„des Golem scholl'ges Tongebein"* sehen können. Dieses Thema war in neuerer Zeit auch Gegenstand einer Folge der TV-Mystery-Serie *„Akte X"*, die ihre Themen aus den realen Fakten der so genannten Grenzwissenschaftsbereiche bezieht.

Mehrere Generationen nach Rabbi Löw stieg Rabbi Hesekiel Landau auf den Dachboden der Synagoge und verbrachte dort eine lange Zeit. *„Irgendetwas"*, so vermutete 1998 der jüdische Prager Museumsdirektor, *„muss dort oben geschehen sein, doch niemand weiß genau was. Als Rabbi Landau wieder herunterkam, gab er die strikte Anweisung, kein Jude in Prag dürfe jemals wieder dort hinauf gehen. Seitdem war auch tatsächlich niemand mehr dort oben."* Noch heute gibt es Legenden, wonach der Golem des Rabbi Löw manchmal aus den Abgründen Prags auftaucht, um die Überlebenden des jüdischen Ghettos heimzusuchen. Auch will man ihn einer anderen Legende zu Folge manchmal weinend am Grab des Rabbi Löw gesehen haben.

Ist der Mensch ein Golem?

Die Erschaffung eines Golems durch die jüdischen Rabbiner gleicht, das haben wir bereits am Beispiel des Rabbi Löw gesehen, in unheimlicher Weise der Erschaffung des Menschen durch Gott in der Genesis. In der biblischen Schöpfungsgeschichte des Menschen lesen wir dazu genau das Gleiche:

*Der Mensch ein Bild **Gottes***

*Und **Gott** sprach: Lasset **uns** Menschen machen, ein Bild, das **uns** gleich sei, die da herrschen über die Fische im Wasser und über die Vögel unter dem Himmel*

140

und über das Vieh und über die ganze Erde und über alles Gewürm, das auf Erden kriecht.

*Und **Gott** schuf den Menschen ihm zum Bilde, zum Bilde **Gott**es schuf er ihn; und er schuf sie einen Mann und ein Weib.*

1. Mose 1, 26 – 27

Der Mensch im Paradies

*... Und **Gott** der Herr machte den Menschen aus einem <u>Erdenkloß</u>, und er blies ihm den lebendigen Odem in seine Nase. Und also ward der Mensch eine lebendige Seele.*

*Und **Gott** der Herr pflanzte einen Garten in Eden gegen Morgen, und setzte den Menschen hinein, den er gemacht hatte.*

1. Mose 2, 7 – 8

Schöpfung des Weibes: Ehestand ...

*... Und **Gott** der Herr sprach: Es ist nicht gut, dass der Mensch allein sei, ich will ihm eine Gehilfin machen, die um ihn sei...*

*... Da ließ **Gott** der Herr einen tiefen Schlaf fallen über den Menschen, und er schlief ein. Und er nahm seiner Rippe eine, schloss die Stätte zu mit Fleisch.*

Und der Herr baute ein Weib aus der Rippe, die er von dem Menschen nahm, und er brachte sie zu ihm.

Da sprach der Mensch: Das ist doch Bein von meinem Bein und Fleisch von meinem Fleisch; man wird sie Männin heißen, darum dass sie vom Manne genommen ist.

1. Mose 2, 18 u. 21 – 23

Vergleicht man nun diese Schöpfungsgeschichte des Menschen aus der Bibel mit den Sagen um die Erschaffung der Golems, so drängt sich unweigerlich die Frage auf: Was ist der Mensch? Ist der Mensch in Wirklichkeit nichts anderes, als ein perfekter Golem? Der erste Mensch aus der biblischen Schöpfungsgeschichte hieß Adam. Nach Andreas Faber-Kaiser bedeutet dieser Name *„Boden"* (= Erde) oder *„Mann der Erde"* (kann auch als „*Mann von Erde*" interpretiert werden). Das ist nach dem Hebräischen „*Adama*", was zu Deutsch „*Erde*" heißt interpretiert.

Auch der Psalm 139 weist in den Versen 15 und 16 auf die Parallele zwischen der Erschaffung des Menschen und eines Golem hin: „*Es war dir mein Gebein nicht verholen, da ich im Verborgenen gemacht ward, da ich gebildet ward unten in der Erde. Deine Augen sahen mich, da ich noch unbereitet war...*" Zitiert nach einer Luther-Übersetzung. Zur hier stehende Textpassage „*...da ich noch unbereitet war...*", schreibt Frank Cebulla: „*Diese Lutherische Übersetzung verbirgt wie so oft das Wesentliche hinter semantischem Unverständnis des Hebräischen, denn im Original steht deutlich: ‚...als ich noch ein Golem war'*!"

Im Hebräischen bedeutet der Begriff „*Golem*" eine „*noch ungeformte Masse*". Martin Luther übersetzte es einst mit „*unbereitet*". Nach der talmudischen Aggadah wird als „*golem*" etwas „*Unvollendetes und Ungeformtes*" bezeichnet und in den talmudischen Kommentaren ist mit „*Golem*" auch der Begriff „*Embryo*" gemeint. Und das ist wiederum eine eindeutige Parallele zum Menschen. Im modernen Iwrit (semitische Sprache, neben Arabisch auch Amtssprache in Israel) hat das Wort „*golem*" auch die Bedeutung von „*dumm*" und „*hilflos*". Seit dem 12. Jahrhundert ist mit der Definition „*Golem*" in der Regel ein stummer und minderwertiger Mensch gemeint, der (u. a. nach Alexander Wöll) „*aus einer noch unberührten Elementar-Erde, die vor der organischen Schöpfung vorhanden ist, erschaffen wird.*"

Bei Scholem wird ein Rabbi Berachia aus einem alten Midrasch-Fragment wie folgt zitiert: „*Als Gott die Welt erschuf, begann er seine Schöpfung mit dem Menschen und machte ihn zum Golem.*" Der aber sollte nicht Zeuge des Schöpfungswerkes werden. Deshalb wurde dem Golem erst nach dem vollendeten Schöpfungsakt „*die Seele eingeworfen*"...

Es gibt eine Reihe von mystischen, alten Legenden, wonach **Eva**, die gemäß der biblischen Schöpfungsgeschichte aus Adams Rippe geformt wurde, nicht seine erste Frau war, sondern dass er vor ihr schon eine andere hatte. Dabei soll es sich um Lilith gehandelt haben. Und diese soll, genau wie Adam, ebenfalls aus Erde geformt gewesen sein. Den Legenden nach hatte sie einen ungeheuren Unabhängigkeitsdrang (war damit wohl bereits die erste emanzipierte Frau) und das ständige Begehren beim Geschlechtsakt eine Position über Adam einzunehmen. Dies aber stieß dem religiösen Verständnis des jüdischen Patriarchentums gewaltig auf, das dann Lilith dämonisierte und verstieß. Wenn an diesen Legenden ein wahrer Kern ist, dann dürfte „Eva" vermutlich eine der ersten Bibel- und Geschichtsverfälschungen überhaupt gewesen sein.

Weitere Parallelen zwischen dem Christentum und dem Judentum, das bis zu den Kreuzzügen als Bestandteil der Christenheit bestand, ist die Legende, dass auch Thomas von Aquin die Fähigkeit und Gabe der Schöpfung besessen haben soll. Und auch Papst Silvester II. soll sich um das Jahr 1000 einen weiblichen Golem geschaffen haben, der ihn „warm halten" sollte. Doch das endlose Geschwätz seiner künstlichen Gefährtin nervte ihn so sehr, dass er sie erschlug.

In der jüdischen Überlieferung gibt es auch eine Legende, die besagt, Abraham habe ein Buch geschrieben das Zauberformeln der Schöpfung enthalten habe und an Isaak und Jakob vererbt wurde. Später soll es von Generation zu Generation weitergegeben worden sein. Das Buch, das heute noch existiert, wurde nach Rabbi Chaim Potok jedoch erst im frühen Mittelalter, vermutlich irgendwann zwischen dem 3. und 6. Jahrhundert, verfasst. Und nach dem „Talmud" hatte auch der Prophet Jeremias einen Golem erschaffen.

Eine weitere Geschichte, die an die Erschaffung eines Golems erinnert, wird uns im apokryphen „Kindheitsevangelium des Thomas" berichtet. Dort lesen wir, das Jesus selbst im Alter von fünf Jahren (zwar keinen Menschen, aber) zwölf Sperlinge aus „weichem Lehm" formte, den er sich hierfür extra zubereitet hatte (K. 2, V. 2). „Jesus klatschte in die Hände und rief den Sperlingen zu: ‚Fort mit euch!' Und die Sperlinge breiteten ihre Flügel aus und flogen zwitschernd davon." (K. 2, V. 4)

Der in der Prä-Astronautik-Szene bekannte französische Schriftsteller Robert Charroux berichtet in seinem Buch „Phantastische Vergangenheit" (s. im Quellen- und Literaturverzeichnis) von einer interessanten Legende über die Erschaffung des Menschen, die in dieses Konzept haargenau hineinpasst. Demnach formte Gott den Menschen aus Ton, stellte diese Statue in einen Ofen und heizte diesen neun Tage lang. Als er sie wieder herausnahm, war sie ganz schwarz gebrannt.

Ein neuer Versuch wurde gestartet und diesmal dauerte der Brand acht Tage. Doch auch mit dem daraus resultierenden Ergebnis war der Schöpfer nicht zufrieden, denn auch der zweite Mensch hatte noch reichlich vom Feuer abbekommen und war rot. Wieder war Gott unzufrieden und machte eine neue Statue. Diese wurde nur sechs Tage im Ofen gelassen und war ganz weiß, kaum richtig gebrannt. Da sagte Gott: *„Ich muss noch einmal von vorne anfangen!"*

Der vierte Versuch brachte nach sieben Tagen den zufrieden stellenden Erfolg: Die Statue kam goldgelb heraus. *„Das soll der vollkommene Mensch sein"*, sagte Gott und beendete sein Werk.

Interessant ist dabei, dass auch dieser Legende die bekannten Fakten einer Golem-Schöpfung zugrunde liegen. Vier Versuche soll der Schöpfer gemacht und dabei vier verschiedene Resultate erzielt haben. Aus diesen entstanden dann die verschiedenen Menschenrassen auf der Erde. Der erste Versuch brachte die schwarze Rasse (die Neger), der zweite Versuch die rote Rasse (die Indianer) und der dritte Versuch die weiße Rasse (die Europäer, Arier[?]). Beim vierten Versuch kam schließlich die gelbe Rasse (die Asiaten, Chinesen[?]) heraus. So hat nach dieser Legende jede Rasse ihren eigenen, von Gott erschaffenen Stammvater, der ein Golem gewesen sein könnte. Interessant ist, dass in dieser Legende die Schöpfung der gelben Rasse als das für Gott zufrieden stellende Resultat bezeichnet wird.

Die meisten Golem-Legenden erzählen uns über männliche Golems, und dass ein Golem nicht in der Lage war zu sprechen. Aus diesem Grunde gilt in weiten Kreisen auch die Meinung, dass ein durch jüdische Rabbiner erschaffener Golem nicht in der Lage wäre Kinder zu zeugen. Die Golems wären somit zwar lebende, menschliche Ebenbilder, aber keine perfekten.

Und dennoch scheint es in der Vergangenheit einen perfekten und sogar weiblichen Golem gegeben zu haben. Die Überlieferung dazu berichtet, das Rabbi Elieser einst seine Frau aus dem Hause jagte, da sie keine Kinder gebären konnte. Daraufhin erschuf er einen weiblichen Golem und machte diesen zu seiner Frau. Die Golem-Frau soll wunderschön gewesen sein, konnte sprechen und hat ihm schließlich sogar einen Sohn geboren.

Aber dieses idyllische Familienglück zwischen Mensch und Golem war nicht von Dauer. Der Sohn starb in jungen Jahren und es kam schließlich immer häufiger zu einem Streit in der Ehegemeinschaft Mensch –

Golem. Und so vernichtete der Rabbi seine Golem-Frau wieder und kehrte reumütig zu seiner ersten Frau zurück.

Solche Praktiken passten offensichtlich auch nicht so recht in das äußerliche Erscheinungsbild der jüdischen Glaubensgrundlagen. In der Einleitung der deutschen Übersetzung des babylonischen „Talmud" von Dr. Reinhold Mayer lesen wir dazu: „Rabbi Elieser kam zwar aus der Schule Hillel's, vertrat aber zugleich Traditionen der Schule Schammai's. Er versuchte ältestes Überlieferungsgut aller Richtungen zu sammeln und wurde schließlich um der geschichtlich geforderten Beschränkung Willen in den Bann getan."

Aber der wahre Grund für diesen Bann war seine Erschaffung des perfekten Golems. Das war nur möglich, weil Rabbi Elieser das Geheimnis um die Schöpfung des Menschen kannte und mit seinem Werk nach Auffassung der geistlichen Obrigkeit damit auch Gott „ins Handwerk gepfuscht" hatte.

Parallelen im Tod

Viele Golems wuchsen an Größe und Kraft und gerieten dann außer Kontrolle. Deshalb mussten sie auch wieder vernichtet werden. Außer Kontrolle geraten war dies nur noch schwer und unter Einsatz des eigenen Lebens möglich. Das macht auch die Geschichte des Rabbi Elijahu deutlich, die uns durch Jakob Emden überliefert ist. Darin berichtet Emden, dass über Rabbi Elijahu, der auch Baalschem genannt wurde und ein Urahn von Chelm war, erzählt wird, wie er einen Golem erschuf, der ihm als Knecht diente. Durch den Schem, der auf einem Papierstreifen geschrieben war und den der Golem um seine Stirn gebunden trug, gewann dieser immer mehr an Kraft und Größe. So drohte der Golem eigenständig und unkontrollierbar zu werden und Rabbi Elijahu sah sich gezwungen, ihn wieder zu vernichten. Dies geschah einfach, indem er ihm den Papierstreifen mit dem Schem von der Stirn riss. Dadurch seiner Lebenskraft beraubt, fiel der Golem zu einem einfachen Klumpen Lehm zusammen. Doch der Golem des Rabbi Elijahu war inzwischen so groß und stark geworden, dass er seinen „Tod" im letzten Augenblick noch zu verhindern versuchte und dem Rabbi noch einen heftigen Schlag ins Gesicht versetzen konnte, mit dem er Elijahu erheblich verletzte.

Auch der Sprach- und Altertumsforscher Jakob Ludwig Carl Grimm (*04.01.1785 in Hanau, † 20.9.1863 in Berlin), der zusammen mit seinem Bruder Wilhelm Carl Grimm auch eine Märchensammlung herausgab, hat sich des Golem-Themas angenommen. Jakob Grimm berichtet dabei vornehmlich von den Golems polnischer Juden und schrieb, dass diese nach gewissen gesprochenen Gebeten und gehaltenen Festtagen solche Golems aus Ton oder Leimen (= Lehm) erschufen, die lebendig wurden, wenn man das wunderkräftige *Schemhamporas* darüber sprach. An der Stirn eines solchen Golems stehen die Buchstaben *„aemaeth"* geschrieben, was soviel wie *„Wahrheit, Gott"* bedeutet. Auch Jakob Grimm berichtet, dass die Golems durch dieses geschriebene Wort immer mehr an Größe und Kraft zulegten.

Die polnischen Juden entledigten sich ihrer unliebsamen Golems wieder, indem sie den ersten Buchstaben des Wortes *„aemaeth"* auslöschten, so dass lediglich das Wort *„maeth"* übrig blieb, was soviel wie *„er ist tot"* bedeutet. Augenblicklich sollen sich die Golems dann wieder in das zurückverwandelt haben, was sie früher waren: ein Klumpen Lehm oder Ton.

Dies alles hört sich einfach und unkompliziert an. Man reißt dem Golem das Stirnband vom Kopf oder streicht ein paar Buchstaben aus, und der Spuk ist vorbei. Doch so einfach wie es sich anhört war es in der Realität meistens nicht und es konnte bei der Golem-Vernichtung immer wieder zu lebensbedrohenden Situationen kommen. Überlieferungen berichten häufig von solchen Problemen, und einmal soll einem Rabbi sein Golem so groß gewachsen sein, dass er ihm nicht mehr an die Stirn reichen konnte. Dies geschah in sorgloser Nichtbeachtung des Rabbi für seinen Golem. Also musste der Rabbi zu einer List greifen und befahl dem Golem ihm die Stiefel auszuziehen. Als sich der Golem dazu nieder bückte, riss der Rabbi ihm den ersten Buchstaben von der Stirn. Augenblicklich fiel der Golem zu einem riesigen Klumpen Lehm zusammen, der so groß war, dass er den Rabbi unter sich begrub und der dann unter dem Lehm elendig ersticken musste.

Im Altertum soll es auch menschliche Riesen gegeben haben und selbst in der Bibel finden sich dazu Geschichten. So konnte David den Riesen Goliath nur mit List töten, indem er ihm mit einer Steinschleuder an die Stirn schoss. Auch diese Bibelgeschichte deutet auf einen Golem hin. Wenn ein Golem immer mehr an Größe und Kraft zunehmen konnte, so musste er zwangsläufig zu einem Riesen werden. Die Parallelen sind überdeutlich. War der biblische Riese Goliath also ein solcher Golem, der vielleicht ein Band mit dem *Schem* um seine Stirn trug? Konnte ihn David nur dadurch töten, weil er ihm mit seiner Schleuder das Band von der Stirn schoss oder den ersten Buchstaben des Wortes *„aemaeth"* wegschoss, so dass nur noch das Wort *„maeth"* (= *„er ist tot"*) übrig blieb? Ist dies die Lösung zum Rätsel der Riesen, die es einst auf der Erde gegeben hat?

Die ehemalige Existenz solcher Riesen ist wissenschaftlich umstritten und zweifelhaft, weil es bisher keinerlei bewiesene historische Funde von Skeletten gibt, die sie beweisen könnte.

Wechseln wir kurz den Schauplatz. In der Provinz Xieng Khouang im Norden von Laos, etwa zwölf Kilometer südlich von Phone Savans, liegt die geheimnisumwitterte *„Ebene der Tonkrüge"*. Die Hochebene erhielt ihren Namen wegen der seltsamen, steinernen Krüge, von denen hier an die 300 Stück in der Landschaft stehen. Sie haben eine Größe von knapp einem bis gut zweieinhalb Metern und sind bis zu sechs Tonnen schwer.

Vielleicht bringt uns die Sage *„Thao Hung Thao Chong"* aus dieser Gegend dem Geheimnis auf die Spur. Sie besagt, dass die Menschen, die damals, im 6. Jahrhundert, hier lebten, von den Einheimischen als *„Khon Pät Sook"* (zu Deutsch: *„Acht-Ellen-Menschen"*) bezeichnet wurden. War es tatsächlich ein Volk von Riesen? Menschen, die acht Ellen (= ca. drei Meter) maßen? Die *„Ebene der Tonkrüge"* ist nicht die einzige Gegend in Laos, wo diese *„Acht-Ellen-Menschen"* einst gelebt haben sollen. Sie waren einer weiteren Legende nach auch im Bereich von Thakhek in Zentrallaos aktiv. Zehn Kilometer nördlich von Thakhek, direkt an der Straße Nr. 13, gibt es die Überreste einer gigantischen Mauer. Sie ist bis zu 30 Meter hoch und hat noch gut einen Meter Dicke an der Mauerkrone. Von den übrig gebliebenen Einzelsegmenten wissen wir, dass sie aus gewaltigen Felsblöcken besteht, die dort aufgeschichtet wurden. Sie muss ursprünglich eine Länge von mehreren Kilometern gehabt haben. Und ganz in der Nähe, tief im Dschungel soll sich nach Aussagen ortskundiger Führer sogar noch eine Knochenfundstelle befinden, in der noch heute einige Skelette dieser Riesenmenschen zu sehen sein sollen …

Waren die Riesen Golems, dann zerfielen sie im Sterben zu Lehm oder Ton und es kann heute zwangsläufig keine Beweise, wie Riesen-Skelette geben, denn alles, was von ihnen letzten Endes übrig blieb war ein Haufen *„Erde"*.

Das Gleiche bleibt auch vom menschlichen Körper übrig, denn auch er wird wieder zu dem, was er einst war, als Gott ihn aus einem *„Erdenkloß"* schuf. In unseren Breitengraden ist die Erdbestattung die (noch) vorrangigste Bestattungsart. Der Leichnam wird in die Erde gebettet und wird dort im Laufe der Zeit, durch den Verwesungsprozess, wieder zu Erde. Selbst die Knochen zerfallen eines Tages wieder zu Staub.

Wie sagt doch der evangelische Pfarrer bei der Beerdigungszeremonie, wenn er die letzten Worte am Grabe spricht: *„Von Erde bist du genommen, zu Erde sollst du wieder werden!"* Und auch folgende Worte werden häufig gesprochen, wenn der Geistliche am Grab steht, die letzten Sätze spricht und dabei mit dem Schüppchen dreimal Erde ins Grab wirft: *„Erde zu Erde, Asche zu Asche, Staub zu Staub."*

Woher kommt dieser Spruch, der sicher auch in der Genesis begründet ist? Auf meiner Spurensuche stieß ich schließlich auf ein altes, tschechisches evangelisches Lied, das seinen Ursprung im Jahre 1519 haben soll und 1531 von Michael Weisse überarbeitet und ins Deutsche übertragen wurde. Dieses Lied befindet sich heute in dem Evangelischen Kirchengesangbuch als Lied Nr. 174 unter dem Themenbegriff *„Die Bestattung"* in der Ausgabe für die Landeskirchen Rheinland, Westfalen und Lippe. Auch dort wird ausdrücklich gesagt, dass der Mensch von Erde ist und zu Erde wieder werden wird:

> *Erd ist er und von der Erden,*
> *wird auch zu Erd wieder werden*
> *und von der Erd wieder auferstehn,*
> *wenn **Gottes** Posaune wird angehen.*

Erstaunlich ist dabei, dass dieses Lied aus einer tschechischen Quelle stammt. Aus dieser Region, der ehemaligen Tschechoslowakei, und den angrenzenden osteuropäischen Gebieten stammen auch die meisten Golem-Sagen jüdischer Rabbiner, denn das Land Israel gab es damals noch gar nicht. Ist das nur ein Zufall? Ich mag daran nicht so recht glauben und würde eher auf einen direkten Zusammenhang tippen ...

Ein weiterer und unheimlicher Zusammenhang zwischen Menschen und Golems im Tod wird in Legenden deutlich, die bereits aus dem 11. Jahrhundert stammen und mit Rabbi Chananel und den als kabbalistischen Mystiker geltenden Aharon von Bagdad in Verbindung gebracht werden. In diesen Legenden wird von verstorbenen Menschen berichtet, die nach Golemart wieder zum Leben erweckt wurden, indem man ihnen die magischen Worte (auch Gottesname) auf Pergament geschrieben ins Fleisch oder unter die Zunge einnähte. Solche Legenden erinnern an Zombies, die mittels schwarzer Magie und Voodoo-Kult wiedererweckt werden – und dies auch heute noch. Und genau wie die Golem sind auch die Zombies die perfekten Marionetten ihrer Schöpfer, ohne eigenen Willen und wie automatisiert die Befehle ihrer *„Schöpfer"* ausführend.

Von Retortenbabys und Klonkindern

Wissenschaftlich gesehen entwickelte sich das ganze Leben quasi aus dem Nichts. Der Urururahne des Menschen war der erste Einzeller, aus dem sich auch das andere Leben entwickelte. Als letztes Glied vor dem Menschen steht der Affe. Dies ist in knappen Worten der Sachverhalt der von Charles Darwin entwickelten Evolutionstheorie. Doch diese ist selbst in Wissenschaftskreisen bis heute umstritten, denn immerhin fehlt ein Glied in der Kette der Evolution, das bis heute nicht eindeutig gefunden werden konnte. Und dies ist ausgerechnet das wichtigste Bindeglied, das den Menschen endgültig als Nachfahre des Affen auszeichnet. Und so wird die Evolutionstheorie des Charles Darwin auch heute noch nicht an allen Schulen der USA gelehrt. Im Gegenteil: In einigen Bundesländern der Vereinigten Staaten ist sie sogar (zumindest bis vor kurzem noch) verboten.

Ist der Mensch also das Produkt des Gottes der Christen? Eines übernatürlichen Wesens, das einst alles erschuf? Oder gab es andere über- und somit nicht irdische Wesen, die irgendwann in unserer Vorzeit auf die Erde kamen und hier die Schöpfung des intelligenten Menschen vollzogen – so, wie es die jüdischen Rabbiner offenbar nachgemacht haben?

Doch die Erschaffung eines Menschen aus einfacher Erde, Lehm oder Ton, nur mit ein paar beschwörenden Sprüchen, erscheint uns absurd. Gehen wir weiter dieser Frage nach, die auch ein wichtiger Bestandteil prä-astronautischer Hypothesen und Gedankengänge ist, so gibt es bereits heute Methoden, die eine künstliche Erschaffung des lebenden Menschen wahrscheinlich werden lassen. Die moderne Medizin, die Forschung und die Gen-Technik machen es möglich!

Bereits gegen Ende des 19. Jahrhunderts hatte der Forscher Theodor Boveri in Würzburg die Kerne aus den Eizellen verschiedener Seeigelarten im Reagenzglas zusammengewürfelt und in den 50er Jahren des 20. Jahrhunderts begann der Mensch die kosmische Schöpfung dann richtig zu manipulieren. Diese Anfänge waren ausschließlich bakteriologischer Art und sollten der modernen Kriegführung dienen. So wurden neue Bakterien und Viren gezüchtet, gegen die es keine körperliche Abwehr gab. Sie wurden im Reagenzglas regelrecht hergestellt und sollten den Gegner vernichten. Nachrichten darüber drangen kaum an die Öffentlichkeit und man fragt sich unweigerlich, wo die Seuchen des ausgehenden 20. Jahrhunderts, wie beispielsweise Aids oder Ebola, eigentlich so plötzlich herkommen. Das diese Frage berechtigt ist, hat auch das Autorenpaar Dr. Helmut Lammer und Marion Lammer belegt, das in seinem Buch *„Schwarze Forschungen"* von Dokumenten berichtet, nach denen Militärs bereits Ende der 60er Jahre an der Erforschung aidsähnlicher Viren Interesse zeigten.

Aus dieser zweifelhaften Forschung für den Krieg dürfte sich die *„Herstellung"* so genannter Retortenbabys mit entwickelt haben, von denen erstmals in den 50er Jahren öffentlich die Rede war, als der Forscher Daniele Petrucci aus Bologna über Versuche sprach, ein menschliches Embryo im Reagenzglas zu züchten. Petruccis Äußerungen waren damals eine Sensation, die aus verständlichen Gründen bei der Kirche auf größte Ablehnung stießen. Papst Pius XII. warnte seinerzeit eindringlich davor, *„dem lieben **Gott** ins Handwerk zu pfuschen"*. Daraufhin soll Daniele Petrucci angeblich seine Experimente eingestellt haben. Doch dies ist zu bezweifeln. Vielmehr liegt die Vermutung nahe, dass er diese insgeheim weitergeführt hat und nur ein wenig vorsichtiger bei seinen Äußerungen in der Öffentlichkeit war.

Am 25. April 1953 veröffentlichten James Watson und Francis Crick in der Wissenschaftszeitschrift *„Nature"* einen Bericht über ihre sensationelle Entdeckung der **Doppelhelix der DNA**. Damit war der Grundbaustein für die spätere Gen- und Klontechnik gelegt. Neun Jahre später erhielten sie sogar den Nobelpreis für ihre Entdeckung.

Die bis dato ungeahnten Möglichkeiten, die sich hier für die Wissenschaft auftaten, ließen die Forscher in aller Welt nicht mehr ruhen und so kam schließlich im Juli 1978 das erste(?) Retortenbaby zur Welt. Das sorgte für Schlagzeilen in der gesamten Weltpresse und half die Auflagen der Boulevardblätter in die Höhe zu treiben. Nur wenige Monate später, im Januar 1979, sorgte bereits das zweite Retortenbaby für neue Schlagzeilen. Beide kamen in Großbritannien zur Welt. Während das erste Retortenbaby, Louise Brown, ein Mädchen war, wurde das zweite ein Junge. Die 32jährige Köchin Grace Montgomery brachte ihn mit einem stolzen Gewicht von 2.608 Gramm in Glasgow/Schottland zur Welt. Er wurde als Sonntagskind bezeichnet, da der Köchin Jahre zuvor die Eileiter entfernt worden waren und sie somit auf normalem Wege kein Kind hätte bekommen können. Daher hatte Dr. Steptoe, der auch an der Geburt von Louise Brown beteiligt war, eine Eizelle der Mutter mit dem Sperma des Vaters in der Retorte befruchtet und später den Embryo in den Mutterleib eingepflanzt.

Durch diese Entwicklung wären wir nach Ansicht vieler Wissenschaftler bereits seit Jahren in der Lage, Retortenbabys völlig außerhalb des Mutterleibes zu erzeugen und zu züchten. Notwendig wären dazu lediglich ein paar weibliche Eizellen und ein paar männliche Spermien. Durch Gen-Technik und Klonen könnten so mit dem Erbgut eines Menschen sogar eine genetisch genaue Kopie hergestellt werden. Dazu schrieb der Wissenschaftspublizist David M. Rorvik bereits 1978 (s. im Quellen- und Literaturverzeichnis):

„Klonen ist ein Prozess, in dem man – ohne die Vereinigung zweier Geschlechtszellen – eine Pflanze, ein Tier, theoretisch sogar ein menschliches Wesen hervorbringen kann, und zwar so, dass der Abkömmling der genetische Zwilling des geklonten Organismus ist, dass heißt, seine Gene und somit seine angeborenen Eigenschaften stimmen mit denen des ‚Elternteils' völlig überein. Der Klon eines Menschen wäre natürlich ein Kind gleichen Geschlechts."

Zum Zeitpunkt dieser Aussage war das Klon-Verfahren noch in den Anfängen. Heute gibt es bereits geklonte Tiere in größerer Zahl und das Klon-Schaf Dolly heizte die Diskussion um die moralischen und ethischen Hintergründe an. In vielen Ländern erklärten sich die Forscher freiwillig bereit, auf Klon-Versuche mit menschlichen Zellen und Erbgut zu verzichten. Einige Länder erließen außerdem auch Verbote für solche menschlichen Klon-Versuche. Doch Anfang 1998 meldeten sich amerikanische Forscher zu Wort, die einen Menschen klonen wollen. In den USA gab es dazu noch kein Gesetz, das dieses verbieten würde. In aller Eile wurde jedoch auf das weltweite Entsetzen reagiert und ein entsprechendes Gesetz, welches das Klonen eines Menschen verbietet, kam in die Diskussion. Ein Jahr später, Anfang 1999, traten jedoch weitere Wissenschaftler aus anderen Ländern an die Öffentlichkeit, die unumwunden zugaben, in Zukunft Menschen klonen zu wollen – ungeachtet dessen, ob es ein Gesetz gäbe, das dies verbietet oder nicht.

Kaum waren die Meldungen 1998 über ein entsprechendes US-Gesetz in den Medien verklungen, kam die nächste Sensationsmeldung aus den Staaten. Mitte Januar 1998 wurden auf einer Farm in Texas zwei geklonte Kälber geboren. Dies teilte die Universität von Amherst in Massachusetts mit. Die beiden männlichen Kälber, welche die Namen George und Charlie erhielten, sind völlig identisch. Die beiden verantwortlichen Veterinärwissenschaftler James Robl und Steven Stice sagten dazu, dass dies *„nur der erste Schritt auf dem Weg zu geklontem Vieh in größerer Zahl"* sei. Weiteren Kühen wären bereits zu diesem Zeitpunkt genetisch veränderte Föten eingesetzt worden. Das Ziel dieser Experimente sei die *„Schaffung einer neuen Kuhart, aus deren Milch Medikamente für Menschen gewonnen werden können"*.

Gut eineinhalb Jahre später, im Sommer 1999, wird bekannt, dass es Wissenschaftler der japanischen Firma Snow Brand gelungen ist Rinder zu klonen, ohne den Stammtieren Zellproben zu entnehmen. Das zum Klonen benötigte Material wurde der Muttermilch entnommen und durch Zellkernisolierung gewonnen. Der Roslin-Wissenschaftler Dr. Harry Griffin, der auch am Projekt des Klon-Schafes Dolly beteiligt war, sagte dazu, dass diese Methode viel sicherer und effektiver sei. Bei dieser Gelegenheit wurde auch bekannt, dass in Japan bereits Mitte der 90er Jahre Klonrinder in den Fleischhandel gelangt und somit auf den Tellern der japanischen Küche gelandet sind. Unter den Aspekten Klonen und Gentechnik dürfte sicher auch die Frage berechtigt sein: Woher stammt eigentlich BSE?

Wie das Wissenschaftsmagazin *„New Scientist"* 1999 berichtete, planten Forscher der **Mahidol Universität** in Bangkok/Thailand den weißen

Elefanten von König Rama II., der in der ersten Hälfte des 10. Jahrhunderts lebte, zu klonen und ihn so wieder „zum Leben zu erwecken". Die Wissenschaftler wollen das dazu notwendige DNA-Material aus Präparaten gewinnen, die seinerzeit von dem Tier in Alkohol eingelegt worden waren. Beim Gelingen wäre dies das erste geklonte Tier, das aus *totem* DNA-Material geklont wäre. Fast zeitgleich kamen Meldungen, wonach eine andere Forschergruppe aus Präparaten den tasmanischen Tiger klonen will, der seit 1936 als ausgestorben gilt. Gelingen solche Experimente, könnte Spielbergs *Jurassik-Park* durchaus eines Tages Realität werden.

Ungeachtet moralischer und ethischer Bedenken, eines in vielen Ländern bereits existierenden Verbots für das Klonen von Menschen und der Diskussion um die Einführung eines solchen weltweiten Verbots bietet eine Firma **Dream Technologies International** aus den USA im Januar 1998 im Internet öffentlich Klone von Models, Popstars und Politikern an. Abgesehen davon, ob solche Angebote auf einem realen Hintergrund basieren, was bezweifelt werden darf, wurden da unter anderem ein Cindy-Crawford-Klon für 80.000 US-Dollar, ein Nelson-Mandela-Klon für 5.000 US-Dollar und ein Michael-Jackson-Klon zum *„Sonderpreis"* für 300 US-Dollar angeboten.

Die neuen Klon-Kälber und das ominöse Internet-Angebot heizten natürlich sofort die Diskussion um ein weltweites Klon-Verbot für Menschen wieder an. Doch all dies ändert nichts an der Tatsache, dass diese Verfahren heute sowohl vom Standpunkt der Medizin, als auch von dem der Technik möglich sind. Und auch auf anderen Gebieten, die hier hineinspielen, wird in der Medizin weiter geforscht und experimentiert. Während ich eine Überarbeitung der ersten Auflage dieses Buches vornehme, bringen die TV-Nachrichten (am 19. März 1999) eine Meldung, wonach es einem italienischen Mediziner gelungen ist, aus den Stammzellen unfruchtbarer, also zeugungsunfähiger, Männer, die in Mäuse und Ratten eingepflanzt wurden, zeugungsfähige Spermien zu züchten, mit denen dann die Frauen befruchtet wurden. In mindestens vier Fällen wurden die Frauen schwanger und gebaren ein Kind. Ob sich dabei allerdings genetisches Material der Mäuse und Ratten mit dem der Menschen vermischt, ist bisher unbekannt – ja, es ist bisher noch nicht einmal der Versuch unternommen worden, dies herauszufinden. Daher fürchten einige Wissenschaftler, dass so tierische Krankheiten auf den so gezeugten Menschen übertragen werden können.

Im Sommer 2000 berichteten die Medien, Bezug nehmend auf den britischen *„Observer"*, dass die britische Regierung fest entschlossen sei *„das Klonen menschlicher Embryonen im Frühstadium zu erlauben"*. Der Wissenschaftssekretär Lord Sainsbury dementierte: *„noch sei nichts endgültig beschlossen"*. Liam Donaltson, Berater der Regierung in London, sagte dem widersprechend, dass *„bis zum Alter von 14 Tagen Zellen entnommen werden dürfen"*. Diese könnten dann zum *„therapeutischen Klonen"* verwandt werden. Die so geklonten Zellen sollen zunächst für wissenschaftliche Experimente verwandt werden. Man hofft dadurch unter anderem ein Wundermittel gegen die Alzheimer-Krankheit zu gewinnen. Und noch weiter wurde spekuliert: In Zukunft könnten so ganze menschliche Organe geklont werden. Dann wäre man nicht mehr auf Organspender angewiesen, von denen es sowieso viel zu wenige gäbe. Das erinnert an die Gen-Experimente, wo man Ratten menschliche Ohren wachsen ließ. Der britische Abtreibungsgegner Lord Alton bezeichnete das Vorhaben bereits als *„technologischen Kannibalismus"*.

Der so genannte *„Fortschritt"* scheint heute nicht mehr aufzuhalten zu sein. Im November 2000 gab es weitere Schlagzeilen auf diesem Gebiet, die bezeugen, dass offenbar alle freiwillig auferlegten Verbote nichts nutzen und die menschliche Ethik nichts mehr wert ist. So wurde in Frankreich die so genannte Präimplantations-Diagnostik angewandt, um einen Jungen vor einer unheilbaren Krankheit zu bewahren. Prof. Rene Frydman, leitender Gynäkologe des Krankenhauses von Clamart bei Paris erklärte der Presse gegenüber, dass medizinische Zentren in Paris, Montpellier und Straßburg berechtigt seien, diese Präimplantations-Diagnostik (PID) anzuwenden und auszuführen. Es handelt sich dabei um eine genetische Analyse und einer Auswahl gesunder Embryonen im Labor. Erst danach wird der künstlich gezeugte und gesunde Embryo in den Mutterleib eingepflanzt. Diese Methode, die übrigens in Deutschland (noch) verboten ist, ermögliche es unheilbar kranken Eltern gesunde Kinder zu bekommen. Schockierend ist die Tatsache, dass erst zu diesem Zeitpunkt nicht mehr zu verheimlichen war, dass es in Brüssel bereits an die 60 Geburten nach einem solchen Verfahren gegeben hat.

Fast zeitgleich meldete die Umweltschutzorganisation **Greenpeace**, das **Europäische Patentamt** (**EPA**) in München habe ein Patent auf Embryonen erteilt, die aus Zellen von Mensch **und** Tier bestehen. Antragsteller war die australische Firma Amrad, die damit das Patent sowohl für

Verfahren zur Isolation und Züchtung embryonaler Zellen von Mensch und Tier erhielt, als auch die Verwendung dieser Zellen zur Erzeugung von Mischwesen, bei denen die unterschiedlichsten Körperteile vom Tier oder vom Menschen stammen können. Noch ist diese Praktik in Deutschland verboten. Dies gilt jedoch nicht für alle der anderen 10 EU-Staaten, in denen das Patent Gültigkeit hat. Wie Greenpeace weiter mitteilte, soll es bereits einen Monat zuvor einen ähnlichen Antrag beim EPA gegeben haben. Das sind Fakten, die einem nicht nur die Schauer über den Rücken treiben, sondern auch die ägyptische Mythologie, die voll von solchen Mischwesen ist, in einem neuen Licht erscheinen lässt.

Im Dezember 2000 meldete sich der US-amerikanische Biophysiker Gregory Stock von der Universität in Los Angeles zu Wort. Er vertrat dabei die Ansicht, dass spätestens im Jahr 2005 der erste Mensch geklont worden sei. Stock ging sogar noch weiter, indem er sagte, dass sich auch die Kinderzeugung fundamental verändern würde: *„Wir werden bewusste Entscheidungen über die körperlichen, persönlichen und emotionalen Eigenschaften unserer Kinder treffen. Ich kann mir sogar vorstellen, dass Fortpflanzung auf natürlichem Weg in der Zukunft als verantwortungslos gilt."*

Es sollte jedoch gar nicht bis zum Jahr 2005 dauern bis sich Stocks Prognose erfüllte, will man den Aussagen des italienischen Reproduktionsmediziners Severino Antinori glauben. Antinori trat am 26.11.2002 an die Öffentlichkeit und erklärte, dass das erste Klon-Baby im Januar 2003 zur Welt käme: *„Das Kind ist in der 33. Schwangerschafts-Woche, wiegt 2,5 Kilogramm und wird in der ersten Januarwoche geboren."* Aus Sicherheitsgründen sagte er jedoch nichts über den Ort der Geburt, außer dass dieser nicht in Italien sei. Weiter erklärte er: *„Natürlich wird es ein Junge sein, absolut gesund."* Die Chance, dass alles gut verläuft bezeichnete er mit 90 bis 95 Prozent. Für diese Geburt sei, so hieß es in der Presse, ein internationales Spezialistenteam verantwortlich. Nur wenige Wochen danach sollen laut Antinori zwei weitere Klon-Kinder geboren werden. Später ließ Antinori durchblicken, dass das erste dieser Kinder in Serbien zur Welt käme.

Bereits im Jahr 2001 hatte Antinori, der in Rom eine private Fortpflanzungsklinik betreibt, angekündigt, zusammen mit dem Klonarzt Panos Zavos aus Lexington im US-Bundesstaat Kentucky menschliche Embryonen für unfruchtbare Paare klonen zu wollen. Bereits 1994 hatte Antinori für Schlagzeilen gesorgt, als er einer 63jährigen Frau durch künstliche Befruchtung zur Schwangerschaft verholfen hatte.

Von Ende Dezember 2002 bis Anfang Januar 2003 machte die US-amerikanische Raelianer-Sekte Schlagzeilen in der Weltpresse, nach denen in der letzten Dezemberwoche des Jahres 2002 von einem ihrer weiblichen Mitglieder das nun *tatsächlich* erste Klonbaby, ein Mädchen namens Eve, zur Welt gekommen sei. Wissenschaftler stritten die Darstellungen der Sekte jedoch ab. Der Genetik-Experte Rudolph Jaenisch vom MIT-Forschungsinstitut in den USA sagte dazu am 5. Januar 2003: *„Da immer noch jegliche wissenschaftliche Beweise fehlen, halte ich die Darstellung der Sekte für falsch!"* Und auch der Bioethik-Professor Alta Charo von der Universität Wisconsin kritisierte die Meldungen als *„Medienbluff ohne wirkliche Informationen"*. Brigitte Boisselier, die Chefin der umstrittenen US-Firma Clonaid, die hier maßgeblich ihre Hände im Spiel gehabt haben soll und der Sekte sehr nahe steht, sagte unterdessen, dass es bereits die zweite Geburt eines zweiten Klonbabys gegeben habe, das eine lesbische Niederländerin am 3. Januar 2003 *„in einem nordeuropäischen Land gesund zur Welt gebracht"* haben soll. Und in einem Interview mit der BBC kündigte sie an, dass bis Anfang Februar 2003 noch weitere drei Klonkinder zur Welt kommen würden. Die Sekte erhofft sich durch dieses Verfahren *ewiges Leben*.

Wohl Angesichts des gewaltigen, weltweiten Presserummels, dem Aufsehen, das dieser verursachte und der Ankündigung Antinoris, dass das erste Klonbaby in Serbien zur Welt kommen sollte, verbot der serbische Gesundheitsminister inzwischen das Klonen von Menschen.

Mitte Februar 2003 meldete sich dann auch Severino Antinori wieder einmal in dieser Sache zu Wort. Nach seinen Angaben zu Folge kam Ende Januar 2003 auch in China ein Klonbaby zur Welt. Er sagte, dass er über direkte Informationen verfüge, wonach es der chinesischen Ärztin Guang Zhou gelungen sei zwischen dem 20. und 23. Januar 2003 einen Menschen zu klonen.

Im Jahr 2004 meldete sich der Südkoreaner Hwang Woo Suk zu Wort und nahm für sich in Anspruch die ersten menschlichen Embryonen geklont zu haben und kurz darauf auch die ersten embryonalen Stammzellen mit krankheitsspezifischem Erbgut. Beides stellte sich jedoch später als Fälschung heraus.

2005 klonten britische Forscher einen Embryo aus einer anderen embryonalen Stammzelle und 2008 präsentierten amerikanische Forscher der Firma Stemagen menschliche Klon-Embryonen zu Forschungszwecken. Am 27. Januar 2009 wurde ein Bericht veröffentlicht, nachdem in China eine Forschergruppe um Li Jianyuan vom Stammzellenforschungszentrum in der Provinz Shandong fünf menschliche Embryonen geklont hatten, die der therapeutischen medizinischen Klon-Forschung im Bereich Alzheimer und Diabetes dienen sollen. Dazu wurden zwölf Frauen insgesamt 135 Eizellen entnommen, aus denen dann die Zellkerne entfernt wurden. Nach dem Bericht im Fachjournal *„Cloning and Stem Cells"* soll dazu eine neuartige Technik verwandt worden sein, die eine höhere Erfolgsrate garantiert. Nach offiziellen chinesischen Medien stammte das Erbgut eines der geklonten Embryonen aus den weißen Blutkörperchen eines Parkinson-Patienten, während die der anderen vier aus den Hautzellen gesunder Spender stammten.

Therapeutisches Klonen ist das Schlagwort bei dieser Art der Forschung. Dabei geht es um die Herstellung embryonaler Stammzellen mit patienteneigenem Erbgut. Damit sollen dann schwere Krankheiten wie beispielsweise Parkinson und Alzheimer behandelt und später auch geheilt werden können. Li Jianyuan möchte mit der Arbeit seiner Gruppe diese Forschung und die Entwicklung dieses Verfahrens vorantreiben. Wie er in seinem Bericht schrieb, gelang in 26 von 58 Versuchen die Verschmelzung des Spender-Zellkerns mit einer der entkernten Eizellen. Neun der Klon-Embryonen entwickelten sich bis ins so genannte 16-Zell-Stadium und fünf bis zur Blastozyste. Aus dieser werden üblicherweise embryonale Stammzellen entnommen. Wie es weiter heißt, hätten durchgeführte DNA-Analysen die Blastozysten als Klone identifiziert...

Geboren am 18. November 2008: Lancelot II. Wer ist dieser Lancelot II., dass er so erwähnenswert ist? Es ist ein Labrador-Welpe. Nichts Außergewöhnliches also? – Doch, denn Lancelot II. ist eine Kopie, ein Klon. Der Vorgänger von Lancelot dem Zweiten war der Labrador Lancelot, der dem Ehepaar Nina und Edgar Otto aus Boca Raton in Florida/USA gehörte. Dieser war im Januar 2008 verstorben. Deshalb hatte das Ehepaar Otto damals Genmaterial ihres Hundes auf Eis legen lassen, in der Hoffnung einmal einen Klon ihres Lieblings bekommen zu können. Dieser Traum wurde nun wahr.

Rund 117.000 Euro (155.000 US-Dollar) hat es die Ottos gekostet. Sie waren eine von insgesamt fünf Familien, die im Juli 2008 im Rahmen einer Versteigerungsaktion der in der Nähe von San Francisco ansässigen Klon-Firma *BioArts international* ausgewählt wurden. Dort wird der geklonte Hundewelpe unter dem Namen Lancelot Encore geführt, was zu Deutsch etwa soviel heißt wie *„Lancelots Zugabe"*. Eine aus dem Genmaterial des verstorbenen Hundes von der südkoreanischen *Sooam Biotech Research Foundation* geklonte Eizelle wurde im Oktober 2008 einer Hunde-Leihmutter in Südkorea eingesetzt, die dann am 18. November den Welpen Lancelot II. zur Welt brachte.

Lou Hawthorne, der Betreiber von *BioArts international*, behauptete, dies sei der erste kommerziell geklonte Hund der Welt. Doch das entspricht nicht den Tatsachen, denn bereits im gleichen Jahr hatte die Amerikanerin Bernann McKinney aus Hollywood bei der ebenfalls in Südkorea ansässigen Biotech-Firma *RNL Bio* drei genetisch exakte Kopien (Klone) ihres 2006 verstorbenen Pitbull-Terriers Booger anfertigen lassen. Mit 50.000 US-Dollar (damals etwa 32.000 Euro) war sie dabei noch ganz preiswert weggekommen. Wie die Südkoreaner mitteilten, hatten sie zuvor bereits im Auftrag einer japanischen Stammzell-Firma die Retriever-Hündin Marine geklont, die in der Lage ist Krebs zu erschnüffeln. Außerdem, so wurde berichtet, habe Lou Hawthorne selbst bereits seinen eigenen, 2002 verstorbenen Familienhund Missy klonen lassen ...

Am 27. Januar 2009 gingen Sensationsmeldungen um die Welt: Am Vortag (26.01.2009) hatte eine 33jährige Frau in den USA Achtlinge zur Welt gebracht. Wie sich bald herausstellte, ein Skandal ohne Gleichen. Zum einen ist die 33jährige Mutter eine Studentin ohne Lebenspartner und Einkommen, zum anderen war sie bereits allein erziehende Mutter von sechs Kindern – jetzt vierzehn. Was den Skandal aber noch größer macht, ist die offensichtlich jetzt zur Gewissheit gewordene Vermutung, dass es sich um ein medizinisches Experiment gehandelt hat – frei nach dem Motto und Bibelzitat: *„Lasset uns Menschen machen ..."*

Bereits bei den ersten Meldungen hatten Mediziner aus aller Welt Bedenken angemeldet, dass es sich hierbei um einen natürlichen Ablauf von der Befruchtung bis zur Geburt gehandelt haben könne. Solche Mehrlingsgeburten können nach Auffassung vieler Fachleute nur mittels moderner Reproduktionsmedizin entstehen. So ist es gerade in den USA vielfach üblich den Frauen mehrere im Reagenzglas gezeugte Embryonen in die Gebärmutter einzusetzen. Dabei sollen drei bis fünf keine Seltenheit sein.

Aber gleich acht – das scheint auch in den USA eine Ausnahme zu sein. Und so verhärtet sich hier der Verdacht immer mehr, dass es sich bei dieser Achtlingsgeburt um ein medizinisches Experiment gehandelt hat, bei dem man vielleicht die Grenzen des Machbaren austesten wollte. Das alles könnte zu einem gigantischen Zukunftsplan gehören, bei dem es um die zukünftige Besiedelung fremder Welten geht …

Egal, was und wie auch immer – das alles ist wiederum ein weiteres Mosaiksteinchen in der prä-astronautischen Theorie, die auch die Frage aufwirft, ob wir einst von einer außerirdischen Zivilisation erschaffen wurden, die der Erde in der Vorzeit einen Besuch abstattete. Möglicherweise standen die dortigen Forscher auf ihrem Heimatplaneten vor einem ähnlichen Problem: Sie hatten die Gen-Technik und das Klon-Verfahren entwickelt, durften es aber aus ethischen Gründen nicht anwenden. So verlagerten sie ihre Experimente kurzerhand auf die Erde und schufen (klonten) hier aus der Retorte heraus den Menschen *„nach ihrem Ebenbild"* – wie es in der Bibel heißt.

Vielleicht war dieses Experiment aber auch von den Außerirdischen offiziell geplant und von deren Regierung genehmigt worden. Dies könnte beispielsweise dann der Fall gewesen sein, wenn die Außerirdischen aus irgendeinem Grunde unfruchtbar und zeugungsunfähig geworden waren. Gründe hierfür gäbe es reichlich und einer der wichtigsten könnte die Zerstörung der Umwelt und eine extreme Umweltverschmutzung auf dem Heimatplaneten gewesen sein. Bedenken wir in diesem Zusammenhang nur unsere eigenen, heutigen Umweltprobleme. Der Fortbestand der menschlichen Rasse (der Außerirdischen) hätte dann vielleicht nur noch durch solche Gen- und Klon-Experimente gesichert werden können, die natürlich nicht auf dem verschmutzten Heimatplaneten, sondern auf einem jungen, fruchtbaren und *„sauberen"* Planeten durchgeführt werden mussten, wie die Erde es damals noch war. Für diese Annahme würde auch die Mythologie herangezogen werden können, denn in ihr ist ja auch die Rede davon, dass sich die **Söhne der Götter** (= Außerirdische) mit den Töchtern der (von ihnen erschaffenen irdischen) Menschen paarten und vermischten.

Für diese Schlussfolgerungen könnte auch die Tatsache sprechen, dass in der Evolutionstheorie das wichtigste aller Bindeglieder fehlt und an die deren Initiator, Charles Darwin, selbst nicht so recht glauben mochte.

Der Mensch hat bereits seinen Fuß auf den Mond gesetzt und für die erste Hälfte des 21. Jahrhunderts ist eine bemannte Expedition zum Nachbarplaneten Mars geplant. Diesen will man in der Zukunft durch „Terraforming" für Menschen bewohnbar machen. Die Möglichkeiten dazu wären, so die Wissenschaft, heute schon gegeben. Aber noch ist dies „Zukunftsmusik" und noch ist es lange nicht soweit, dass wir unser eigenes Sonnensystem verlassen. Aber eines fernen Tages wird auch dies möglich sein. Die wichtigste Frage dürfte dann nicht sein, was wir dort, auf anderen Planeten, vorfinden, sondern die, was wir dort machen werden.

Die ersten Menschen, die einen anderen Planeten betreten, wären Wissenschaftler. Was diese dann dort treiben, das läge außerhalb jeder Kontrolle irdischer und damit weit entfernter Regierungen. Wäre es da nicht auch für unsere Wissenschaftler eine interessante Möglichkeit, dort all die auf der Erde verbotenen Forschungen und Experimente – wie etwa das Klonen von Menschen – auszuführen? Sollte dies wirklich einmal in der Zukunft zutreffen, würde sich auf dem betreffenden Planeten die menschliche Geschichte wiederholen und der Mensch der Erde würde Gott spielen und eine neue und doch alte Rasse, nach seinem eigenen Ebenbilde, erschaffen – so, wie es einst vielleicht die Besucher anderer Welten auf der Erde machten.

Eines aber hat die ganze Gen- und Klontechnologie bereits erreicht. Seit Dolly, dem ersten Klonschaf, forschte man an der genetischen Reprogrammierbarkeit. Die in greifbare Nähe gerückte Möglichkeit diverse Körperzellen mit der nahezu unbegrenzt erscheinenden Entwicklungspotenz embryonaler Zellen auszustatten dynamisierte die Forschung und Entwicklung. Hierauf baut heute bereits eine neue medizinische Disziplin auf, die Regenerative Medizin. Dabei geht es um die Erzeugung von auf den jeweiligen Patienten zugeschnittenen, höchst individuellen menschlichen „Ersatzteilen". Ersatzgewebe für eine bis zu diesem Zeitpunkt als unmöglich betrachtete „Reparaturmedizin".

Eng damit verbunden ist auch der bereits seit einigen Jahren ins Gespräch gekommene „genetische Jungbrunnen". Es geht dabei um die Reprogrammierung von adulten Körperzellen der Patienten. Anstelle des ehemals hierfür vorgesehenen Kerntransfers gingen die Forscher in den meisten Labors weltweit jedoch dazu über die genetische Verjüngung durch ein kontrolliertes Steuern einiger weniger Entwicklungsgene zu erreichen, die dabei eine entscheidende Rolle spielen. Dies basiert auf einer Entwicklung des japanischen Stammzellforschers Shin'ya Yamanaka. Zwar ist die Forschung in dieser Richtung heute offenbar noch nicht ganz ausgereift, doch könnte der Tag nicht mehr weit sein, wo mit dieser Methode bzw. der Weiterentwicklung daraus, der Mensch wirklich scheinbar grenzenlos verjüngt werden kann und damit auch vielleicht ein *„biblisches Alter"* erreichen kann. Und dies wiederum wäre für eine zukünftige, interstellare Raumfahrt und die Besiedelung ferner Sonnensysteme von unschätzbarem Wert.

US-Präsident George W. Bush gab in einer Rede im August 2001 bekannt, dass in den USA nur noch Forschungsarbeiten an bereits bestehenden embryonalen Stammzelllinien mit öffentlichen Geldern gefördert werden. Damit schränkte er die Forschungen auf diesem Gebiet drastisch ein, was die USA hier im Laufe seiner Amtszeit enorm zurückwarf während andere Länder darin Spitzenpositionen einnahmen. Jetzt soll alles wieder anders werden.

Am 9. März 2009 gab es dann eine 180-Grad-Kehrtwende, als der neue US-Präsident Barack Obama einen Erlass zu diesem Thema unterzeichnete und der Presse im Beisein einiger führender Stammzellforscher erklärte, dass die Forschung an embryonalen Stammzellen zukünftig wieder mit staatlichen Mitteln gefördert werde. Dies sei ein Kurswechsel, auf den viele Wissenschaftler sowie Mediziner und Patienten gehofft hätten, begründete Obama die Außerkraftsetzung des Erlasses seines Vorgängers.

Damit will er die Stammzellenforschung in den USA wieder an die Weltspitze bringen, denn *„wenn die Regierung hier nicht investiert, dann werden gute Chancen vergeudet"*, hieß es in seiner Rede. Und weiter sagte er: *„Wir werden die Wissenschaftler, die diese Forschungen betreiben, nach Kräften unterstützen."*

Das drastische Einschränken in dieser Forschung hatte George W. Bush aus ethischen Gründen und aus Rücksicht auf religiöse Rechte angeordnet. Diese Haltung bezeichnete Barack Obama als *„falsche Wahl zwischen vernünftiger Wissenschaft und moralischen Werten"*. Er verwies darauf, dass die Stammzellforschung zu einem Durchbruch bei Krankheiten wie Diabetes und Parkinson führen könne. Doch die Diskussion um diese Wissenschaftsdisziplin entbrannte sofort wieder aufs Neue und die Vertreter zahlreicher kirchlicher und konservativer Gruppierungen meldeten ethische Bedenken an.

Wie Obama betonte, müsse selbstverständlich sichergestellt werden, dass die wissenschaftlichen Daten niemals durch irgendwelche politischen Einflüsse verdreht oder verschwiegen werden. Die Bedenken der Kritiker müssen ernst genommen werden, deshalb sei es eine schwierige Entscheidung gewesen. Auch sollen Leitlinien erarbeitet werden, die dann entschieden durchgesetzt und strikt eingehalten werden müssen, damit kein Missbrauch betrieben wird, der auch nicht toleriert werden könne.

Kaum war die Diskussion über die neue US-Einstellung zum Thema verklungen, erhielt ich eine Nachricht aus Thailand. Hier wurden neben der Forschung bereits im großen Stile Behandlungen mit Stammzellen durchgeführt. Besonders die Privatkliniken hatten immer wieder weltweit damit geworben. Wegen eines entsprechenden Verbots war dies in Thailand für Patienten aus aller Welt möglich. Damit soll es aber in Kürze vorbei sein, denn der Medizinische Rat Thailands brachte im Sommer 2009 eine Gesetzesvorlage ein, wonach der Einsatz von Stammzellen für *„zweifelhafte Heilbehandlungen"* verboten werden soll. Der Vorsitzende des Rates sagte: *„Das Gesetz dient dazu, die Patienten zu schützen, denn bisher ist es wissenschaftlich nicht nachgewiesen, dass die Behandlung mit Stammzellen Erfolg hat."*

Der Gesetzesentwurf wurde dem thailändischen Gesundheitsministerium vorgelegt. Mit einem Inkrafttreten sei im August oder September 2009 zu rechnen, hieß es in der Meldung weiter. Sobald das Gesetz in Kraft getreten ist, darf keine Behandlung mit Stammzellen an Patienten mehr erfolgen. In Bezug auf die Stammzellenforschung müssen dann die Forscher jedes Mal einen Antrag bei einer entsprechenden Kommission stellen, die jedes Mal neu dazu entscheidet.

Kapitel 5: Die magische Seite des Albertus Magnus

... sympathetische und natürliche egyptische Geheimnisse ...

Die alchemistische und magische Seite des Albertus Magnus habe ich im Vorwort und im ersten Kapitel bereits angedeutet. Dabei kam auch das umstrittene Buch *„Albertus Magnus bewährte und approbierte sympathetische und natürliche egyptische Geheimnisse für Menschen und Vieh"* kurz zur Sprache.

Das erste Erscheinen des Buches konnte nicht exakt ermittelt werden, muss aber um 1830 gewesen sein. Dass es heute überhaupt noch in Umlauf ist, verdankt es einer Faksimileausgabe, die 1979 in Freiburg i. Br. aufgelegt wurde. In kirchlichen und wissenschaftlichen Fachkreisen sowie im Dominikaner-Orden ist das Buch stark umstritten, zumal es von vielen Albertus Magnus zugeschrieben wird. Doch dafür gibt es eigentlich keine stichhaltigen Beweise, denn der Name Albertus Magnus ist wahrscheinlich gar nicht die Autorenangabe, sondern gehört bereits zum Titel des Werkes. Dann aber muss der Urheber ein anderer gewesen sein.

Das Buch mit unbekannter Urheberschaft war gegen Ende des 19. Jahrhunderts und zu Beginn des 20. Jahrhunderts vermutlich das in Deutschland am meisten verbreitete Zauberbuch. Diese Ansicht vertritt unter anderem 1954 Will.-Erich Peuckert in seiner Abhandlung *„Die egyptischen Geheimnisse"*.

Das (vermutlich relativ unbekannte) Autoren und ihre Verleger in den vergangenen Jahrhunderten bei der Herausgabe ihrer Bücher häufig zu einem Trick griffen und sich die Berühmtheit von Albertus Magnus (und auch anderen) zunutze machten, indem sie seinen Namen im Buchtitel verwandten, gilt nahezu als gesicherte Tatsache. Auf diesen Umstand deutet auch die Tatsache hin, dass es nach dem Namen *„klein"* weitergeht. Wäre der Name *„Albertus Magnus"* die Autorenangabe, dann begänne der Buchtitel mit dem Wort *„bewährte"*, das dann *„groß"* anfangen müsste. In einer wissenschaftlichen Abhandlung, die sich als Quelle auf Helm im *„Hauptwörterbuch des deutschen Aberglaubens"* von 1927 bezieht, lesen wir dazu:

„In Erzählungen rankten sich bald viele Zaubergeschichten um Albert herum. Dies und zugleich seine stets gerühmte überragende wissenschaftliche Bedeutung machten sich bald die Verleger und Verfasser einer Reihe von volkstümlichen und sogar geschmacklosen Schriften geschäftstüchtig zunutze. Sie schrieben Alberts Namen über ihre Machwerke und rechneten mit der Hilfe seines Ruhmes auf schnellen Gewinn. Dadurch, nicht durch seine eigenen Schriften, hielt sich das Andenken an Albert lebendig. Diese Druckwerke führten wohl auch dazu, dass sein Ehrenname in der feierlichen Latinisierung Allgemeingut wurde: ‚Magnus' und ‚Magie' klangen ähnlich."

Der wirkliche Autor der *„... egyptischen Geheimnisse ..."* bleibt ungenannt und daher ist es müßig heute darüber zu spekulieren, wer das Buch nun wirklich verfasste. Vielleicht war es ein Schüler oder Dominikaner-Bruder von Albertus Magnus, vielleicht aber auch jemand ganz anderes. In Anbetracht der Tatsache, dass sich Albertus Magnus neben seinen technischen Experimenten auch mit allerlei Kräutern, Rezepten, der Alchemie und Magie beschäftigt hat, wird es jedoch möglich, dass die Angaben in dem umstrittenen Buch, zumindest teilweise, tatsächlich in irgendeinem Zusammenhang mit seiner Person und seinem Wirken stehen.

Das Buch enthält allerlei ans Okkulte erinnernde Kräuterrezepte für Krankheiten bei Menschen und Tieren sowie eine größere Anzahl magischer Beschwörungen gegen Geister und Dämonen – ebenfalls *„für Menschen und Vieh"*. Alle diese Dinge passen nicht so recht in unsere aufgeklärte Welt des 21. Jahrhunderts. Vor allem aber passt es ganz sicher nicht in den Kram der Kirche. Es stört ein geordnetes, scheinbar heiles, christliches Weltbild aufs Äußerste.

Statt aber nun der Sache auf den Grund zu gehen, begnügt man sich von kirchlicher Seite damit, dieses Buch als *„Machwerk"* abzustempeln, das überhaupt nichts mit Albertus Magnus zu tun hat. Für den gehorsamen und gläubigen Christen mag dies genügen. Für uns aber, die wir den Geheimnissen unserer Vergangenheit auf den Grund kommen wollen, genügen solche *„billigen Gegenreden"* keineswegs, denn sie sind weder wissenschaftlich fundiert noch befriedigend für einen logisch denkenden und fragenden Menschen, der die Wahrheit wissen möchte.

Immerhin ist allgemein bekannt, dass sich der große Heilige tatsächlich mit solchen Dingen beschäftigte. Und einen Kräutergarten betrieb er bereits in jungen Jahren, vor seinem Eintritt in den Dominikaner-Orden, an der Stätte seiner Geburt. Wohl zwangsläufig entwickelte sich daraus sein Interesse an der Alchemie, über die er vielleicht später zur Magie und damit dem Okkulten gelangte. Der Beweis für seine Beschäftigung mit all diesen Dingen sind seine eigenen Bücher, in denen er auch darüber berichtete.

Da der Autor des umstrittenen Werkes nicht bekannt ist, ist letztendlich auch nicht einwandfrei beweisbar, dass Albertus Magnus nicht der Verfasser ist – auch, wenn dies im konkreten Fall zutreffen mag. Immerhin gibt es einige Bücher und Schriften, die er zu diesen oder ähnlichen Themen verfasste und die heute teilweise bekannt sind und teilweise auch noch als verschollen gelten.

Eines seiner heute bekannten Bücher ist das *„Buch der Zusammensetzung oder Buch der Geheimnisse der Kräuterkräfte, der Steinkräfte und der Kräfte einiger Tiere"* (lateinischer Titel: *„Liber aggregationis seu liber secretorum de virtutibus herbarum, de virtutibus lapidum et de virtutibus animalium quorundam"*). Dieses Buch, auch als *„Buch der Heimlichkeiten Alberti Magni"* genannt, ist ein Arznei- und Kräuterbuch. Nach dem Messjournal des Frankfurter Buchhändlers Michael Harde war es mit 227 Exemplaren das meistverkaufte *„Volksbuch"* auf der Fastenmesse im Jahre 1569.

Neben den Rezepten, auf die ich hier jedoch nicht näher eingehen möchte, und den magischen Dingen sind auch einige technische Aspekte in dem Buch über die *„egyptischen Geheimnisse"* enthalten. So beispielsweise im ersten Teil auf Seite 20:

„Einen magnetischen Compaß zu verfertigen,
welcher zur Entdeckung der Schätze und Erze unter der Erde dienlich ist.

Zu solchen wird ein aus dem Plusquamperfecto gemachter Magnet mit der prima materia, woraus alle Metalle wachsen, erfordert, mit welchem der Magnet des Compasses gestärkt sein muss, und um den Compaß stehen alle sieben Metalle Charakter. Wenn man nun zu wissen verlangt, was für Metall am meisten bei einem Schatze oder Erze unter der Erde sich befindet, so darf man nur mit dem Compaß an denjenigen Ort, an welchem die magnetische Rute angezeigt hat, dass allda unter der Erde etwas vorhanden sein möchte, hingegen nach dem Perpendieul den Fuß allda einstecken, von jedem Metalle ein Stück, und zwar eines so schwer als das andere, auf seinen Charakter legen, so wird die Nadel herumlaufen und auf denjenigen Metalle, welches unter der Erde prädominiert, stille stehen bleiben."

Was hier in wenigen Sätzen beschrieben wird, ist doch wohl einwandfrei ein Metalldetektor. Ein hochmodernes Gerät, das offiziellen Angaben zufolge erst im 20. Jahrhundert erfunden wurde und zum Einsatz kam. Woher stammte ein solches wissenschaftliches Gerät im Mittelalter? Ist dies wieder einmal ein Mosaiksteinchen mehr, das ein Gesamtbild entstehen lässt, wonach wir im Mittelalter Kontakte zu technisch weit überlegenen Wesen hatten?

Bereits im 3. Kapitel hatte ich das Thema der magischen Spiegel angeschnitten, in denen weit entfernte Geschehen betrachtet werden konnten. Im Zusammenhang mit dem magischen Spiegel Montezumas vermutete der englische Schriftsteller Walter Raymond Drake eine Art *„Televisionsmechanismus"*. Auch in dem Buch *„.... egyptische Geheimnisse ..."* ist im ersten Teil auf den Seiten 20 bis 21 die Rede von solch einem Spiegel:

„Ein geheimes Kunststück in einen Spiegel zu sehen, was der Feind auf eine Meile des Weges weit formiert.

Man schaffe sich einen guten, geheimen, flachen Spiegel, so groß er sein kann, zur Hand, lasse oben und zur rechten Hand Leisten ungefähr anderthalb Zoll oder Daumen hoch leimen, dass also der Spiegel eingefasst sein möge, bis auf die linke Seite, da er offen bleiben muss. Solchen Spiegel muss man gegen den Ort, da der Feind sich aufhält, halten, so wird man darinnen dessen Marschiren, Schanzen, Thun und Lassen sehen können."

Die Beschreibung hier ist jedoch so vage und primitiv, dass man kaum ein technisches Gerät darin vermuten kann – es sei denn, der Verfasser hätte lediglich einen optischen und rein äußerlichen Eindruck des *„Spiegels"* wiedergegeben und dieser selbst hätte eine Art kompliziertes, technisches Innenleben gehabt. Sollte dies der Fall sein, ist es unwahrscheinlich, dass das Buch von Albertus Magnus verfasst wurde, da dieser die Herstellung eines solchen magischen Spiegels sicher hätte besser beschreiben können.

Ebenfalls noch im ersten Teil des umstrittenen Buches, auf Seite 52, befindet sich die *„Sator-Formel"*. Sie hat mit Technik nichts mehr zu tun und betrifft die magische, die okkulte Seite. Mit ihr soll man angeblich auch Feuer löschen können, was mich zwangsläufig an Dominikus erinnert, der sich (s. Kapitel 1) mit den Häretikern anlegte und auf einen Vergleich einließ. Erinnern wir uns: Während die ins Feuer geworfene Schrift der Häretiker verbrannte, sprang die des Dominikus immer wieder unversehrt daraus hervor. Besteht hier in irgendeiner Form ein Zusammenhang?

„Eine Kunst, Feuer zu löschen ohne Wasser.
Schreibe folgende Buchstaben (siehe Abbildung) *auf eine jede Seite eines Tellers und wirf ihn in das Feuer, sogleich wird es geduldig auslöschen:"*

Abb. 18: Die geheimnisvolle Satorformel.

Diese Formel, über die sich bereits zahlreiche Experten und Laien die Köpfe zerbrochen haben, ist bemerkenswert. Eigentlich besteht sie nur aus drei Wörtern, nämlich *„SATOR"*, *„AREPO"* und *„TENET"*. Die beiden letzten Wörter sind lediglich Umkehrungen der beiden ersten Wörter (*„OPERA"* = *„AREPO"*, *„ROTAS"* = *„SATOR"*). Liest man sie „normal", also von links nach rechts, erhält man genau die gleichen Wörter und die gleiche Kombination, als wenn man sie von links anfangen jeweils senkrecht liest. Von rechts nach links und dabei unten angefangen und aufwärts gehend ergibt sich ebenfalls wieder die gleiche Wortkombination mit denselben Wörtern – und, ebenso, wie könnte es jetzt anders sein, auch von unten rechts angefangen jeweils nach oben (also senkrecht) gelesen. Lediglich das Wort *„TENET"* in der Mitte, das gewissermaßen das

Mittelkreuz bildet, ist einfach enthalten und bleibt sowohl vorwärts, als auch rückwärts gelesen das gleiche Wort.

Abb. 19: Skizze der Inschrift aus der römischen Mauer mit der eingesetzten Scherbe von Manchester. (Zeichnung: Axel Ertelt)

Woher aber stammt die *„Sator-Formel"* eigentlich? Das erste Zeugnis der Formel stammt aus Pompeji und der Ursprung wird im Zusammenhang mit dem Mithras-Kult gesehen. Angeblich wurde bei Ausgrabungen einer frühen Römersiedlung in der Nähe von Manchester in England eine ca. 7,5 cm lange Tonscherbe gefunden, die von den Archäologen auf das Jahr 280 nach Christus datiert wurde. Auf dieser Scherbe befanden sich untereinander die Worte ROTAS, OPERA und TENET. Und diese Scherbe passte, so verschiedene Meldungen, ausgerechnet in ein fehlendes Stück einer Inschrift, die an einer alten römischen Mauer gefunden wurde. Als man die Scherbe in die Lücke setzte, ergab sich der vollständige Text:

Interessant dabei ist, dass hier die Formel offensichtlich in umgekehrter Reihenfolge wiedergegeben ist – oder, anders ausgedrückt, spiegelverkehrt. Bedenkt man das Alter dieses (angeblichen) Fundes, so könnte man allerdings auch zu dem Schluss kommen, dass es sich hierbei um die Original-Formel handelt.

$$R\ O\ T\ A\ S$$
$$O\ P\ E\ R\ A$$
$$T\ E\ N\ E\ T$$
$$A\ R\ E\ P\ O$$
$$S\ A\ T\ O\ R$$

Abb. 20: Die Satorformel in der Reihenfolge des Mauerfundes.

Erklärungs- bzw. Deutungsversuche wurden schon viele gemacht. Die bekanntesten sind beispielsweise der Übersetzungsversuch als *„Arepo, der Sämann, führt das Rad mit Vorsicht"* bzw. auch als *„Der Sämann Arepo lenkt mit Arbeit die Räder"*, oder auch die Tatsache, dass man aus den Buchstaben in Kreuzform zweimal das Wort *„Paternoster"* bilden kann, wenn das einzige N (von *„TENET"*, das sich ja sowieso bereits im Mittelpunkt befindet) in der Mitte stehen lässt. *„Paternoster"* heißt zu Deutsch *„Vater unser"*, was zur Spekulation Anlass gab, dass es sich bei der Formel um das bekannte christliche Gebet in Geheimsprache handele.

Bleiben bei diesem Wortspiel allerdings 4 Buchstaben übrig (2 x das *„A"* und 2 x das *„O"*. Das könnte dann als *„Alpha"* und *„Omega"*, als *„Anfang"* und *„Ende"* gewertet werden. – Doch bringen uns diese Wortspielereien wirklich weiter? Ich glaube kaum.

Auch ich habe mich sehr lange mit dieser magischen Formel auseinandergesetzt und bin zu keinem Ergebnis gekommen – wie so viele Experten vor mir. Interessant könnten kabbalistische Zahlenspiele sein, bei denen man mathematisch auf interessante Ergebnisse kommt. Doch auch diese scheinen keinen Sinn zu ergeben, so dass ich es mir hier erspare darauf einzugehen.

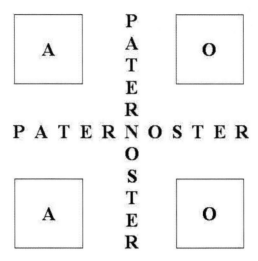

Abb. 21: Das Paternoster-Kreuz aus der Satorformel. (Grafik: Axel Ertelt)

Ansonsten bietet das umstrittene Buch zahlreiche merkwürdige „Rezepte" für allerlei Gebrechen bei Menschen und Tieren. Einige Beschreibungen von okkulten Praktiken bei der Anfertigung von Waffen sind ebenfalls vorhanden. Auf sie möchte ich nicht näher eingehen, da mir ein Bezug zu Albertus Magnus und möglichen außerirdischen Besuchern doch ein wenig zu vage erscheint.

Als letzten Punkt im Zusammenhang mit dem Buch möchte ich hier noch den Titel etwas näher betrachten: „*Albertus Magnus bewährte und approbierte sympathetische und natürliche egyptische Geheimnisse für Menschen und Vieh*". Der Titel spricht hier einwandfrei von „*egyptischen Geheimnissen*". Beachtenswert ist die Schreibweise „*egyptisch*" mit einem „*e*" am Anfang. Das Land in Nordafrika wird aber mit einem „*Ä*" geschrieben: Ägypten. Allgemein gilt die Auffassung, dass hier das Land Ägypten gemeint ist. So schreibt beispielsweise auch das „*Knaur Lexikon*" (s. Quellenverzeichnis) unter dem Stichwort „*Ägyptische Geheimnisse*": „*.... Kurztitel für das anfangs des 19. Jh. in Süddeutschland zusammengestellte, noch im ersten Drittel des 20. Jh. immer wieder gedruckte, Albert dem Großen zugeschriebene Zauberbuch.*"

Ist hier aber wirklich das Land Ägypten gemeint? Es gibt im Zusammenhang mit Albertus Magnus keinerlei konkrete Indizien, die einen möglichen Bezug zwischen ihm, seinem Wirken und Ägypten einwandfrei belegen könnten, außer einigen Büchern aus dem arabischen Raum, die er studiert haben soll.

Andererseits gibt es aber in der nördlichen Hälfte unseres eigenen Landes, in Norddeutschland, eine Gegend, die auch heute noch Egypten (mit einem „E" am Anfang) heißt. Und dieser Landstrich birgt bis in die heutige Zeit noch viele Rätsel, denn es handelt sich um die Ahlhorner Heide und ihren Umkreis, in der die meisten megalithischen Monumente unseres Landes stehen. Und im Zentrum des deutschen Egypten steht ein solches Monument, das allgemein auch als Großstein- oder Hünengrab bezeichnet wird: ein Dolmen. Sollte hier vielleicht der Ursprung der *„egyptischen Geheimnisse"* liegen?

Naturforscher, Wunderarzt und Alchemist

Über die *„Naturkunde"* des Heiligen Albertus Magnus heißt es: *„Albert von Lauingen beschäftigte sich schon seit seiner Jugendzeit mit der Natur und deren kosmischen Kräften."* Das zeigte sich auch darin, dass er frühzeitig bei seinem Geburtshaus in Lauingen an der Donau einen Kräutergarten anlegte, der genau wie das Haus, in dem er geboren wurde, noch bis ins letzte Jahrhundert existiert haben soll.

Inwieweit er mit diesen Kräutern experimentierte und gegebenenfalls daraus auch Rezepturen anfertigte, ist nicht offiziell überliefert und entzieht sich daher unserer heutigen Kenntnis. Wir können jedoch davon ausgehen, dass sein Wissen über Kräuter und deren heilende Kräfte beachtlich und für die damalige Zeit überdurchschnittlich war. Somit läge es durchaus im Bereich des Möglichen, dass auch einige Rezepte aus dem umstrittenen Werk um die *„egyptischen Geheimnisse"* von ihm angewandt wurden, auf sein Wirken zurückgehen oder ihm zumindest bekannt waren.

Unter diesem Gesichtspunkt betrachtet könnte Albertus Magnus, wenn er dann die Rezepte auch anwandte, durchaus auch als Wunderarzt angesehen werden. Vom Wunderarzt wäre der nächste Schritt zum Alchemisten. Die meisten großen Alchemisten des Mittelalters waren nicht nur Spezialisten ihres Faches, sondern gleichzeitig auch hervorragende Ärzte. Man könnte sie eigentlich recht gut mit den Apothekern oder Chemikern der pharmazeutischen Industrie unserer Tage vergleichen.

Fast täglich werden irgendwo auf der Welt neue Medikamente erfunden, neue Vitaminpillen entwickelt. Irgendein Wehwehchen gibt es immer, für das man etwas Neues erfinden kann – auch, wenn es dagegen schon ein paar Dutzend Mittel gibt. Alte Mittel verlieren ihre Gültigkeit, damit die neuen Mittel wieder Platz auf dem Markt finden. Und der ist riesengroß, denn die Pharmaindustrie will ja schließlich auch von unserem Geld leben.

Im Mittelalter war es ähnlich. Nur waren es da die Alchemisten, die experimentierten, erfanden, ausprobierten. Sie waren die Wegbereiter der modernen Chemie und Pharmaindustrie. Selbst der Erfinder des Penicillin, der Bakteriologe Sir Alexander Fleming (* 16.8.1881, † 11.3.1955), war im Grunde nichts anderes, als ein hervorragender Alchemist, der sich kaum von seinen Kollegen aus dem frühen Mittelalter unterschied.

Die Ärzte und Heiler der vergangenen Jahrhunderte konnten ihren Patienten nicht einfach ein Rezept ausschreiben und in die Hand drücken, mit dem diese dann in die nächste Apotheke gingen und dort die Mittel einkauften. So etwas gab es nicht. Damals war der Alchemist alles in einem: Forscher, Pharmazeut, Arzt und Apotheker. Wir können also die Alchemie als moderne Chemie des Mittelalters betrachten. Und diese hat ganz gewiss nichts mit Magie oder Okkultismus zu tun. Dass dies heute häufig in einen Topf geworfen wird, ist einigen, wenigen Scharlatanen und Betrügern zu verdanken.

Die arabische Welt, vor allem Ägypten, ist eines der beliebtesten Gebiete, in denen Prä-Astronautiker herumstöbern und die in der Vergangenheit von außerirdischen Besuchern stark frequentiert wurden – will man den Theorien der Verfechter dieser Thematik folgen. Auch der Begriff *„Alchemie"* stammt aus dem Arabischen und bedeutet im Deutschen nichts anderes als *„die Chemie"*. Früher wurde auch die heute noch in Frankreich gängige Variante *„Alchimie"* (Schreibweise mit *„i"*) benutzt. So stand es auch noch im *„alten Duden"*. Seit der immer noch umstrittenen Rechtschreibereform steht sie aber ausschließlich als *„Alchemie"* im *„neuen Duden"*. Laut Lexikon ist die Alchemie *„das von den Arabern nach Europa* *vermittelte Wissen der Ägypter um die Verwandtschaft und Veränderbarkeit zahlreicher Stoffe"*. Abgeleitet wird der Begriff der Alchemie von *„chemie"* (= schwarz; schwarzerdiges Ägypten; daher auch teilweise als *„Schwarzkunst"* bezeichnet) oder von *„ta chyta"* (griech. = die Schmelzbaren).

Geheimrat Duisberg aus Leverkusen, so berichtet Heribert Christian Scheeben im Jahre 1932 seinen Lesern, war im Besitz einer Statue, auf der eine Inschrift Albertus Magnus als *„Deutschlands ersten Chemiker"* ausweist. Ein Chemiker war im Mittelalter aber nichts anderes als ein Alchemist – eben in Anlehnung an die ursprüngliche, für Chemie genannte, Alchemie in Arabien. Wohl diese Wissenschaft nicht so ganz verstehend, missinterpretierte Alberts Schüler Ulrich von Strassburg sein Wirken in (Al-) Chemie als Magie und verherrlichte seinen Lehrer Albertus Magnus als *„Kundigen der Magie"*.

Legen wir außerirdische Einflüsse im alten Ägypten zugrunde, so könnte es durchaus sein, dass die Anfänge der Alchemie – und damit auch der modernen, heutigen Chemie – von Außerirdischen übermittelt, oder zumindest von denen abgeschaut wurden. Es wurde bereits spekuliert, dass der Begriff selbst darauf hindeutet: **Al**chemie = **All**-Chemie (Chemie aus dem All).

Doch Vorsicht: Diese Wortspielerei erscheint dem Laien vielleicht auf den ersten Blick als *„der Beweis"*. Und im Deutschen trifft sie dann ja auch ganz wunderschön zu. Maßgebend dafür wäre es aber, ob sie im Original, also im alten Ägypten, zutrifft. Dies ist mir leider nicht bekannt. In anderen Sprachen aber trifft diese Ähnlichkeit und scheinbare Wortverwandtschaft mit dem Weltall leider bereits nicht mehr zu, wie schon der Luxemburger UFO-Forscher Gilbert Schmitz richtig erkannte und in seinem Aufsatz *„Alchemie – Die psychologische Bedeutung"* (s. Quellenverzeichnis) erläuterte:

„Nun, dieses Wortspiel ist fast nur in der deutschen Sprache möglich. Im Französischen heißt Alchemie ‚Alchimie'. Der Weltraum aber ‚Espace'. Wie man sehen kann, ist dieses Wortspiel in der französischen Sprache bereits nicht mehr möglich!"

Und auf der anderen Seite der Erde, in Thailand beispielsweise, heißt die Alchemie *„rasah jana wittajah"*, während der Weltraum *„dschagra wahn"* genannt wird. Das *„Al"* im Deutschen dürfte also mehr oder weniger zufällig vorhanden sein – es sei denn, derjenige, der das deutsche Wort für „Alchemie" prägte, hätte gewusst um was es hier geht. Doch das ist leider nichts als unbelegbare Spekulation.

Wie wir wissen, sollen sich die Alchemisten auch mit der Suche nach dem „Lebenselixier" beschäftigt haben. Der Begriff „Elixier" stammt aus dem Griechischen und bedeutet im Deutschen soviel wie „Heil-" oder „Zaubertrank". Das „Lebenselixier" war den Überlieferungen nach ein solcher Zaubertrank, der das Leben verlängern sollte oder sogar die Unsterblichkeit geben konnte.

Ob es ein solches Elixier jemals gab, ist nicht beweisbar und fraglich. Wahrscheinlich ist, dass es Mittel gab, mit denen der Alterungsprozess vielleicht hinausgezögert werden konnte und die somit zumindest optisch ein längeres, jüngeres Aussehen vermittelten. Dies ist ein Thema, das uns bis in die heutige Zeit magisch fesselt und beschäftigt. Großartige Erfolge konnten bisher nicht erzielt werden und erste wissenschaftlich bewiesene Erkenntnisse zu diesem Thema stammen aus den letzten Monaten des Jahres 1997. Doch hierauf an dieser Stelle näher einzugehen wäre auch heute noch zu verfrüht.

Im Zusammenhang mit der Alchemie und den Alchemisten ist auch immer wieder die Rede vom „Stein der Weisen". Was dies aber wirklich war oder ist, wissen wir nicht. Es heißt, dass ihn einige Alchemisten des Mittelalters besessen haben und mit seiner Hilfe in der Lage waren, aus Quecksilber Gold herzustellen. Auch Edelsteine sollen von erfahrenen und großen Alchemisten produziert worden sein. Wissenschaftlich gesehen ist dies mehr als umstritten. Unsere heutige Lehrmeinung bestreitet dies entsprechend energisch. Und doch möchte ich an dieser heutigen Einstellung meine leisen Zweifel anmelden.

Aufgrund der Tatsache, dass Albertus Magnus einmal innerhalb kürzester Zeit die zerrütteten Finanzen des Bistums Regensburg sanierte und die Schulden beglich, wurde ihm vom gemeinen Volk der Besitz eines solchen „Steins der Weisen" zugeschrieben. Ob er ihn wirklich besaß, vorausgesetzt es gab oder gibt ihn überhaupt, ist heute nicht mehr feststellbar.

Wir kennen inzwischen bereits seit Jahren den Aufbau und die Entstehung von Diamanten und Bernstein. Diamanten werden heute für viele

Zwecke künstlich hergestellt. Sie erreichen zwar nicht ganz die natürliche Reinheit und die Eigenschaften echter Diamanten, doch immerhin: es ist möglich. Aus dieser Tatsache ist inzwischen sogar eine ganz eigene Form der Bestattung entstanden, die allgemein als „Diamant-Bestattung" bekannt geworden ist. Die Schweizer Firma **ALGORDANZA** stellt beispielsweise solche „Erinnerungsdiamanten" her. Dabei werden die zur Diamantenherstellung benötigten Kohlenstoffanteile in einem Vorverfahren aus der Humanasche (= Totenasche) von Verstorbenen isoliert. Bei diesem Verfahren wird die eigentliche Asche vollständig aufgelöst. Die isolierten Kohlenstoffanteile werden dann zu einem Diamanten gepresst.

Welche Stilblüten die deutsche Gesetzgebung hervorbringen kann, zeigt sich gerade am Beispiel der „Diamant-Bestattung" ganz deutlich, denn das Ganze ist in Deutschland rechtlich sehr umstritten, da in unserem Land ein Friedhofs- bzw. Bestattungszwang per Gesetz herrscht. Und so ist beispielsweise das **Ministerium für Gesundheit und Soziales** des Landes Nordrhein-Westfalen der Ansicht, dass ein solcher aus Totenasche hergestellter Diamant, wieder nach NRW eingeführt, diesem Bestattungszwang unterläge und auf einem Friedhof beigesetzt werden müsse.

Auch die Herstellung von Bernstein im Labor ist kein Problem mehr und in der Schmuckindustrie werden selbst die einstmals so wertvollen Perlen gezüchtet und sind als Zuchtperlen für jedermann erschwinglich.

Und Gold? Auch die Herstellung von Gold ist möglich und technisch kein Problem mehr! Dies versicherte mir der inzwischen leider verstorbene Wissenschaftler und Schriftsteller Jacques Bergier, der auch Mitglied in der Akademie der Wissenschaften war, in einem persönlichen Gespräch während eines Weltkongresses der Ancient Astronaut Society. Wie er sagte, hat er selber an einem solchen Projekt zur Goldherstellung maßgebend mitgearbeitet. Und „dieses Projekt", so Bergier, „war von Erfolg gekrönt!"

Leider wollte Bergier damals nicht näher auf die Umstände eingehen. Und so konnte ich dazu lediglich nur noch erfahren, dass die Herstellung von Gold im Labor mit Hilfe der Physik gelungen war. Das ließ sich jedoch nur in ganz geringen Mengen bewerkstelligen, und die Kosten für das Verfahren waren so enorm hoch, dass sie den Wert des hergestellten Goldes um ein Vielfaches übertrafen. Darum wurden diese Experimente seinerzeit nicht weitergeführt. Aber es hat gezeigt, dass die Herstellung von Gold prinzipiell möglich ist!

Der „*Stein der Weisen*" wurde auch schon als „*das fünfte Element*" bezeichnet und manche Autoren sehen in ihm eine ungeheure und schier unerschöpfliche Energiequelle, die von einigen mit dem legendären „*Vril*" gleichgesetzt wird. Albertus Magnus betrachtete als „*fünftes Element*" den unveränderlichen Äther – die Substanz der Gestirne. Das „*Vril*" soll eine Kraft sein, mit der auch die angeblich im Dritten Reich entwickelten und sehr umstrittenen Flugscheiben geflogen sein sollen – und dies sogar bis hin zum Mars, wie uns eine Wiener Geheimgesellschaft glauben machen will. Dass durch solche obskuren Phantastereien das ganze Thema nur ins Lächerliche gezogen wird, ist durchaus verständlich.

Abb. 22: Angebliches Foto einer deutschen Flugscheibe mit der Bezeichnung „Vril 7". (Foto: Archiv MYSTERIA)

Dass im Dritten Reich an Flugscheiben oder scheibenförmigen Flugkörpern entwickelt und experimentiert wurde, steht heute eigentlich außer jeder Frage. Zu dieser Schlussfolgerung konnte ich selber anhand umfangreicher Recherche und Gesprächen mit damals unmittelbar beteiligten Personen gelangen. Nach meiner Recherche hat es zumindest einige Prototypen gegeben. Inwieweit, und ob überhaupt, eine Serienproduktion stattfand oder auch nur anlief, bleibt unbewiesen und dahingestellt. Anhand der unterschiedlichsten Berichte und Zeugenaussagen sowie vorliegender Fakten muss es mehrere Projekte dieser Art gegeben haben, die teilweise auch völlig unabhängig voneinander stattfanden. So soll der deutsche Konstrukteur, Ingenieur Heinrich Richard Miethe, an einem diskusförmigen Flugkörper gearbeitet haben, der als das legendäre *„V7-Projekt"* bezeichnet wurde. Das *„V"* steht dabei für *„Vergeltungswaffe"*. Das hielt aber spätere Autoren nicht davon ab, diese Flugscheiben auch mit Bezeichnungen wie *„Vril 7"* oder *„Vril-Odin"* zu betiteln. Mit der legendären Kraft des *„Vril"* hat dies jedoch nichts zu tun, denn die Antriebe dieser deutschen, experimentellen Flugscheiben basierten auf konventionellen Mitteln – auch, wenn diese damals sicherlich zum Teil neue Erfindungen auf dem Weg der Suche nach der legendären Kraft des *„Vril"* darstellten.

Abb. 23: Angebliches Foto einer deutschen Flugscheibe der letzten Testreihe mit Tarnanstrich und der Bezeichnung „Vril 9". (Foto: Archiv MYSTERIA)

Der arischen Rasse, den Ariern, wird sogar zugeschrieben vor rund 5.000 Jahren *„Interplanetarflüge"* absolviert zu haben. Auch dazu sollen sie, wie einige behaupten, die geheimnisvolle Kraft des *„Vril"* benutzt haben. Angeblich durch Forschungen und Recherchen zu diesem Thema konnte man sich im Dritten Reich diese Kraft zunutze machen. Leider sind die Legenden darüber so umstritten, undurchsichtig und unbewiesen, dass sie kaum ernst zunehmen sind. Außerdem ist die Beschäftigung mit dem

Thema „*Arier*" seit den Nazis im Dritten Reich so heikel geworden, dass man dabei schnell in Verruf geraten kann ein Nazi zu sein – und das auch dann, wenn letzteres überhaupt nicht zutreffen mag.

Was das „*Vril*" nun eigentlich genau ist, darüber sind sich selbst die Autoren, die es ernst nehmen, nicht so ganz einig. W. Scott-Elliott vertritt in seinem Buch „*L'Histoire de l'Atlantide*" über die Geschichte des legendären Kontinents Atlantis, die Meinung, dass die Bewohner ihrer „*Stadt mit den goldenen Toren*" Flugmaschinen benutzten, die vom „*Vril*" angetrieben wurden. Dabei setzt er das „*Vril*" mit „*den persönlichen Kräften der Flieger*" gleich.

Die Autoren Peter Bahn und Heiner Gehring kommen in ihrem 1997 erschienenen Buch „*Der Vril-Mythos*" (s. im Quellen- und Literaturverzeichnis) zu dem Schluss, Dass es irgendwo ein Körnchen Wahrheit über eine geheimnisvolle Kraft geben müsste, dass darum aber inzwischen viel Blödsinn geschrieben wurde. Vermutlich haben sie damit recht und allen, die näher an der Thematik um das legendäre „*Vril*" interessiert sind, sei dieses Buch als weiterführende Lektüre empfohlen.

Magie und die okkulte Macht des Übersinnlichen

Vieles, was noch bis vor kurzem als Geheimwissenschaften galt, hat inzwischen eine Erklärung bekommen. So beispielsweise die „*sprechenden Maschinenköpfe*" eines Roger Bacon und anderer großer Eingeweihter des Mittelalters. Ein Großteil dessen, was früher als Alchemie verschrien war, konnte heute als moderne Wissenschaft der Chemie erkannt werden. Einiges von dem, was im Mittelalter als Magie vom Volk ängstlich betrachtet wurde, können wir jedoch heute noch nicht restlos erklären. Nur die Bezeichnungen ändern sich, werden moderner. Aus der Magie entstand, zumindest zum Teil, das Übersinnliche, das sich in der Parapsychologie widerspiegelt.

An der Einstellung hat sich aber nur wenig geändert und so ist die Parapsychologie immer noch ein heiß diskutiertes und umstrittenes Gebiet im Grenzbereich zwischen Okkultismus und Wissenschaft. Mit solchen Grenzbereichen zwischen Sein und Nichtsein, zwischen Realität und Irrealität, zwischen Phantasie und Wirklichkeit, hat sich ganz offensichtlich auch Albertus Magnus beschäftigt. Gerade über diese magische Seite, die so gar nicht in das kirchlich-religiöse Weltbild passt, das die Geistlichkeit von ihrem großen Heiligen vorgaukelt, gibt es zahlreiche interessante Legenden. Eine davon beschreibt, wie Albertus Magnus eines Tages durch seine magischen Fähigkeiten dem Papst das Leben rettete:

„Albertus Magnus rettet den Papst

Bruder Albrecht war wohlbekannt mit dem Papste. Einst, als er mit demselben lustwandelte, wollten sie in einem Schifflein auf dem See fahren und nahmen nur wenige von des Papstes Diener mit sich. Nicht lange danach sah der Papst wohl sieben Schiffe mit Kriegsvolk, das war wohl beharnischt und wohl bewehrt. Der Papst begann zu verzagen und das mochte er wohl mit Recht; denn sie umringten sein Schiff und kamen näher, ihn zu fangen. Von Sicilien waren sie und Manfred hatte sie gesandt, weil der Papst seinen Vater, Herrn Friedrich, mit dem Bannfluche belegt hatte. Das wollten sie rächen an ihm und hatten alle Schritte des Papstes erspäht. Hätte Bruder Albrecht ihn nicht geschirmt, er wäre ihnen nicht entgangen. Große Angst befiel den Papst und alle, die mit ihnen waren, nur nicht Bruder Albrecht.

,Ergebet euch', riefen die Feinde, ,oder ihr seid des Todes!' Der Papst sprach: ,Was sollen wir tun, liebe Freunde? Ist keiner unter euch, der uns raten kann, wie wir entkommen mögen?' Bruder Albrecht sprach: ,Herr, ich könnte uns wohl von ihnen befreien, aber es wäre gegen euer Gebot. Hätte ich Urlaub, hier meine Kunst zu gebrauchen, sie sollten alle fliehen in Furcht und Angst.'

Der Papst sprach: ,Albrecht, tue das, ich gebe dir Urlaub dazu, für nun und dein ganzes Leben; tust du nichts Arges damit, dann absolviere ich dich von aller Sünde dabei.'

Das hatte der Papst kaum gesagt, da flohen die Anderen als jagte sie der Teufel, so großer Schrecken überfiel sie; sie meinten, die ganze Welt wäre über sie hergefallen.

Also wurde der Papst gerettet durch Bruder Albrecht und kam ohne einen Schaden nach Rom. Bruder Albrecht aber hatte dadurch die Erlaubnis gewonnen, frei und ohne Sünde die schwarze Kunst zu üben."

Wie es Albertus Magnus gelang, sieben Kriegsschiffe in die Flucht zu schlagen, bleibt ungewiss. Er muss wohl mittels Magie (oder war es Telepathie, Hypnose, Suggestion?) den Feinden etwas vorgegaukelt haben. Dass er so etwas konnte, sollen die Geschichten um den angeblichen Zauberbecher des Albertus Magnus beweisen, auf den ich noch zurückkommen werde.

An mehreren Stellen wird in alten Sagen und Chroniken berichtet, dass Albertus Magnus an zwei oder sogar drei Orten gleichzeitig sein konnte. So soll er des Öfteren in zwei weit voneinander entfernt liegenden Orten gleichzeitig die heilige Messe gelesen haben.

Das klingt nach modernen Gruselstories und man wird in die Welt des deutschen Romanautors Jürgen Grasmück versetzt, der unter dem Pseudonym Dan Shocker Anfang der 80er Jahre unter anderem auch die Grusel-Romanserie „Macabros" verfasste. Der Serienheld, Björn Hellmark, war nach einem Autounfall in der Lage seinen Körper zu verdoppeln, ein Duplikat entstehen zu lassen. Dieses Double war ein unverwundbarer Ätherkörper, der im Roman völlig unabhängig von seinem Originalkörper agieren konnte und gegen die Geister- und Dämonenwelt kämpfte.

Diese Romanhandlung ist beileibe nicht so utopisch, wie sie für den Durchschnittsbürger auf den ersten Blick vielleicht erscheinen mag. Die Parapsychologie kennt das Phänomen solcher Äther- oder Astralkörper, die getreue Abbildungen des menschlichen Körpers sind, von dem sie stammen. Auch wenn die Wissenschaft hier noch geteilter Meinung ist und es bisher offenbar noch keinen eindeutigen Beweis für solche Astralkörper gibt, es wäre die einzige logische Erklärung, wenn Albertus Magnus wirklich an zwei Orten *gleichzeitig* sein konnte.

Im Verlaufe meiner umfangreichen Forschungen über die Geheimnisse unserer Welt traf ich bereits in den 70er Jahren mit einem älteren Herrn aus Bad Friedrichshall zusammen, der mir eine wahrhaft merkwürdige Geschichte erzählte, die eine verblüffende Parallele dazu ist:

„Als ich eines Tages mit hohem Fieber zu Hause im Bett lag, konnte ich plötzlich von oben auf mich selber herab sehen. Dann verließ ich das Zimmer, wobei ich einen letzten Blick auf mich selbst warf, wie mein Körper noch dort im Bett lag. Mein Ziel war der Bahnhof. Von dort wollte ich mit dem Zug zu einem Verwandtenbesuch fahren. Im Bahnhof traf ich auf einen Bekannten, mit dem ich mich eine Zeitlang unterhielt. Dann kam der Zug, ich löste eine Fahrkarte und besuchte meine Verwandten. An die Rückfahrt kann ich mich nicht mehr erinnern. Meine nächste Erinnerung ist erst wieder zu Hause, als ich in meinem Bett aufwachte."

Nun könnte man diese Geschichte einfach als Traumerlebnis abtun und die Angelegenheit wäre vergessen. Aber so einfach ist es in diesem Fall nicht. Die Angehörigen des Betreffenden bezeugten, dass er das Bett nicht verlassen hatte. Und doch fand man im Zimmer eine Bahnfahrkarte von diesem Tage, von der niemand wusste, wie sie dorthin gekommen war. Es kommt noch besser: Sowohl der Bekannte bestätigte das Zusammentreffen am Bahnhof, als auch die Verwandten den Besuch des Mannes. Aus meinen Gesprächen mit den Betroffenen habe ich durchaus den Eindruck gewonnen, dass dieses Erlebnis glaubwürdig und damit real sein könnte. Die Schlussfolgerung wäre hier dann ohne Zweifel die Entstehung eines Astralkörpers.

In anderen Überlieferungen zu Albertus Magnus finden sich phantastische Aussagen über dessen Fortbewegungsmöglichkeiten: *„...Einmal sogar ließ er sich nach der Sage auf dem Rücken des Bösen nach Rom zum Papste tragen, um diesen von einer Sünde abzuhalten. Ein anderes Mal lässt ihn die Phantasie der Sagenbildner den bekannten Zauberflug durch die Lüfte machen, wobei er eine französische Königstochter von Paris nach Köln entführt haben soll."*

Was war das *„Böse"*, auf dessen Rücken Albertus den Papst besuchte? War es etwas Technisches? Eine Art Motorrad vielleicht? Und womit flog er nach Paris? War es eine der Flugmaschinen, die auch Roger Bacon beschrieb, obwohl er sie niemals selber sah?

Das *„Böse"*, auf dessen Rücken Albertus sich fortbewegte, um den Papst vor einer Sünde zu bewahren, war der Legende nach ein böser Geist in der Gestalt eines *„Mohren"*. Dem Inhalt der Sage zufolge soll er eines Tages eine ganze Schar von bösen Geistern auf einer Brücke belauscht haben, als diese ihrem Obersten die neuesten Schandtaten berichteten. Der *„Mohr"* unter den Geistern erzählte dabei, wie er nach sieben Jahren vergeblicher Mühe den Papst, den Heiligen Vater in Rom, zu Fall gebracht habe. Zum Beweis zeigte er ein Frauenpantöffelchen.

Da befahl Albertus Magnus dem bösen Geist herzukommen und bestieg im Namen Gottes und des heiligen Kreuzes seinen Rücken und befahl ihm weiter, ihn so schnell wie er hergekommen sei nach Rom zu bringen. Dort stellte er den Papst zur Rede. Dieser leugnete zuerst, machte aber dann doch ein Geständnis, als er mit dem Pantoffel konfrontiert wurde. So bewahrte Albert den Heiligen Vater vor schwerer Sünde. Anschließend las er anstelle des Papstes die Messe, bevor er wieder den *„Mohren"* bestieg und so noch gerade rechtzeitig zurückkam, um in seiner Kirche auch noch das Hochamt zu zelebrieren.

An zwei Orten gleichzeitig sein zu können glaubte man früher auch von Bischof Maternus sowie anderen heiligen Männern der Geschichte. Die gleiche Legende mit dem sündigen Papst erzählt auch Vinzenz von Beauvais in *„Speculum historiale"* – allerdings nicht von Albertus Magnus, sondern vom heiligen Bischof Antidius.

Aus dieser Sage geht jedoch einwandfrei hervor, dass Albertus Magnus (bleiben wir ruhig bei dieser Version) die beiden Predigten nicht wirklich gleichzeitig, sondern hintereinander, gehalten hat. Die *„Gleichzeitigkeit"* ist hier nur eine scheinbare, entstanden durch die relativ kurze Zeitspanne dazwischen und durch die sehr große Entfernung der beiden Orte, an denen sie gehalten wurden. Das tatsächliche Geschehen vorausgesetzt kann man hier noch einen neuen Aspekt anmerken, der ein völlig anderes Bild ergibt: die Teleportation.

Die Teleportation ist ein Begriff aus der Parapsychologie und steht für die Bewegung eines (menschlichen) Körpers mittels so genannter Para- oder PSI-Kräfte durch Raum und Zeit. Der Transport geht somit in Nullzeit von einem beliebigen Ort zu einem anderen beliebigen Ort. Das wäre eine mögliche Erklärung für die Überwindung der großen Strecke innerhalb kürzester Zeit.

Unbestätigten Presseberichten zufolge soll es Menschen gegeben haben, die sich mit dieser Methode fortbewegen konnten. Bei einer solchen öffentlichen Vorführung in den USA soll der Akteur allerdings aus einem verschlossenen und streng bewachten Raum spurlos verschwunden und nie wieder aufgetaucht sein.

Wissenschaftlich gesehen ist die Teleportation umstritten und nahezu indiskutabel. Die Science Fiction bedient sich ihrer dafür umso mehr – sowohl im biologischen (im Sinne der Parapsychologie), als auch im technischen Bereich (*„Transitionen"*, z. B. bei *„Perry Rhodan"* oder das *„Beamen"* bei *„Raumschiff Enterprise"*). Das letzteres vielleicht gar nicht so abwegig ist, könnte das **Philadelphia-Experiment** beweisen, bei dem in den 40er Jahren ein Schiff der US-Navy offenbar in Sekundenbruchteilen von einem Hafen in den anderen transportiert wurde. Das Experiment schlug fehl, weil das Schiff dabei immer zwischen den mehr als 100 Kilometer auseinander liegenden Häfen hin und her *„gesprungen"* ist.

Natürlich ist auch dieses Ereignis umstritten und letzten Endes nicht nachweisbar – zumindest nicht, solange die Erkenntnisse dazu von der Marine und den Geheimdiensten unter Verschluss gehalten werden. Das Experiment muss tatsächlich stattgefunden haben. Doch das Ziel war nicht die Teleportation (Transmission), sondern es bestand lediglich aus dem Versuch das Schiff optisch unsichtbar zu machen. Charles Berlitz, ein Enkel des Begründers der berühmten Berlitz-Sprachschulen, verfasste darüber ein ganzes Buch. Doch auch er konnte darin den endgültigen Beweis nicht antreten, dass das *Philadelphia-Experiment* wirklich stattgefunden und sich so, wie geschildert, ereignet hat. Inzwischen wurde der Stoff auch bereits mehrfach verfilmt – als Science Fiction versteht sich.

Der Zauberbecher des Albertus Magnus

Albertus Magnus hatte angeblich auch einen Zauberbecher, mit dem er manches geheimnisvolles Kunststück vollbracht haben soll. Ich muss hier (leider) ausdrücklich auf das *„angeblich"* verweisen, da die Echtheit des Bechers umstritten und nicht bewiesen ist. Doch zahlreiche Legenden sprechen dafür. Der Becher wird heute im Kölner Museum aufbewahrt. Der Kreisphysikus Dr. Comes aus Kochem an der Mosel hat ihn im Jahre 1847 dem Museum geschenkt. Er soll sich früher, bis zur Aufhebung des Klosters, im Kölner Dominikaner-Kloster befunden haben.

Eine Inschrift soll beweisen, dass er aus dem 13. Jahrhundert stammt. Sie lautet *„SCYPHVS B. ALBERTI MAGNI ORD. PRAED."* Die Schriftformen deuten jedoch eher, wie die Experten meinen, auf die Zeit um 1800 hin und vor dem 19. Jahrhundert lässt sich der Becher wissenschaftlich gesehen nicht einwandfrei nachweisen.

Der Zauberbecher besteht aus doppelten, dünnen Lagen einer weißlichen Metallmischung, die bis heute noch nicht einwandfrei identifiziert werden konnte. Er ist acht Zentimeter hoch und hat einen oberen Durchmesser von 78 Millimetern und einen unteren von 60 Millimetern. Die innere Lage ist kaum sichtbar durchlöchert. Zwischen den beiden Metalllagen, so berichten einige alte Quellen, *„wurde in künstlicher Weise Spieß-*

glanz eingefügt". Dabei handelt es sich um den so genannten *„Antimon-glanz"* (= Sb2 S3).

Überlieferungen, in denen der Becher erwähnt wird, berichten unter anderem davon, dass er, wenn er über Nacht mit Wasser gefüllt wurde, in Folge der Auflösung des Spießglanzes eine gewaltige Bewegung des Magens nach *„oben"* verursachte. Das Gleiche, nur mit Wein statt mit Wasser, verursachte eine ähnliche Bewegung in umgekehrter Weise. Andere Quellen sprechen davon, dass er mit Wein gefüllt einen Brechreiz verursachte und mit Wasser gefüllt dieses als Abführmittel diente.

Viel mehr ist eigentlich über den Zauberbecher des Albertus nicht bekannt – wenigstens nichts, was wissenschaftlich oder historisch Bestand hätte. Das Material ist nicht genau bekannt. Da muss man sich fragen: Warum? Wir leben in einer Zeit, in der noch so kleine Bruchstücke wissenschaftlich exakt untersucht, analysiert und bestimmt werden können. Warum ist dies bei dem Material, aus dem der Zauberbecher besteht, nicht möglich? Enthält er uns unbekannte Substanzen? Wenn ja, wo kommen diese her? – Oder gibt es sie auf unserem Planeten vielleicht gar nicht?

Was sollen wir unter der *„gewaltigen Bewegung des Magens nach oben"* oder *„unten"* verstehen, wenn der Becher über Nacht mit Wasser oder Wein gefüllt wurde? Welche Eigenschaft rief dieses Empfinden hervor? Oder war es sogar ein Phänomen, mit dem die Schwerkraft beeinflusst werden konnte? War der Zauberbecher vielleicht das wichtigste Hilfsmittel für die Flugkünste des Albertus Magnus?

Ich habe bereits den *„Zauberflug"* des Albertus Magnus nach Paris erwähnt. Leider gibt es dazu keine nähere Beschreibung. Aber es ist eine von vielen Legenden, die über irgendwelche Flugkünste des Albertus berichten. Ob er jemals mit einem technischen Flugapparat geflogen ist, kann nicht einwandfrei ermittelt werden. Es könnte aber durchaus sein. Doch muss Albertus Magnus auch eine andere Art des Fliegens beherrscht haben. Und diese Art war auf magischer Ebene und hing zweifellos in direktem Bezug mit dem Zauberbecher zusammen.

Ziehen wir die Möglichkeit in Betracht, dass Albertus Magnus in seiner Eigenschaft als Alchemist einige Elixiere herstellen konnte, mit denen es unter Mithilfe des Zauberbechers tatsächlich möglich war nicht nur die

Bewegung des Magens, sondern sogar des ganzes Körpers zu verursachen. Ob dies auf der Aufhebung der Schwerkraft beruhte, was kaum vorstellbar ist, oder ob ein solcher Trank vielleicht geistige Fähigkeiten unterstützte, förderte oder gar erst an den Tag legte, ist von der Sache her zweitrangig. Zu solchen Fähigkeiten könnten beispielsweise die Telekinese oder Levitation gehören, die uns ebenfalls wieder aus der Parapsychologie geläufig sind. Dann wäre Albertus Magnus in der Lage gewesen zu schweben und zu fliegen.

Petrus de Prussia war der erste Kölner Biograph des Albertus Magnus. Er beschäftigte sich auch intensiv mit dem Albertinischen Sagenkreis. Johannes Nelling verfasste im 17. Jahrhundert darüber eine umfassende Abhandlung, die aber offensichtlich nie in Druck gegangen ist und heute als verschollen gilt. Wurde sie vielleicht vom Vatikan aus dem Verkehr gezogen?

Überliefert ist uns aber *„Des Knaben Wunderhorn"*, ein alter Meistergesang von Martin Schleich. Darin wird uns in dem Gedicht *„Die neun Vögelein"* einiges zu Albertus Magnus Flugkünsten berichtet. Es handelt von einer Königin, die bereits neun Männer, die sie zu ihren Geliebten gemacht hatte, umbrachte, indem sie sie in einem See ertränkte. Die Königin muss sehr blutrünstig gewesen sein, denn die Zahl ihrer Opfer war ihr noch viel zu klein. Auf der Suche nach dem zehnten Opfer geriet sie an Albertus Magnus. In diesem fand sie jedoch ihren Meister, denn Albertus wusste von ihren Sünden und hielt ihr diese vor. Die Königin befahl ihren Dienern den Albertus an Händen und Füßen gefesselt im See zu ertränken. Doch oh Wunder, *„... konnt' der gar lustig schweben."*

Dadurch entrann er dem Tode, fing neun Vögelein ein und erzählte diesen die Schande der Königin, damit die Vögel diese in alle Welt hinaustrügen. In den weiteren Zeilen des Gedichtes finden wir zusätzliche Hinweise auf die Flugkünste des Albertus Magnus:

> *„... Da schwang er sich zum Wald hindann ...*
> *... Er schwang sich in die Lüfte klar,*
> *Um ihn die laute Vogelschar,*
> *Ließ nieder sich,*
> *Auf eines Thurmes Zinn'. ..."*

Die Königin sah schließlich ihre Schuld ein und trat dem Orden bei. Dort verbrachte sie 18 Jahre in tiefer Buße. Neun Vögelein kamen immer zu ihr. Diese waren die ermordeten Liebhaber der Königin, die inzwischen ihre Schuld bereute und die Vögel immer fütterte, wenn sie kamen. Dabei weinte sie ganz bitterlich. Doch auch diese Geschichte bekam ein Happy End:

„... Und da die Zeit verstrichen war,
Da waren es neun Engel klar,
Die führten sie
Wohl in das Himmelriche."

In der prosaischen Bearbeitung des Gedichtes bei Mittermaier verkünden die neun Vögelein Albertus Magnus schließlich den Tod der Büßerin. Albertus soll daraufhin zu ihrer Beerdigung geeilt sein.

In einer weiteren Legende um den Zauberbecher heißt es, dass Albertus Magnus mit seiner Hilfe einmal die zur Plage gewordenen Fliegen aus dem Speisesaal des Predigerklosters in Hildesheim vertrieben hat. Das soll so gründlich geschehen sein, dass sich noch Jahrhunderte danach keine Fliegen mehr dorthin verirrten. Daraus entstand dann später die Version, Albertus habe die Fliegen von dort *„für immer"* vertrieben.

Wir kennen heute zahlreiche chemische Mittel um Fliegen aus dem Haus zu vertreiben. Die einen sind mehr, die anderen sind weniger erfolgreich dabei. Es könnte durchaus sein, dass diese Legende den Tatsachen entspricht, auch wenn das *„für Jahrhunderte"* bzw. *„für immer"* sicherlich keine Realität darstellt. Schließlich war Albert ein Meister der Alchemie. Das räumt selbst der Albertus-Magnus-Biograph Heribert Christian Scheeben in seinem Buch *„Albertus Magnus"* auf Seite 203f ein:

„Streicht man in dieser Legende das Wort ‚für immer', so haben wir wohl den geschichtlich sicheren Vorgang, der mit Zauberei nicht verbunden werden braucht."

Nimmt man diese Geschichte jedoch beim Wort, so bekommt man damit zwangsläufig auch wieder einen neuen Bezugspunkt zu dem umstrittenen Werk über die *„egyptischen Geheimnisse"*. Auch dort wird berichtet, wie man Fliegen gründlich vertreiben kann:

„Spinnen, Fliegen oder Mücken aus einem Haus oder Ort zu vertreiben.

Der grabe das Bild einer Spinne oder Fliege auf ein Kupferblech oder Zinn ab, in der Mitte grab vom 1sten bis zum 20sten, wenn das Zeichen der Fische über dem Horizont aufsteigt, die Figur der Spinne oder Fliege, so man vertreiben will. Unter dem Stechen oder graben soll man die Worte sprechen: Dies ist das Bild, welches alle Fliegen oder Spinnen vertreibt in Ewigkeit. Hernach vergrabe es mitten im Haus oder hänge es mitten im Haus auf, oder verstecke es in der Wand, wo es nicht weggenommen wird. Dieses Vergraben oder Verstecken muss geschehen, wenn prima facies, tauri aufsteigt. Also wird in diesem Haus keine Fliegen sein." (aus dem 1. Teil, S. 26f)

König Wilhelm und das Gastmahl

Mit König Wilhelm ist kein Geringerer gemeint, als König Wilhelm von Holland, der um das Jahr 1227 in Leiden geboren wurde und von 1247 bis 1256 deutscher König war. Seit dem Jahr 1234 war er Graf von Holland. 1247 wurde er zu Worringen bei Köln als Kandidat der päpstlichen Partei zum deutschen König gewählt und wurde so Gegenkönig zu den Staufern Friedrich II. und Konrad IV. Trotz Vergabe großer Privilegien vermochte er sich jedoch nicht allgemein durchzusetzen. Wilhelm von Holland fiel am 28. Januar 1256 bei Alkmar.

Im Zusammenhang mit König Wilhelm gibt es ebenfalls eine Legende über Albertus Magnus, die von einem recht ungewöhnlichen Gastmahl erzählt, das Albert dem König bereitete. Dieses war gewissermaßen eine Gegeneinladung und Revanche, nachdem der Dominikaner-Mönch Albertus Magnus an einem Festmahl des Königs Wilhelm teilgenommen hatte.

Lange Zeit war umstritten, ob der König Wilhelm und Albertus Magnus überhaupt jemals zur gleichen Zeit in Köln gewesen sind. Inzwischen konnte jedoch nachgewiesen werden, dass dies zumindest am 6. Januar 1249, dem Dreikönigstag, der Fall war. Bei der Legende, die erstmals in dem *„Geschichtsspiegel"* des Flamen Ludwig von Veltheim (um 1320) erwähnt wird, spielt genau die winterliche Jahreszeit eine bedeutende Rolle. Doch ganz so streng, wie es die Legende glauben machen will, kann der Winter 1248/49 nicht gewesen sein, denn die Kölner Königschronik vermerkt hier einen *„außergewöhnlich milden"* Winter.

Noch vor dem Jahr 1346 entstanden die Chroniken des Johannes de Beka, der ebenfalls die Legende übernahm und sie dabei weiter ausschmückte. Später wurde sie in mehreren Variationen auch in Gedichtform wiedergegeben. So von Wolfgang Müller unter dem Titel „Wilhelm von Holland" oder von K. E. Ebert als „Das seltene Gastmahl". Letzteres soll an dieser Stelle verwendet und zitiert werden.

Es heißt in der Legende, dass Albertus Magnus eines Tages zu einem Festmahl eingeladen war, das von König Wilhelm im großen Festsaal der Stadt Köln gegeben wurde. In dem Saal herrschte bereits reges Treiben, als Albert dort eintraf. Der Bürgermeister und zahlreiche Personen des Adels waren bereits anwesend. Zum Mahl wurden viele Humpen voller köstlichen Weines gereicht. Erst nach einiger Zeit bemerkte der König den Dominikaner-Mönch, der etwas abseits gewesen war. Wilhelm begrüßte Albert und reichte nun auch ihm einen vollen Humpen mit Wein. Dankend nahm der Mönch an.

*„... er nippte, und siehe, bläuliche Flämmchen knisterten aus dem hohen Pokale, dessen Inhalt **Albertus** darauf gegen die Decke goss. Aus den Tropfen, welche herniederfielen, wurden allerlei bundgefiederte Vöglein, die munter im Saale herumflatterten und zwitscherten und sangen. Darob freuten sich der König und seine Gäste. Als diese aber dem weisen Manne auch Bescheid tun wollten, schlugen ihnen lichte Flammen aus ihren Humpen entgegen, dass sie erschreckt von ihren Sitzen auftaumelten und die Becher von sich schleuderten. Die Becher und Humpen standen aber alle auf ihren Stellen und anmutig golden lockte aus ihnen der Rheinwein. Aber keiner wagte, wie sehr es ihn auch gelüsten mochte, zuzugreifen, bis der König, der sich ob dem Schreck seiner Ritter und Gäste bass ergötzt, seinen Humpen ohne alle Fahr und Hindernis geleert hatte. Da langte Einer nach dem Anderen schüchtern zu und alle ließen sich den trefflichen Firnwein köstlich schmecken.*

*Als **Albertus** darauf um den Tisch gegangen, um sich auf des Königs Geheiß zu dessen rechten niederzulassen, hatten sich die Überbleibsel des Mahles in die kostbarsten Gerichte verwandelt, wie sie nur der Sommer und Herbst spendet und fremde Länder sie nur gedeihen und reifen sehen. Alle schauten hochverwundert bald die reizende Tafel, bald einander an und wussten nicht, wie ihnen geschah, ob sie den eigenen Augen noch trauen konnten. Die Speisen und Früchte, sanftschwellende rote und weiße Trauben, die saftigsten Erdbeeren und Pfirsiche sahen aber zu lockend aus, spendeten einen gar zu würzigen Geruch, als dass die Herren der so verführerisch gereizten Luft hätten widerstehen können.*

Bald gedachten sie des ersten Spuks nicht mehr, floss doch wieder der feurige
Rheinwein aus ihren Bechern und Humpen, und alle griffen weidlich zu, um sich
die Kostbarkeiten, nach denen es ihnen so sehr gelüstete, schmecken zu lassen;
*aber ehe sie sich versahen, war **Albertus** und mit ihm das liebliche, einladende*
Mahl verschwunden. Drollig war es zu sehen, wie jetzt die ernsten Herren und
edlen Ritter einander die Finger in den Mund gesteckt hatten, sich bei den Nasen
hielten oder an den eigenen Fingern, an ihren Gürteln und Mantelzipfeln kauten.
Der Schalksnarr hockte unter des Königs Sessel und hatte den Schweif des Hun-
des, der laut aufknurrte und um sich biss, in den Mund gesteckt."

Sofern sich diese Dinge tatsächlich so, oder zumindest ähnlich, abgespielt haben, taucht die Frage auf, wie Albertus Magnus dies vollbrachte.
Bediente er sich wirklich der echten Magie oder waren es nur Tricks?
Basierte alles nur auf Hypnose, auf Suggestion und Illusion? War der
König in die Geheimnisse eingeweiht? Schließlich leerte er als erster und
ohne Scheu seinen Becher Wein, während die anderen dies noch ziemlich
geschockt und zögernd taten.

Für die Einladung zu diesem Festmahl soll sich Albertus Magnus kurz
darauf revanchiert haben, indem er König Wilhelm zu einem Gastmahl
ins Kloster einlud. Einige Albertus-Chronisten halten ein solches Zusammentreffen zwischen dem König und dem Dominikaner-Mönch durchaus
für möglich – auch, wenn es historisch noch nicht einwandfrei bewiesen
werden konnte.

Über den Ablauf des klösterlichen Gastmahls berichtet in besonders
schöner Weise oben erwähntes Gedicht von E. R. Ebert (zitiert aus: *„Alber-*
tus Magnus in Geschichte und Sage"; Köln 1880):

Das seltene Gastmahl

Einst lebt' ein Mönch zu Köln am Rhein,
Der manches Wunder schuf,
Halb in des Zaubers argem Schein,
Halb in des Frommen Ruf.
Albertus Magnus hieß man ihn,
Und weil er immer hold erschien,
So war er gern gelitten
In Volks und Hofes Sitten.

Der ging den Kaiser Wilhelm an:
Herr, oft an deinem Mahl
Hab' ich Bescheid dir schon gethan
Aus goldenem Pokal;
Da du so lang' geehrt mich hast,
So sei auch du einmal mein Gast
Mit deinen Dienern allen
In meinen Klosterhallen'.

Der Kaiser sprach: „Mein Wort zum Pfand!
Doch dich begreif' ich kaum!
Hast du der Diener g'nug zur Hand,
Und für uns alle Raum?
Für fünf ist schmal die Zelle dein,
Der Klostersaal ist eng und klein,
Wenn ich zu dir mich finde
Mit allem Hofgesinde."

„Drum lass du sorgen deinen Knecht,
Er wird sich Raum erseh'n,
Es wird wohl alles gut und recht
Und nach Gefallen geh'n."
Hin ging der Mönch, als er so sprach.
Der Kaiser lacht' und blickt ihm nach:
„Das wird ein Gastmahl werden,
Wie keines sonst auf Erden!"

Doch als der Tag des Mahles kam,
Da rief er sein Geleit;
Und warm Gewand ein jeder nahm,
Ein pelzverbrämtes Kleid.
Denn draußen strich der Wind gar wild,
Die Straßen waren schneeverhüllt,
Die Flüss' und Bäch' und Bronnen
Mit Eisglanz übersponnen.

Sie ritten vor das Klosterthor,
Das weit schon offen war.
Albertus Magnus stand davor

In vieler Knaben Schaar;
Der Knaben fünfzig, schön und zart,
Sie nahten sich mit feiner Art
Und nahmen ab die Rosse,
Dem Kaiser und dem Trosse.

Dann ging der Mönch den Herr'n voran
Durch manchen dunklen Gang,
Bis er ein Pförtlein aufgethan,
Draus Helle blendend drang.
Draus Helle, wie von sonn'gen Tag,
Sie kam von Schnee, der üb'all lag.
Da standen sie voll Erwarten
Die Gäst' im Klostergarten.

Der Mönch schritt immer weiter fort,
Der Kaiser folgte stumm
Bis mitten in den freisten Ort,
Dort sah er staunend um:
Dort stand die Tafel lang und breit,
Und hundert Schüsseln drauf gereiht;
Doch unten Schnee, und oben
Der Himmel dunstumwoben.

Wohl harrten fünfzig Knaben hier
In gold'ner Kleider Schein,
Wohl strahlte der Geschirre Zier,
Wohl funkelte der Wein;
Doch standen rings auch Baum und Strauch
Im Winterkleid', vom Reife rauh,
Und rauschten mit den Ästen
Willkommensgruß den Gästen.

Ein Murren schlich sich durch den Kreis,
Schon war's den Schelten nah,
Und einer sprach zum Andern leis:
„Der Teufel speise da."
Doch weil der Kaiser ruhig war,
So blieb es auch die Dienerschaar;

Sie setzten sich zu Tische
In dieser Winterfrische.

Da sprach der Mönch: „Ihr lieben Herr'n,
Bei diesem Festgelag
Da wolltet ihr gewisslich gern
Heut' einen Sommertag;
Wohlan, ich bin der gute Mann,
Der nichts dem Gast versagen kann,
Es soll sich euer Willen
Im Augenblick erfüllen!"

Und einen Becher trank er aus,
Die Augen glanzerhellt,
Den andern goss er weit hinaus
In's winterliche Feld.
Und wo ein Tropfen sich ergoss,
Der Schnee in weitem Kreis zerfloss,
Man sah hervor mit Blinken
Den frischen Rasen winken.

Und plötzlich hauchte linde Luft
Der Gäste Wangen an,
Und Wohlgeruch, wie Veilchenduft,
Strich sachten Zugs heran.
Am Himmel riss der Nebeldampf,
Es war ein wilder Wolkenkampf,
Zuletzt mit warmen Strahle,
Schoß Sonnenglanz zu Thale.

Da ward es oben Licht und blau
Und unten mälig grün,
Der kalte Schnee ward weich und blau
Und floss in Strömen hin.
Die spitzen Halme strebten auf,
Und Knospen guckten frisch herauf,
Die Bäume, froh erschrocken,
Entschüttelten die Flocken.

Und wärmer ward der Sonne Blick,
Er borst des Springbrunn's Eis,
Er schoss hinauf und fiel zurück
Und sprühte hell im Kreis.
Und in der Beete weitem Rund,
Erblühten Blumen dicht und bunt,
Und rings begann an Zweigen
Sich Blüth' und Blatt zu zeigen.

Zugleich erhob sich wirrer Zug
Von Käfern aller Art,
Der Falter kam in leichtem Flug,
Die Biene, dicht geschaart.
Und Zeisig, Fink und Nachtigall
Wetteiferten in hellem Schall
Und sangen frohe Lieder
Von allen Bäumen nieder.

Und während ihres muntern Sangs
Ging hoch die Sonn' empor,
Und heißer ward's, und mächt'gen Drangs
Stieg Blum' an Blum' hervor.
Zum Fruchtkeim ward die Blüth' in Hast,
Bald hingen rings an jedem Ast
Im gold'nen Sonnenlichte
Die gluthgereiften Früchte.

Wie staunten da den Wundermann,
Dem solch ein Werk gelang,
Der Kaiser und die Seinen an,
Halb froh und halb auch bang.
Sie starrten lautlos um sich her,
Der Ritter keiner murrte mehr,
Sie hatten All' vergessen
Das Trinken und das Essen.

Zuerst erhob der Kaiser sich
Und sprach mit mildem Laut:
„Nicht fassen kann man sicherlich,

Was heute wir geschaut;
Doch danken wir dem Gastherrn gut,
Der uns erschuf die Sommergluth,
Und freuen uns auf's beste
Bei diesem Wunderfeste!"

Und weg warf er von Brust und Arm
Das läst'ge Winterkleid,
Die Speise war noch völlig warm,
Er that ihr ernst Bescheid.
Und alle tranken nun in Ruh'
Gesundheit ihrem Wirte zu
Und freuten sich des Tages
Im Jubel des Gelages.

Erst als der Sonne Scheidestrahl
Schon trüb herniederfloß,
Erhoben sich vom reichen Mahl
Der Kaiser und sein Troß.
Der Mönch gab wieder das Geleit,
Und draußen standen sie verschneit
In hochgethürmten Massen
Die hartgefrorenen Straßen.

Da sprach der Kaiser: „Was wohl mag
So seltnem Wirth ich bieten
Für seinen goldnen Sommertag,
Die Lieder und die Blüthen?
Du schufst im engen Klosterraum
Mir einen schönen wachen Traum;
Auch ich lass mich nicht schelten,
Und will ihn dir vergelten.

Ich will in dein' und Klosters Hut
Zu ew'gem Angedenken
Der Güter mein das beste Gut
Mit Land und Leuten schenken:
Doch sorge wohl, dass Sonnenschein
Das ganze Jahr lang müsse sein,

Und nimmer Winter werde
Auf deiner eignen Erde."

„Herr Kaiser", sprach der Mönch darauf,
„Auf das will ich verzichten,
Die Welt hat ihren rechten Lauf
Bei Schnee und Blüth und Früchten;
Was heut', was einmal ist gescheh'n,
Das wird kein Auge wieder seh'n,
Und nimmer ich's begehre,
Was dir geschah zur Ehre.

Der Himmel hat der Gaben viel,
Der Gnad' auf mich ergossen;
Doch brauch' ich sie zum falschen Ziel,
So mag er mich verstoßen.
Er half mir heute beim Gelag –
Doch jeder Tag ist Sommertag,
An welchem sich in Treuen
Die Guten schuldlos freuen."

Exakt die gleichen Aussagen wie in diesem Gedicht beschreiben auch Johannes de Beka in seiner Legende (Quelle: *„Fontes rerum Germanicarum"*; Bd. 2, Stuttgart 1845) und Wolfgang Müller von Königswinter in seinem Gedicht *„Wilhelm von Holland"* (nachzulesen in: Jakob Dreesen: *„Sagen und Legenden der Stadt Köln"*; 3. Aufl., Köln o. J.). Daher will ich an dieser Stelle darauf verzichten, diese beiden Quellen auch noch zu zitieren, da sie keine weiteren Fakten oder Ergebnisse zusätzlich liefern.

Sind alle diese Wunder beim Gastmahl wirklich auf Magie oder Zauberei zurückzuführen? Ist Magie und Zauberei nicht dasselbe? In vielen Legenden und Märchen besitzen die Zauberer einen magischen Gegenstand, mit dessen Hilfe erst die Zauberei so richtig möglich wird. Als bekanntestes Objekt der Zauberei ist dabei der Zauberstab zu nennen. Bei Albertus Magnus soll es stattdessen der Zauberbecher gewesen sein. Und der 12. Vers des Gedichtes deutet darauf hin, dass auch im Falle des Gastmahles der Zauberbecher eine nicht geringe Rolle gespielt haben könnte.

Will man nun das Gastmahl wissenschaftlich analysieren und versuchen zu erklären, darf weder Magie noch Zauberei eine Rolle dabei gespielt haben. Es gäbe dann noch zwei mögliche Erklärungen dafür. Die eine basiert auf PSI-Kräften wie Hypnose, Suggestion, Telepathie und vielleicht auch Telekinese. Das mag auch für viele andere „Zauberkunststücke" des Albertus Magnus zutreffen. Der vermeintliche Zauberbecher könnte dann als verstärkendes oder ablenkendes Element gedient haben.

Hierzu eine Geschichte, die sich vor etlichen Jahren in Indien ereignete. Dort wurde zufällig ein wissenschaftliches Kamerateam des Fernsehens Zeuge, wie ein Fakir einen Seiltrick vorführte. Die skeptischen, aber durchaus objektiven Wissenschaftler und Mitarbeiter des Teams schauten sich die Vorführung genau an und gingen dabei davon aus, dass es sich um eine Illusion, eine Suggestion, handelt. So vorbereitet glaubten sie, kein Opfer des Spuks zu werden. Erstaunt sahen sie dann jedoch, wie sich das Seil langsam in die Höhe erhob. Dann geschah etwas schier Unglaubliches: Kleine Kobolde kletterten am Seil hinauf und herunter.

Während die Wissenschaftler noch lebhaft über dieses Erlebnis diskutierten, wurde der Film, den sie dabei gemacht hatten, in aller Eile entwickelt. Der Schock kam bei der Betrachtung des Streifens. Auf den Filmaufnahmen war nichts anderes zu sehen, als der Fakir, der vor einem Korb saß und auf einem flötenähnlichen Instrument spielte. Die Zuschauer, das war deutlich zu hören, unterhielten sich erregt über die Kobolde, die am Seil herum kletterten. Doch auf dem Film war weder etwas von einem Seil, noch etwas von diesen Kobolden zu sehen. Die Wissenschaftler waren ebenso dem Spuk, der Illusion und Halluzination zum Opfer gefallen, wie alle anderen Zuschauer auch!

Der zweite Erklärungsversuch zu dem mysteriösen Gastmahl, das Albertus Magnus dem Kaiser Wilhelm gab, wäre technischer, physikalischer und chemischer Natur. Dies komplett als Werk der Außerirdischen zu bezeichnen, mit denen Albertus Magnus in Kontakt gestanden haben muss, wäre sicherlich der einfachste Weg. Doch sollte man davon nicht ausgehen und den Außerirdischen in diesem Zusammenhang lediglich eine informierende und vielleicht auch in gewissem Maße helfende Rolle zugestehen. Auch Webb vermutet eine technische Erklärung der angeblichen Wunder bei diesem Gastmahl. In seinem Buch „Das Geheimwissen des Albertus Magnus" schreibt er im ersten Buch (Teil) auf Seite 30: „Das Wun-

der war übrigens leicht zu erklären. In den Wochen, die dem Fest vorausgingen, hatte Albert mit Hilfe seiner Mönche den Garten ganz einfach in ein Gewächshaus verwandelt. Der magische Tisch beruhte auf einer neuen Anwendung der Mechanik."

Das mit dem Gewächshaus ist tatsächlich eine plausible und logische Erklärung. Im 7. Vers des Gedichtes, wo Albertus Magnus die Gäste in das Gewächshaus führt, dringt von dort heraus beim Öffnen der Tür blendende Helle. Diese könnte durch elektrisches Licht erklärt werden. Das damals die Elektrizität bekannt war, haben genügend Beispiele gezeigt und bewiesen, die ich im Verlaufe dieses Buches bereits angeführt habe.

Im 12. Vers, wo der Mönch seinen Zauberbecher(?) benutzt, lässt er mit dessen Inhalt den Schnee schmelzen. Was hatte er dazu in den Becher gefüllt? War es vielleicht eine stark salzhaltige Lösung, die er als Alchemist zusammengebraut hatte? Im 14. Vers wird schön beschrieben, wie der Schnee daraufhin weich (= matschig) und blau (vom chemischen Inhalt des Bechers) wurde und in Strömen (von Wasser) dahin floss. Als Autofahrer erinnert mich diese Beschreibung der blauen Farbe an die Frostschutzflüssigkeit für die Scheibenwaschanlage ...

Kann man noch, unter Berücksichtigung all dieser Überlegungen und der Tatsache, dass Heron von Alexandria schon viel früher eine erstaunenswerte Technik beschrieb, alles nur als frei erfundene Sagen und Legenden abtun? Sicherlich nicht!

Hochmut kommt vor dem Fall

Die Kunststücke, die Albertus Magnus vollbrachte, hatten sich schnell im ganzen Land herumgesprochen. So kamen schließlich auch viele Bittsteller zu ihm, die sich erhofften davon zu profitieren, sich zu bereichern oder diese Praktiken gar erlernen zu können.

Einmal kam ein Handwerksgeselle zu Albertus und bat ihn, dass dieser ihm einige seiner Kunststücke beibrächte. Da nahm Albertus Magnus den Rucksack des Gesellen und bat diesen, ihn einen Moment alleine zu lassen. Nach einem kurzen Augenblick kam der Mönch zurück und überreichte dem Handwerksburschen seinen Rucksack wieder. Ausdrücklich wies er ihn darauf hin, dass der Rucksack erst zu Hause geöffnet werden dürfe. Albertus bat den Gesellen dann noch, später einmal wieder vorbeizukommen und ihm mitzuteilen, was beim Öffnen des Rucksacks passiert wäre.

Der Handwerksgeselle bedankte sich höflich und ging aus der Stadt. Vor dem Stadttor aber wurde seine Neugierde jedoch so groß, dass er den Heimweg nicht mehr abwarten wollte und den Rucksack öffnete. Doch schon beim Öffnen war es ihm plötzlich, als würde er von unsichtbaren Händen und Stöcken verprügelt. Bald war sein Körper von blauen Flecken übersät und sämtliche Knochen schmerzten ihm. Nur mit Mühe gelang es dem gebeutelten Gesellen, den Rucksack wieder zuzuschnüren.

Eiligen Schrittes lief er zu Albertus Magnus ins Kloster zurück und bat den Meister, den Rucksack wieder zu entzaubern. Gleichzeitig bat er ihn um Vergebung für seine Neugierde und den Hochmut, den er an den Tag gelegt hatte. Der Mönch beruhigte ihn wieder und sagte, dass der Zauber bereits verschwunden sei. Daraufhin verabschiedete sich der Handwerksgeselle und versprach, in Zukunft seine Neugierde zu zügeln.

In seinem Gedicht *„Die Freundesprobe"* (komplett nachzulesen in: *„Albertus Magnus in Geschichte und Sage"*; Köln 1880) berichtet uns der Verfasser, August Schnelzer, wie ein Freund des Albertus Magnus durch den Mönch zu Ruhm **und** Reichtum gelangte. So saß er schließlich auf einem Throne und war König geworden. Drei Jahre später kommt ein Bettler zu ihm ins königliche Schloss:

> *... Allein es wächst sein Geiz mit jedem Tage,*
> *Und einstmals tritt beim festlichen Gelage*
> *Im Lumpenkleid ein Bettler vor ihn hin:*
> *„Heil dir, o Fürst, in deines Glückes Schimmer*
> *Gedenkst du deines Freundes Albertus nimmer?*
> *Willst du der Noth ihn jetzt entzieh'n?"*

> *Allein der König rief ergrimmt: „Man führe*
> *Schnell diesen frechen Bettler vor die Thüre.*
> *Wer war so keck und ließ ihn zu mir ein?*
> *Wenn ich mich jedes Lumps erinnern sollte,*
> *Der mich gekannt will haben, ei, da wollte*
> *Ich lieber nimmer König sein."*

Da ruft der Bettler: „Sorge nicht, Geselle!
Verschwinde Spuk!" Und an derselben Stelle
Steht wieder unser Freund, wo er einst sprach:
„Wie, guter Meister, kann ich Euch beweisen,
Dass ich bin würdig, Euer Freund zu heißen?"
Und sinnt bestürzt der Wandlung nach.

Verschwunden sind die zauberischen Hallen,
Verschwunden alle Ritter und Vasallen
Und jede Spur von Königsherrlichkeit;
Albertus steht vor ihm und ruft mit Hohne:
„Ein Traum war all' dein Glanz und deine Krone,
Ein Nu bloß die drei Jahre Zeit." ...

Diese beiden zuletzt angeführten und zitierten Legenden deuten auf Illusion hin, wie es sie auch in unserer Zeit in phantastischen Shows gibt. So ist hier nur einer unter den vielen heutigen *„Zauberern"* zu nennen, der zu den ganz großen seines Metiers zählt, und der Albertus Magnus vielleicht *„das Wasser reichen"* kann: David Copperfield. Auch was er uns heute vorspielt, ist Illusion, unterstützt von einer raffiniert ausgefeilten und eingesetzten Technik.

Als letztes und abschließendes Beispiel aus den Sagen und Legenden, die sich um Albertus Magnus gebildet haben, und in denen sicherlich ein Körnchen Wahrheit steckt, möchte ich ein Ereignis (nach Webb, in: *„Das Geheimwissen des Albertus Magnus"*, erstes Buch, S. 28) anführen, das sich im Garten des Dominikaner-Klosters abgespielt hat:

„Eines Abends ließ er Freunde und Neugierige im Klostergarten zusammenkommen. Auf ein Signal hin glomm ein weißes Licht über der Wand der Kapelle am äußeren Ende des Gartens auf. Und dann erschien in dem erleuchteten Teil des Gartens unter zart erklingender Musik eine fromme Prozession mit Kreuzen, Fahnen, Chorknaben, Mönchen. Priestern in vollem Ornat und dem Allerheiligsten unter einem Baldachin! Alle diese Gestalten schienen lebendig zu sein, und dieser Eindruck wurde noch verstärkt durch die Klänge der Orgel, die die verschiedensten menschlichen Stimmen imitierte. ... Die Menschen riefen, dies sei ein Wunder."

Webb selbst nimmt dazu an, dass Albertus Magnus hier das Prinzip (*„Phänomen"*) der *„Laterna magica"* angewandt habe: *„Was die Menschen* *des frühen zwanzigsten Jahrhunderts amüsierte, versetzte die Menschen des dreizehnten Jahrhunderts in Schrecken. Noch zu Beginn unseres Jahrhunderts ließ man bei pseudospiritistischen Versuchen Phantomgestalten durch Projektion auf einen Rauchvorhang erscheinen, wobei die Bewegung des Rauches die Figuren belebte."*

Ich persönlich halte diese Erklärung für sehr wahrscheinlich, auch dann, wenn offiziell die *"Laterna magica"* als *"Projektor für durchsichtige Lichtbilder"* (*"Knaurs Lexikon"* in 20 Bänden) als *"Vorläufer moderner Projektionen"* erst im 17. Jahrhundert erstmals entwickelt worden sein soll.

Einer meiner Freunde warf zu dieser Legende die Frage auf, ob es sich dabei vielleicht um ein Hologramm gehandelt haben könnte, was Albertus Magnus hier den erstaunten und teils auch erschreckten Zuschauern präsentierte. Doch diese Hypothese erscheint mir dann doch ein wenig zu phantastisch – obwohl, das Wirken Außerirdischer vorausgesetzt, nicht ganz unmöglich.

Ein Hologramm wird mit Hilfe der Holographie (griech.: Ganzaufzeichnung) erzeugt. Die Grundgedanken zur Holographie stammen aber erst aus dem Jahre 1948, unter anderem von D. Gabor. Es handelt sich dabei um ein räumliches, also dreidimensionales, Abbildungsverfahren unter der Verwendung der Interferenzerscheinungen kohärenten Lichtes. Auch, wenn Elektrizität bekannt und die Optik (auch Dank Roger Bacon) weit fortgeschritten war, setzt das Verfahren der Holographie die Existenz und Verwendung eines Lasers voraus. Dies aber muss im 13. Jahrhundert zwangsläufig die Existenz und das Mitwirken Außerirdischer auf der Erde, und insbesondere bei dieser Vorführung von Albertus Magnus, bedeutet haben!

Alberts Protest gegen den Vorwurf der Zauberei und die Legenden um seinen Tod

Als Albertus Magnus einmal in den ersten Jahren seines Lebens als Mönch von Zweifeln geplagt wurde, ob er dieses Leben durchhalten könnte, erschien ihm der Legende nach die Gottesmutter im Traum. Mit ihr traf er dann ein Abkommen, wonach er die Wissenschaft anstelle der Theologie studieren durfte. Da er sich für die weltliche Seite entschied, hatte er einen Preis zu zahlen. Und dieser sah so aus, dass Albertus Magnus die letzten drei Jahre seines Lebens alles wieder vergessen sollte um sich in Ruhe und Muße der theologischen Seite widmen zu können.

Dies soll dann auch tatsächlich später eingetroffen sein, denn einige Quellen berichten von seiner seltsamen Geistesabwesenheit in der letzten Zeit seines Lebens. In den letzten Tagen vor seinem Tod soll er aber den vollen Gebrauch seines Verstandes wiedererlangt haben. Da ließ er den Prior und die Mitbrüder an sein Sterbelager rufen und sagte zu ihnen:

„Vielliebe Brüder! Vor Zeiten wurde ein böses Wort über mich verbreitet, dass ich nämlich Schwarzkunst (gemeint ist hier nicht die Alchemie, sondern *„schwarze Magie")* betrieben und mit ihrer Hilfe ganz unglaubliche Dinge vollbracht habe, und wegen dieser Schwarzkunst sei ich vom Wege des Heils abgewichen und im Stande der Verdammung. Aber glaubt mir, Brüder, man hat mir schweres Unrecht getan, und **Gott** möge denen barmherzig sein, die mich so verleumdet haben. **Gott** ist mein Zeuge, und er weiß, dass ich zwar viel gelesen und geschrieben habe über jene Kunst und einiges auch nachgeprüft habe. Niemals aber habe ich es getan aus Leichtsinn oder um diese Kunst im Ernst auszuüben, sondern nur, um festzustellen, ob etwas an dieser Kunst sei und ob sich nicht ein Körnchen Wahrheit in ihr verberge. Ich habe es getan aus dem Streben, alles zu erforschen, was Menschengeist erproben kann. Damit ihr aber mit Gewissheit erkennt, dass ich vor **Gott** nicht in diesem üblen Rufe stehe, habe ich **Gott** den Herrn innig gebeten, er möge in seiner Barmherzigkeit euch meinen Zustand nach dem Tode offenbaren. Und dies wird euch das Zeichen sein: Nach drei Tagen sollt ihr mein Grab öffnen; wenn ihr dann meine Leiche kniend findet und nach Osten gewandt, als ob ich bete, so wisset, dass ich gerettet und im Stande der Seligkeit bin. Findet ihr aber meine Leiche auf dem Rücken liegend, so wie Leichen hingelegt zu werden pflegen, so bin ich der ewigen Verdammnis anheim gefallen."*

Im Anschluss an diese Ansprache nahm Albertus Magnus Abschied von seinen Brüdern und verstarb kurz danach. Drei Tage nach seiner Beisetzung ließ der Prior das Grab wieder öffnen, so, wie es der große Albert geheißen hatte. Die älteren Brüder waren anwesend. Alle sahen, dass der Leichnam von Albertus Magnus mit dem Gesicht nach Osten gerichtet kniete. Sie wurden von großer Freude erfüllt und schlossen das Grab wieder. Als Zeichen der Heiligkeit des großen Verstorbenen ließ man schließlich die Grabplatte drei Finger breit höher legen und ein Gitter um das Grab anbringen. Dadurch sollte verhindert werden, dass es unbeabsichtigt durch die Füße der Brüder entweiht würde.

Diese Legende geht in ihrem Ursprung auf den Dominikaner Hermann Korner aus der Provinz Saxonia zurück. Sie ist in seiner im Jahre 1435 herausgegebenen „Chronica novella" enthalten (heute bekannte Fassung: ed. Jacob Schwalm, Göttingen 1895) und gilt heute als relativ gesichert.

Einen Tag nach dem Fest des Einsiedlers Paulus, am 11. Januar des Jahres 1483, rund 203 Jahre nach dem Tod von Albertus Magnus, wurde sein Grab auf Befehl des ehrwürdigen Ordensmeisters Bruder Salvus (Cassetta) von Palermo, der zu diesem Zeitpunkt in Köln weilte, „mit eisernen Werkzeugen" erneut geöffnet.

Bei dieser Graböffnung waren zahlreiche Personen zugegen, darunter der Ordensmeister Salvus, der Provinzial der deutschen Provinz Jakob von Stubach, der Prior des Kölner Konvents und Professor der heiligen Theologie Jakob Sprenger, der Rektor der Kölner Universität Ulrich von Esslingen, die übrigen Professoren der theologischen Fakultät deren Namen nicht genannt wurden sowie viele Brüder aus dem Dominikaner-Orden.

In einem Holzsarg, der in einem steinernen Sarkophag stand, war mit Erde eingebettet und bedeckt der Leichnam von Albertus Magnus enthalten. Der Deckel des Holzsarges war bereits fast völlig verfault. Nachdem der komplette Sarg einschließlich des steinernen Sarkophages geborgen und ans Tageslicht gebracht worden war, entfernten die Dominikaner-Brüder alle Erde aus dem Sarg. In dem Augenzeugenbericht heißt es dann wörtlich weiter:

„Die unversehrte Leiche wurde herausgenommen. Sie hatte einen Hirtenstab in der Hand, einen Ring aus Kupfer am Finger, Sandalen an den Füßen und eine Bischofsmütze auf dem Kopf. Obwohl die Leiche des ehrwürdigen Bischofs während langer Zeit, wie gesagt, in der Erde gelegen hatte, verbreitete sich doch von ihr kein Modergeruch. Vielmehr erfrischte ein von ihr ausgehender süßer Duft die Anwesenden. Doch was staunenswerter erschien, die Leiche war durchaus nicht verwest."

Wir haben es hier mit einer besonders gut überlieferten Parallele zu den nicht verwesten Leichen des Dominikus, des Heinrich Seuse und der Toten von der Via Appia in Rom zu tun. So etwas war zur damaligen Zeit ein sicheres Wunder. Heute ist es eine allgemein bekannte und wissen-

202

schaftlich erklärbare Tatsache dass es so etwas gibt. Schuld daran sind chemische Umwelteinflüsse, die Bodenbeschaffenheit und noch einige andere Dinge, die durchaus aber auch künstlich geschaffen werden können. Erinnert sei hier an die in die in den 90er Jahren gefundene Gletscherleiche Ötzi in den Alpen oder an zahlreiche andere, mumifizierte Leichen, die in den Mooren gefunden wurden und von denen heute viele in Museen ausgestellt sind. Ich erinnere mich auch, vor etlichen Jahren einen Bericht gelesen zu haben, wonach man im Großraum Köln einen alten Friedhof nach mehr als 100 Jahren neu belegen wollte. Als die dortigen Gräber geöffnet wurden, waren sämtliche Leichen in gutem, mumifiziertem Zustand. Die Gräber mussten wieder geschlossen werden und erhielten eine ewige Ruhefrist.

Nun ist es nach so langer Zeit müßig zu spekulieren, ob die Mumifizierung der Albertus-Leiche oder diejenigen der anderen auf solche äußeren, natürlichen Umwelteinflüsse zurückzuführen ist, oder ob hier jemand nachgeholfen hat – so, wie es beispielsweise in der Pharaonenzeit im alten Ägypten der Fall war. Die Beschreibung des Zustandes der Albertus-Leiche nach 203 Jahren zeigt einen erstaunlich guten Erhalt:

„Die Materie der Augen war bislang noch in den Augenhöhlen geblieben, ebenso das Fleisch am Kinn mit einem Teil des Bartes. Ein Ohr war eingetrocknet. Aber die Schultern waren überhaupt nicht verwest, und auch ein Oberarm ist größtenteils unversehrt. Die Schenkel, an denen noch das eingetrocknete Fleisch haftete, wurden außerdem bemerkt. Die Füße mit den Sandalen hingen mit den Beinknochen zusammen. Der ganze Leichnam war darüber hinaus nicht in seine einzelnen Knochen aufgelöst. Er liegt bis heute (= im vierten Jahr nach der Graböffnung, in dem dieser Bericht niedergeschrieben wurde) *ungeteilt im Schrein. Am Hals aber, wo noch die Luftröhre gesehen wird, die ... mit der Lunge und anderem Atemwerkzeug verbunden zu sein pflegt, hingen eine Partikel vom Kreuz des Herrn, ein durchbohrter Pfennig mit einem Nagel des Herrn und ein in Seide eingewickeltes Agnus Dei* (Gotteslamm) *aus Wachs.“*

Bei dieser ausführlichen Schilderung handelt es sich um eine Übersetzung nach Peter von Preußen, der rund vier Jahre nach der Graböffnung den Zustand von Alberts Leichnam beschreibt. In einer wissenschaftlichen Abhandlung darüber heißt es: *„Dieser Bericht dieses Augenzeugen zeigt beinahe die Merkmale einer Niederschrift über die Graböffnung. Zweifel an der Echtheit und Wahrheit der Angaben sind unbegründet.“*(!)

Bei der Graböffnung am 11. Januar 1483 entnahm der Ordensmeister Salvus Cassetta den rechten Oberarm von Alberts Leichnam dem Sarg und überbrachte diesen später als Reliquie Papst Sixtus IV. Der überließ sie bei seinem Tode wieder dem Ordensmeister. Dessen Nachfolger, Bartholomäus Comazio, schickte sie nach Bologna, wo die Albertus-Reliquie heute zusammen mit dem Haupt des Ordensgründers Dominikus aufbewahrt wird.

Noch am 26. April 1483, im Jahr der Graböffnung, genehmigte Papst Sixtus IV. die nahezu unversehrte Leiche von Albertus Magnus auf Wunsch der Albertistenschule in einem gläsernen Sarg in einem Hochgrab hinter dem Hochaltar der Kirche aufzubahren. Wie lange sie dort besichtigt werden konnte, ist heute nicht mehr so genau zu ermitteln.

Kapitel 6: UFO-Sichtungen im Mittelalter

Das Mittelalter

Als Mittelalter wird allgemein die Zeit zwischen dem Altertum und der Neuzeit bezeichnet. In der Kurzform wird es als *„MA"* geschrieben. Das passt sowohl im Deutschen, als auch im Lateinischen (Medium aevum), Französischen (Moyen age) und Englischen (Middle age). Die zeitliche Festlegung ist fließend. Allgemein wird der Beginn des Mittelalters mit der Völkerwanderung (etwa 375 bis 568) oder dem Untergang des Weströmischen Reiches (476) gleichgesetzt. Als Ende wird gemeinhin die durch mehrere epochale Ereignisse (Eroberung Konstantinopels 1453, Renaissance, Entdeckung Amerikas 1492, Beginn der Reformation 1517) gekennzeichnete Wende vom 15. zum 16. Jahrhundert angesehen. Unter dem weltanschaulich-religiösen Aspekt kann man das Mittelalter erst mit der Aufklärung im 18. Jahrhundert und unter soziologischen Gesichtspunkten sogar erst im 19. Jahrhundert enden lassen.

In der nachstehenden, chronologischen Zusammenfassung über UFO-Sichtungen im Mittelalter dehne ich den Zeitraum, bewusst abweichend von der allgemeinen Auffassung, ein wenig aus und beziehe ihn auf die Thematik. Somit möchte ich das Thema möglicher außerirdischer Einflüsse und Besuche in drei zeitliche Kategorien einteilen:

> **Das UFO-Altertum:** Als solches möchte ich den als Prä-Astronautik bezeichneten Teil des Themas einstufen. Dieser behandelt alles, was sich im Altertum, in biblischer Zeit, abspielte. Es soll hier mit der Geburt Jesu im Jahre Null unserer Zeitrechnung enden. Das Neue Testament gehört somit bereits in die nächste Zeitepoche.

> **Das UFO-Mittelalter:** Dieses beginnt im Anschluss an das „UFO-Altertum" mit dem Jahre Null unserer Zeitrechnung. In Folge dessen gehören alle Ereignisse, die im Neuen Testament der Bibel beschrieben werden ebenfalls in diese Zeitkategorie.

> **Die UFO-Neuzeit:** Zu dieser möchte ich dann die aktuelle Gegenwart einstufen, und zwar beginnend mit der UFO-Sichtung von **Kenneth Arnold** am 10. Juni 1947. Durch diese wurde das UFO-Thema erstmals weltweit bekannt. Auf Grund sich danach immer mehr anhäufender Sichtungsmeldungen entstand schließlich als Folge auch die moderne *„UFO-Forschung"*.

Tatsächlich gibt es aber eine größere Anzahl solcher UFO-Meldungen bereits aus den Jahren 1900 bis zur **Arnold**-Sichtung am 10. Juni 1947. Diese sollen jedoch in der Aufstellung nicht mehr berücksichtigt werden, da sie allgemein als zur *„neuzeitlichen"* UFO-Forschung gehörend eingestuft werden. Somit enthält die folgende Aufstellung die Ereignisse aus dem Jahr Null bis zum Jahr 1899, der Wende zum 20. Jahrhundert. Sie beweist, dass sich offenbar außerirdische Mächte zu allen Zeiten des Mittelalters im Bereich der Erde aufhielten und ist somit ein wichtiges Mosaiksteinchen für meine bisherigen Ausführungen.

Es liegt in der Natur der Dinge, dass man bei dem Wissensstand, der früher an der Tagesordnung war, so ziemlich alles als geheimnisvoll und unbekannt einstufte, was nicht alltäglich war. So sollten Sie beim Lesen beachten, dass die Berichte von damals oft bildlich ausgeschmückt und mit damaligen Worten beschrieben wurden. Wenn dabei im Folgenden beispielsweise *Lichtphänomene* und *Feuerbälle* beschrieben werden, so können diese durchaus auch auf natürliche Phänomene wie z. B. Wetterleuchten, Blitze, Kugelblitze, Kometen, Meteore und Meteoriten usw. zurückzuführen sein. Der Vollständigkeit halber und aus der Tatsache heraus, dass diese Berichte heute nicht mehr restlos aufklärbar sind, habe ich dennoch alle in der Zusammenstellung aufgenommen.

Beachten Sie ferner, dass die Aufstellung keinen Anspruch auf Vollständigkeit erhebt. Für Hinweise und Berichte auf weitere Sichtungen und Fälle, die in diesen Zeitrahmen gehören, wäre ich dankbar, damit diese gegebenenfalls bei einer folgenden Auflage berücksichtigt werden können. Bitte vergessen Sie dabei die Quellenangabe nicht.

Chronologische Aufstellung der UFO-Sichtungen im Mittelalter

0: Der *„Stern von Bethlehem"* erscheint am Himmel und kündigt die Geburt Jesu an. Dies geschieht gleichzeitig auch durch die plötzliche Anwesenheit von *„Engeln"* und *„himmlischen Heerscharen"* auf der Erde.

22: Im 3. Monat, im Winter des Jahres 22, zur sechsten Stunde des Tages, erschien am Himmel über Ägypten *„ein Feuerkreis, dessen Atem des Rachens übel riechend war und der die Länge und Dicke eines Stockes, aber keine Stimme hatte"*. Wenige Tage später erschienen diese Feuerringe wieder, und da waren sie *„zahlreicher denn je am Himmel und glänzten stärker als die Strahlen der Sonne"*. Während dieser Ereignisse sollen auch Fische und Vögel vom Himmel gefallen sein.

35: Saulus wird auf dem Weg nach Damaskus von einem *„himmlischen Licht"* geblendet und bekehrt sich daraufhin zum Apostel Paulus.

312: Konstantin und sein gesamtes Heer sehen ein *„feuriges Kreuz"* am Himmel. Als Folge verbündet er sich mit den Christen und besiegt dadurch Maxentius an der Milvischen Brücke und kann Herrscher von Rom werden.

634: Der Leichnam des in der Schlacht gefallenen Königs Oswald von Northumberland wird, aufgebahrt auf einem Wagen außerhalb des Klosters Bardney in Lincolnshire/England, von einem *„Licht aus dem Himmel"* angestrahlt.

664: Über dem angelsächsischen Kloster von Barking an der Themse schwebt ein *„Licht"*, das vom Himmel herabkam und drei Nonnen, die auf dem Friedhof beteten, einhüllte. Nach kurzer Zeit verschwand es wieder am Firmament. Einige junge Leute berichteten, *„seine Strahlen, heller als das mittägliche Sonnenlicht, seien mit blendender Helligkeit durch die Tür- und Fensterritzen der Kirche gedrungen"*.

(vor) 768:	Während der Regentschaft von Pippin III. dem Jüngeren (* um 714/715, † 24.09.768; auch als *Pippin der Kurze* bekannt), die 741 begann, wurde häufig von *„unerklärlichen Lufterscheinungen"* berichtet, die vor allem in Frankreich auftraten. Eliphas Lévi schrieb dazu: *„Die Luft war voll menschlicher Gestalten, der Himmel spiegelte Täuschungen von Palästen, Gärten, bewegten Fluten, Schiffen mit windgeblähten Segeln, von Heeren in Schlachtenordnung. ... viele glaubten von Luftgeistern entführt zu werden. Man sprach nur noch von Reisen in das Land der Luftgeister ..."* (Erinnert dies nicht an das *„Wilde Heer"*? – Vgl. Kapitel 1)
776:	Bei der Schlacht um die Sigiburg (Hohensyburg bei Dortmund) erschienen *„zwei feurige Schilde in rötlicher Farbe und flammender Bewegung"* über der nahen Kirche und versetzten die angreifenden Sachsen derart in Panik, dass sie die Flucht ergriffen. So wurde die Schlacht zu Gunsten von Karl dem Großen und die Franken entschieden.
793:	Über Northumberland erschreckte ein ungewöhnliches Leuchten, wie bei Blitzen, und *„durch die Luft fliegende rote Drachen"* die Bevölkerung.
810:	Auf dem Weg nach Aachen beobachtete Karl der Große und seine Begleiter, wie eine *„große Kugel vom Himmel herabkam, die so stark leuchtete, dass das Pferd des Kaisers scheute und ihn abwarf"*.
840:	Nach einer Aufzeichnung des Erzbischofs Agobard von Lyon wurden die legendären *„Magonier"* von französischen Bauern für den Verlust von Vieh und Getreide verantwortlich gemacht. Aus *„Wolkenschiffen"* heraus sollen sie die Tiere und Pflanzen vergiftet und das Wetter negativ beeinflusst haben. Eines dieser *„Wolkenschiffe"* stürzte 840 ab. Die Insassen, eine Frau und drei Männer, wurden von den Bauern zu Tode gesteinigt.

950:	In diesem Jahr entstand die irische Schrift *„Kronungs Skiggsia"*. Sie berichtet von einem Ereignis in Cloera, bei dem ein Anker, an einer Kette hängend, vom Himmel herabkam und sich in den Pfosten des Kirchentores verfing. Am oberen Ende der Kette war ein *„Schiff"*. Von diesem sprang ein Mann *„in einem feurigen Strahlenkranz gehüllt"* herab, um den Anker zu lösen. Als dies nicht gelang, kehrte der Mann zum *„Schiff"* zurück. Die Kette wurde gekappt und das *„Schiff"* verschwand. Der Anker soll noch *„einige Jahrhunderte lang"* im Pfosten gesteckt haben. (Der genaue Zeitpunkt der Sichtung ist unklar. Eine Quelle stammt aus dem Jahr 956 und eine andere verlegt das Ereignis sogar ins 3. nachchristliche Jahrhundert. Berichte, wonach sich dies im Jahre 1211 oder 1270 ereignete, sind schlichtweg falsch, da unsere Hauptquelle ja bereits 950 erschien! [Vergl. Hierzu auch den Fall in Bristol/England um das Jahr 1200.])
1105:	Vor der Zerstörung Nürnbergs durch Heinrich IV. erschienen am Himmel *„zwei Kugeln, die in allen Farben des Regenbogens strahlten"*.
18.06.1178:	(Nach dem *Gregorianischen Kalender* war dies der 26.06.1178) Fünf Mönche aus der Nähe von Canterbury sehen, wie sich mehrere Objekte dem Mond nähern und auf ihn stürzen. Eine riesige Wolke weiß glühender Gase und zertrümmertes Mondgestein schießt daraufhin ins Weltall. Bald darauf soll sich der Himmel über England und Deutschland verdunkelt haben. Das *„PM-Magazin"* Nr. 7/79 ließ vermuten, dass Teile der Wolke die Erde erreichten und die Verdunkelung hervorriefen. Bei den abstürzenden Objekten könnte es sich nach Meinung von Astronomen um Teile eines Kometen oder Meteoriten gehandelt haben, durch dessen Einschläge der Mondkrater *Giordano Bruno* entstanden ist.
1189:	Am Himmel in der Nähe von London erscheinen *„himmlische Kreuze"*.

(um) 1200:	Um das Jahr 1200 soll es einen ähnlichen *„Anker-Fall"* wie in Cloera/Irland (vgl. unter dem Eintrag für das Jahr 950) auch bei einer Kirche in Bristol/England gegeben haben. Vermutlich ist dies jedoch nur eine Nacherzählung des Cloera-Falles und die Quellen, die den Cloera-Fall ins Jahr 1211 oder 1270 *„verlegen"* verwechseln dies.
12.1200:	In der englischen Provinz York erscheint ein *„Mond"* am Himmel, der von vier weiteren *„Monden"* und zahlreichen *„Sternen"* begleitet wird.
1219:	Als die Dänen in England ihren Kreuzzug gegen die Heiden machten, wurden die Mannen des Königs Valdemar Sejr zurückgedrängt. Da öffnete sich der Himmel und *„etwas"* ließ eine rote Fahne mit einem weißen Kreuz vom Himmel herab, direkt in die Arme des dänischen Erzbischofs schweben. Daraufhin *„siegten die christlichen Truppen mit Himmels Hilfe"*.

Dieses Ereignis, überliefert in der Geschichte über die Stiftung der dänischen Nationalflagge, gehört heute zu den Gründungsmythen des dänischen Reiches. Als es im 19. Jahrhundert schlecht ums Land gestellt war, wurde *„die Sage vom Danebrog"* zum nationalen Symbol.

(vor) 1226:	An einem Sabbat, an dem Franz von Assisi in der Stadt Assisi weilte, erschien ein *„feuriger Wagen von wunderbarem Glanze umgeben ... auf demselben thronte eine leuchtende Kugel, die der Sonne gleich die Nacht hellmachte"*. Der Wagen *„trat über die Schwelle des Hauses"*, in dem Franz weilte. Als er wieder herauskam, war Franz auf ihm.

Es gibt zwei bildliche Darstellungen dieses Ereignisses. Eine zeigt den Wagen in der Luft, gezogen von zwei Engeln, die andere von einem Pferd. Zeitlich ist dieses Ereignis nicht exakt einzuordnen. Es muss sich jedoch nach 1206 (Bekehrung des Franz) und vor dem 3.10.1226 (sein Todestag) zugetragen haben.

1227:	Am Himmel über Deutschland erschienen ebenfalls seltsame *„himmlische Kreuze"*.
(um) 1250:	Bei Erfurt/Deutschland fällt *„ein wundervoller heißer Lichtstrahl von großem Ausmaß"* vom Himmel herab auf den Boden und verwüstet einige Stellen. Danach dreht er sich wieder himmelwärts, *„worauf er eine runde Form annimmt"* und verschwindet.
1344:	Am Dienstag vor Ostern fiel in Feldkirch *„ein schrecklicher feuriger Klotz"* auf die Marktgasse, der lange brennend dort lag, bevor er wieder *„sich selbst in die Luft und die Wolken"* erhob.
21.02.1345:	Über Manresa bei Barcelona in Spanien erschien bei schönem Wetter ein mysteriöses Licht am Himmel, das vom Montserrat kam und über der Kirche von Nuestra Señora del Carmen stehen blieb.
1348:	Kurz vor Ausbruch der Pest in Frankreich wurde von Jean de Venette ein kometenähnlicher Flugkörper über Paris gesehen, dessen Flugbewegungen als *„langsam und träge"* beschrieben wurden.
10.1423:	Zwei Objekte *„die sich in schlingerndem Fluge"* bewegten, scheinen sich am Himmel zu vereinen. Wenige Minuten später stürzt eines zur Erde und zerschellt mit einem starken Lichtausbruch. Die Beobachtungen dauern noch drei Stunden an. Sowohl das Militär, als auch Zivilisten suchten nach Überresten des abgestürzten Objektes, konnten aber nichts finden. Dies berichtete die Flying Soucer Research Group in Japan.
03.03.1428:	Gegen 1.30 Uhr in der Nacht beobachteten viele Personen in der Stadt Forli, oberhalb der Fra Menrue, eine *„sehr große Flamme in Form eines Turmes und darüber eine Säule, die aus Feuer zu sein schien"*.
	Ebenfalls wurde in dieser Nacht von 1.00 Uhr bis 3.00 Uhr *„eine Lampe aus Feuer, die brannte"*, über Forli gesehen.

1461:	Zahlreiche Zeugen sahen während der Schlacht zwischen dem künftigen König von England, Edward IV. und Richard III. am Mortimers Cross *„drei Sonnen"*.
1478:	Aus diesem Jahr berichtet die *„Baseler Chronik"* über *„verschiedene Arten von Kreuzen und feurigen Schüsseln, die vom Himmel fielen und Andenken zurückließen"*.
1485:	Über Forli/Italien wurde ein *„ringförmiges Zeichen am Himmel"* und gleichzeitig wieder *„drei Sonnen"* gesehen.
13.08.1491:	Gerolamo Cardano (1501 bis 1570) berichtet, dass seinem Vater, Fazio, am Abend dieses Tages in Mailand/Italien sieben Männer in seidenen Gewändern erschienen, die vorgaben aus *„einer ätherischen Welt"* zu kommen.
1492:	Christoph Kolumbus sieht auf seiner Fahrt zur **Neuen Welt** *„drei sehr helle Sterne"* im Westen, die ihm den Weg weisen. Dies trägt er auch in sein Logbuch ein.
12.1492:	Über dem Bereich des Südpols (Antarktis) werden *„drei Sterne"* gesehen.
1493:	Am Abend des Himmelfahrtstages flog über Worms ein *„feuriger Balken"*, der von vielen der damals bereits 20.000 Einwohner beobachtet und beschrieben werden konnte. Dies berichtete die *„Hessische Heimat"* aus Kassel im Jahre 1954.
1512:	In diesem Jahr durchzuckt *„eine gewaltige Flamme wie ein gigantischer Strahl"* den Himmel.
1519:	Der Azteken-Herrscher Montezuma beobachtet in Mexiko *„eine feurige Pyramide, die das Firmament taghell erleuchtet"*. Kurz darauf landet Cortez mit seinen Konquistadoren und vernichtet das Azteken-Imperium.
	Eine andere Quelle berichtet, dass die Indios in diesem Jahr, ebenfalls kurz vor dem Eintreffen von Cortez, ein *„Zeichen am Himmel"* sahen, das *„grün aber auch bunt und*

rund wie ein Wagenrad" gewesen sei. Von ihm ging ein Strahl in die Richtung hin, wo die Sonne aufgeht.

1520: *„Ein wundervoller heißer Lichtstrahl von großem Ausmaß fällt plötzlich vom Himmel über Erfurt herab zu Boden und verwüstet manche Stellen."* Dies berichtete der deutsche Prof. Conrad Wolffhart, der auch unter seinem griechischen Namen Lycosthenes bekannt wurde, im Jahre 1567.

02.05.1524: Die *„Stumpfsche Chronik"* berichtet von *„drei nebeneinander stehenden Sonnen"* und *„vier halben Regenbögen"* über Zürich.

1527: Ein Chronist von Cortez berichtet, das die Spanier in diesem Jahr ein Objekt am Himmel über Mexiko sahen, *„das aussah wie ein langes Schwert"*. Es war zwischen der Provinz Panauco und der Stadt Tezcuco *„mehr als 20 Tage lang unbeweglich am Himmel"*.

04.05.1543: Bauern bei Zaisenhausen sahen eine kugelförmige Lichterscheinung, über die sie als *„feuriger Drachen"* berichteten.

1548: Eine *„flammende Kugel"* explodiert über Thüringen. Dabei regnete eine Substanz zur Erde, die *„geronnenem Blut"* glich.

19.06.1550: Edelleute sahen bei Trebnitz in Sachsen seltsame Himmelserscheinungen. So sollen am Himmel *„ein Hirsch auf einem hohen Berg"* und *„zwei große Heere, die miteinander kämpften, dass das Blut vom Himmel fiel"* erschienen sein.

21.03.1551: Bei Genandstein im Erzgebirge erschienen um 3.00 Uhr in der Frühe mehrere so genannte Nebensonnen, die durch Bogen miteinander verbunden gewesen sein sollen. Zwei weitere Berichte nennen Magdeburg und Wittenberg als Beobachtungspunkte, sprechen aber vom Vortage. Es ist nicht ganz klar, ob es sich um dieselbe oder eine weitere Beobachtung gehandelt hat. Auch spricht der Bericht von einer Beobachtung von drei

Monden am Abend des gleichen Tages, die über Magdeburg, Deßdorf und Neuenstadt gesehen wurden.

11.06.1554: An diesem Tag gab es eine Himmelserscheinung über Plech bei Nürnberg, die wie folgt beschrieben wurde: *„Bei ihrem Aufgang sah man einen blutigen Streifen quer durch die Sonne, der sich bald verzog, von Osten her gefolgt von blauen Sternen oder Kugeln. Nach ihnen kämpften über dem Wald in Richtung Plech Reiter mit blauen Fähnlein und Spießen zwei Stunden lang im Auf- und Niederrennen, die Sterne, immer vor ihnen her, gingen nieder bis zur Erde, bis zum Wirtszaun hinten am Markt. Als die Erscheinung in dessen Nähe kam, hörte man Rauschen und Plumpsen, danach stieg sie wieder empor und dauerte noch zwei Stunden."*

1554: In einem Flugblatt von Thiebold Berger ist von „kämpfenden Reiterheeren" die Rede. Zeugen der Ereignisse werden namentlich genannt. Es handelt sich hier vermutlich um einen weiteren Bericht zu den Ereignissen vom 11. Juni des Jahres über Plech.

06.12.1556: Wieder erscheinen, merkwürdiger Weise nach einer Sonntagspredigt über die Bibelstelle *„Es werden Zeichen geschehen an der Sonnen, Mond und Sternen"*, eine Nebensonnenerscheinung über Wittenberg.

1557: Über Wien/Österreich und Polen werden verschiedene leuchtende Objekte beobachtet, die als *„grüne oder rote Sonnen"* bezeichnet werden.

1557: Von den Einwohnern Nürnbergs werden mehrere *„fliegende Drachen"* und *„glühende Scheiben"* beobachtet.

1558: In diesem Jahr soll ein *„Kampf zweier fliegender Scheiben"* über Österreich stattgefunden haben.

05.05.1558: Der französische Forschungsreisende Jean de Lery sah während seiner Rückreise nach Frankreich in der Nähe von Neufundland eine außergewöhnliche Himmelserscheinung, die er wie folgt in sein Tagebuch eintrug:

„Am 5. Mai sahen wir, als die Sonne unterging, einen riesigen Feuerblitz aufleuchten und durch die Luft fliegen. Das hatte eine derartige Rückstrahlung von den Segeln unseres Schiffes zur Folge, dass wir glaubten, Feuer im Schiff zu haben. Die Erscheinung verschwand aber sofort wieder, ohne uns irgendwelchen Schaden zugefügt zu haben."

14.04.1561:   Im Luftraum über Nürnberg werden *„schwarze, weiße, rote und blaue Scheiben"* und *„zwei spiralförmige Gegenstände"* gesehen.

1562:   Am Himmel über Hamburg wurden *„ein Schiff, ein Berg und große Männer"* gesehen.

1566:   Über Basel/Schweiz wird *„eine Gruppe schwarzer, runder Scheiben"* beobachtet, die gegeneinander kämpften. Ebenfalls über Basel wurden im Sommer dieses Jahres *„große schwarze und weiße Kugeln"* gesichtet, die in der Luft stillstanden. Letzteres berichtete **Radio je vois tout** in Lausanne am 6. Januar 1955 seinen Zuhörern.

(vor) 1571:   Benvenuto Cellini (* 3.11.1500, † 13.02.1571) berichtet im 84. Kapitel seiner Biographie, wie er eines nachts nach Rom ritt und über Florenz/Italien einen *„großen Feuerbalken, der funkelte und einen ungeheuren Glanz von sich gab"* stehen sah.

26.01.1571:   An diesem Tag wurde eine Nebensonnenerscheinung über Köln beobachtet, die von 8.00 Uhr morgens bis 12.00 Uhr mittags dauerte. *„Nach einer blutroten Verfärbung, die eine halbe Stunde anhielt, verschwand sie wieder."*

16.08.1580:   Bei Prag gibt es eine merkwürdige Sonnenerscheinung, bei der auch drei Männer, dargestellt in Ritterrüstung, am Himmel erschienen, während die Sonne ganz rot war. *„Der dritte Mann verschwand wie die beiden Vorgänger im Norden, bis er wegen des Nebels nicht mehr gesehen wurde."*

07.09.1580:   Erneut gibt es eine Himmelserscheinung bei Prag, die genauso beschrieben wird, wie die vom 16.08.1580. Es ist belegt, dass es sich tatsächlich um zwei verschiedene

Ereignisse gehandelt hat. Interessant ist, dass diese Erscheinung von dem Astronomen Codicillus in der Practica prophezeit worden war.

10.09.1580: „... *Ein sehr großes erschröckliches Wunderzeichen, so man im Jahr 1580, den 10. September in der Kaiserlichen Reichsstatt Augsburg nach Untergang der Sonne an dem Himmel gar eigentlich gesehen hat...*" Diese hell leuchtende Erscheinung wird später auch als Polarlicht gedeutet.

09.04.1583: Zwei Nebensonnen erscheinen, mit der regulären Sonne in der Mitte, über Nürnberg.

12.11.1590: Über Donauwörth werden seltsame Himmelsbeobachtungen gemacht, die bis zum 16.11.1590 andauern. In merkwürdigen Farbspielen zeigten sich Sterne und sonstige Formen, die gegeneinander liefen.

12.02.1593: An diesem und am folgenden Tag, dem 13.02.1593, zeigten sich Nebensonnen und seltsame Lichtbögen am Himmel über Nürnberg.

1636: Am Himmelfahrtstag wurden von mehreren Einwohnern des Ortes Nohra/Deutschland drei weiße Kreuze am Himmel gesehen, als sie vom Nachmittagsgottesdienst nach Hause gingen. Die Kreuze standen teilweise verkehrt untereinander, teils nebeneinander und bewegten sich aus Richtung Erfurt nach Weimar.

In der folgenden Nacht beobachteten mehrere Personen am Himmel in Richtung Weimar mehrere *„Totenbahren"*.

Da kurz darauf die Pest in jener Gegend ausbrach, wurden diese Beobachtungen als Vorboten der Katastrophe gedeutet. In diesem Zusammenhang weist der UFO-Forscher Wladislaw Raab (s. Quellenverzeichnis) darauf hin, dass unmittelbar vor solchen Katastrophen eine vermehrte Aktivität von ufoartigen Erscheinungen und das Auftauchen seltsamer Gestalten zu beobachten war. Auch das könnte ein echter Beweis für die Anwesenheit der Außerirdischen sein, die vielleicht tatsächlich Auslöser solcher Seuchenkatastrophen waren, indem sie (vermutlich sogar unbeabsichtigt) außerirdische Viren einschleppten, die für sie unter Umständen ganz harmlos waren.

1646: In einem Flugblatt von Peter Brachel wird berichtet, dass am Himmel über Deutschland viele seltsame Erscheinungen zu sehen waren. Es war dabei die Rede von Schiffen, Kriegsheeren, Menschen ohne Köpfen, einem Adler und einem Löwen sowie einem Feuer speienden Drachen.

16.07.1665: Am Himmel über Hamburg wird ein seltsames, kugelförmiges Objekt mit Schweif beobachtet.

15.08.1670: In Touraine/Frankreich werden zwei brennende Balken am Himmel gesehen.

02.03.1678: Kurz vor Sonnenuntergang sahen 16 Personen, die alle auf einem Flugblatt über dieses Ereignis namentlich genannt wurden seltsame Erscheinungen am Himmel über Irland, die allesamt aus Westen kamen. Zuerst erschien ein Arm mit einer rötlich scheinenden Hand und ein von einem Ring umgebenes Kreuz. Danach erschienen in chronologischer Reihenfolge ein Schiff, eine Festung, Feuer und nochmals zwei Schiffe. Nach einer kleinen Pause kam ein von zwei Pferden gezogener Triumphwagen und ein schlangenartiges Ungeheuer – gefolgt von einem Bullen und einem Hund. Zum Schluss kamen noch Schiffe und andere Dinge, die aber wegen der fortgeschrittenen Dunkelheit nicht mehr so richtig erkennbar waren. Der Himmel über Irland soll an diesem Abend klar und wolkenlos gewesen sein.

26.08.1679: Kurz nach Sonnenaufgang konnten seltsame Erscheinungen am Himmel über und um London beobachtet werden. Das ganze fing mit einem schwarzen Mann an, der ein Schwert in der Hand hielt. Kurz darauf verwandelte sich der Himmel in ein Meer auf dem 100 Schiffe schwammen. Danach erschien ein Hügel, der von Dörfern und Wäldern umgeben war. Auf dem Weg zu den Dörfern waren 30 Reiter.

1697: Eine *„hell leuchtende Maschine mit einer Kugel in der Mitte"* überfliegt Hamburg und zahlreiche weitere Städte.

03.04.1707: Über Upminster/England beobachtet Referent William Derham kurz vor Sonnenuntergang über einen Zeitraum von rund 15 Minuten ein rotes Gebilde, *„das einer schlanken Pyramide ähnlich sah".*

18.05.1710: Ralph Thresby, Mitglied der Royal Society, beobachtete gegen 21.45 Uhr an diesem Abend ein seltsames Objekt über Leeds in Yorkshire/England. Er beschrieb es *„wie eine Trompete, die mit dem breiteren Ende voran von Nord nach Süd flog und bei der Bewegung Licht abgab".* Diese Erscheinung wurde noch in drei weiteren Ländern gesehen.

19.03.1718: Der Engländer Sir Hans Sloan beobachtet gegen 19.45 Uhr das plötzliche Auftauchen eines *„großen Lichtes am westlichen Himmel".* Es soll heller als der Mond gewesen sein, der ebenfalls am Himmel stand und es bewegte sich auf einer geraden Bahn langsamer als eine Sternschnuppe. Das Objekt nahm die Form einer Birne an, an deren unteren Ende eine Kugel entstand. Diese war weiß und blau und blendete wie die Sonne am Tageshimmel. Die Kugel befand sich etwa eine halbe Minute in Bewegung, bevor sie ungefähr 20 Grad oberhalb des Horizontes verschwand. Die Erscheinung hinterließ eine blasse, rötliche Spur und soll auch über Oxford und Worcester gesehen worden sein.

17.03.1735: John Bevis sieht gegen 20.50 Uhr von seinem Haus in London aus ein ungewöhnliches, helles Licht durch sein Fernrohr.

29.08.1738: Ein glühendes Objekt, aus dessen Heck ein Flammenstrahl schoss, erschien gegen 15.00 Uhr über Nordostengland. Es glich einem Feuerkegel, der oben scharf abgewinkelt und am dicken Ende kugelig war. Diese Kugel explodierte mit lautem Knall und verging in einer Stichflamme. Beobachtet werden konnte das Objekt von den Grafschaften Somerset, Staffordshire und Derby aus.

11.12.1741:	Über England werden zahlreiche mysteriöse Objekte gesehen. Um 21.45 Uhr beobachtete Lord Beauchamp über London eine Art Feuerball von 20 Zentimetern Durchmesser. Er nahm auf 1,50 Meter zu und erreichte dabei sinkend eine Höhe von ca. 800 Metern. Er glaubte, der Feuerball würde über Westminster abstürzen und konnte einen etwa 25 Meter langen Schweif sehen, den das Objekt hinter sich herzog. Dann „zerfiel" es in zwei Teile und verschwand, wobei es eine Rauchspur hinterließ.
16.12.1742:	Um 20.40 Uhr wird von C. M. über dem St. James Park in London ein „Licht" beobachtet. Es stieg vom Boden auf und bewegte sich wellenförmig und parallel zum Horizont nach Nordosten. Ein dünner, nach hinten gerichteter Flammenstrahl war dabei sichtbar. Das Objekt glich einem aus Eisenstäben bestehenden Zylinderrahmen.
23.07.1744:	Über einem Berg in Schottland wird von 27 Zeugen der „Aufmarsch einer Geisterarmee" beobachtet. Das Phänomen ist etwa zwei Stunden sichtbar, bevor es bei Dämmerungsanbruch wieder verschwindet.
29.07.1750:	Ein kugelförmiges Leuchtobjekt überfliegt in großer Höhe die nördlichen Teile der britischen Inseln.
10.05.1760:	Ein immer lauter werdendes Geräusch verursacht ein kugelförmiges Objekt, das gegen 10.00 Uhr über Nordamerika fliegt.
05.12.1762:	Am Abend, gegen 20.50 Uhr, wurde es in ganz Bideford in Devon/England plötzlich taghell. Verursacht wurde dies von einer schlangenförmigen Leuchterscheinung, die aus großer Höhe langsam herabkam und über sechs Minuten lang beobachtet werden konnte.

1767:	Nach dem Bericht eines schottischen Magazins kam bei Couper Angus ein *„dicker schwarzer Rauch"* über das Wasser, *„der ansteigend einen großen leuchtenden Körper enthüllte – wie ein brennendes Gebäude"*. Dieses Objekt soll dann *„Pyramidenform"* angenommen haben, bevor es verschwand.
24.10.1769:	Über Oxford wird zwischen 19.15 Uhr und 19.45 Uhr ein Objekt beobachtet, das wie ein *„brennendes Haus"* aussah.
1769 – 1771:	Während seiner ersten Weltumsegelung beobachtete der britische Weltumsegler James Cook in der Südsee ein außergewöhnliches Lichtphänomen am Himmel. Die Beobachtung fand irgendwann im Zeitraum zwischen 1769 und 1771 statt. Cook schrieb dazu: *„Eines Abends beobachteten wir am Horizont einen rötlichen, düsteren Schein, dessen Umfang wechselte. Außerhalb dieses Scheins, aber auch durch ihn hin, schossen Strahlen von lebhafter Farbe, die erblichen und fast im selben Augenblick wieder erschienen. Die wellenförmige und zitternde Bewegung, die beim Nordlicht hervortritt, hatten diese Strahlen nicht."*
22.12.1772:	Eine raketenähnliche Erscheinung wurde über dem Steinhuder Meer in Norddeutschland gesehen. Sie flog zuerst von Norden nach Süden und gab Fluggeräusche von sich. Diese Erscheinung wurde auch von mehreren anderen Orten in Deutschland beobachtet.
08.05.1775:	Von einer hell leuchtenden Kugel mit langsamer Geschwindigkeit werden in England die Ortschaften Waltham Abbey und Hertford überflogen.
17.06.1777:	Der französische Astronom Charles Messier (1730 bis 1817) beobachtet an diesem Tage eine *„große Anzahl fliegender Scheiben"*.
09.12.1781:	Über der italienischen Stadt Florenz erscheint an diesem Tage *„eine Prozession fliegender Gegenstände"*.

18.06.1782:	Ein *„rotierendes Objekt mit enorm hoher Geschwindigkeit"* wurde über London gesehen.
12.07.1790:	Eine *„riesige Kugel mit schlingernden Bewegungen"* ging auf einem Hügel nahe dem Ort Alencon in Frankreich nieder. Bäume und Sträucher wurden durch den heftigen Aufprall entwurzelt und ein Flächenbrand brach aus. Eine große Menschenmenge lief zum Absturzort und am Objekt öffnete sich eine Tür, aus der ein Mann herauskam, der in den nahen Wald flüchtete. Kurz darauf explodierte das Objekt. Der Fremde wurde trotz großer Suchaktion nicht gefunden.
10.09.1798:	Ein zylinderförmiges Flugobjekt taucht gegen 20.40 Uhr plötzlich aus einer Wolke über Alnwick in Northumberland/England auf, das sich dann in zwei halbmondförmige Objekte teilte, denen *„gleißende Lichtbänder entströmten"*.
13.11.1803:	Eine runde oder kugelförmige Erscheinung wird am Himmel über England gesehen.
01.02.1805:	Eine viertel Stunde vor vier Uhr am Morgen, noch in *„dichter Finsternis"*, bemerken Soldaten bei Jena einen hellen Schein, den sie zunächst für eine Feuersbrunst hielten. Plötzlich kommt über das benachbarte Dach eines Gebäudes eine Feuerkugel geflogen. Sie war heller als der Vollmond und erschien in der Form eines Kopfes, unter dem noch eine halbe Brust war. Die ganze Sichtungsdauer zog sich über mehrere Minuten hin und danach war ein starker, schwefelhaltiger Geruch zu bemerken. Während des Fluges beschrieb die Feuerkugel Schlangenlinien. Im gut eine Stunde von Jena entfernten Fertaprießnitz konnte sie ebenfalls gesehen werden.
04.1805:	Eine ähnliche Feuerkugel, wie gut zwei Monate zuvor in Jena, wird über Dresden gesichtet. Hier wird eine Explosion *„wie der stärkste Donnerschlag"* gehört, deren Ursprung nicht geklärt werden kann.

12.04.1808:	Bei Carmagnola wurde ein Reiter von einer *„fliegenden Kugel"* aus dem Sattel gehoben.
15.04.1808:	Über Torre Pellice in Italien fliegt eine *„Spindel"*, die langsam hinter dem Picco Vandalino verschwindet.
18.04.1808:	Signore Simodi aus Torre Pellice wird durch ein *„summendes Geräusch"* aus dem Schlaf geweckt. Als er zum Fenster hinausschaut, sieht er *„eine Scheibe, die sich mit großer Geschwindigkeit erhebt"*. Sie muss zuvor auf einer nahen Wiese gestanden haben.
12.10.1808:	Leuchtende Scheiben überflogen Pinerolo im italienischen Piemont.
07.09.1820:	Ganze Formationen von Himmelsobjekten werden über Embrun in Südfrankreich gesichtet. Nachdem sie die Stadt geradlinig überflogen hatten, beschrieben sie einen 90-Grad-Winkel und entfernten sich danach wieder im Formationsflug.
1821:	Sir John Herschel entdeckte in diesem Jahr einige glänzende Punkte auf dem Mond und kurz darauf einen solchen neben dem Mond, der sich mit dem Erdtrabanten bewegte.
12.01.1836:	Von Cherbourg in Frankreich aus wird ein Flugobjekt gesehen, das einem *„Pfannkuchen glich"*. Es schien in der Mitte ein Loch zu haben und drehte sich um die eigene Achse.
16.07.1838:	In der Nacht dieses Tages ritt der Polizeiinspektor Hemer auf Patrouille an der Einzäunung des Toxteth Parks in Liverpool entlang. Plötzlich lenkte ein heller Blitz sein Augenmerk auf einen Feuerball, der unbeweglich über einem nahen Feld hing. Für zwei Minuten blieb das Objekt bewegungslos und sank dann, glänzend Funken ausstoßend, schnell zur Erde, wo es verschwand. Dieses Ereignis wurde auch in Zusammenhang mit dem *Springheel Jack* gebracht, jener mysteriösen, abscheuli-

chen Gestalt, die die Gegend seit Mitte November 1837 unsicher machte und die Bürger erschreckte.

04.10.1844:	Der Astronom Glesher berichtet von seiner Beobachtung *„fliegender Scheiben, die hell flimmernde Lichtstrahlen aussandten"*.

11.05.1845: Vom Capodimonte-Observatorium bei Neapel beobachtete Signore Capocci zahlreiche glänzende Scheiben, die von Westen nach Osten flogen. Einige sahen wie Sterne aus und andere hatten leuchtende Schweife.

18.07.1845: Aus dem Atlantik tauchen drei leuchtende Scheiben auf. (Ernst Meckelburg [s. Quellenverzeichnis] bringt in diesem Zusammenhang die Beobachtung der Besatzung des Dampfers Victoria, die jedoch nach allen anderen mir vorliegenden Quellen erst am 4.10.1845 stattfand.)

04.10.1845: Die Besatzung des Dampfers Victoria beobachtet *„drei leuchtende Scheiben, etwa fünfmal so groß wie der Mond"*, südlich von Sizilien. Sie stiegen aus dem Meer auf und schienen durch Lichtstrahlen miteinander verbunden. Ähnliche Berichte kommen aus einem Umkreis von 1.500 Kilometern, die das Gleiche berichten.

01.09.1851: Reverend W. Read, ein englischer Amateurastronom, beobachtete von London aus den Vorbeiflug Tausender leuchtender Scheiben in sehr großer Höhe. Die Objekte flogen mit unterschiedlicher Geschwindigkeit und die Sichtung dauerte von 9.30 Uhr bis 15.30 Uhr. Eine ähnliche Prozession, allerdings aus ovalen Objekten bestehend, beobachtete C. B. Chalmers, ein Mitglied der Königlichen Akademie der Wissenschaften.

15.08.1854: Aus der kleinen polnischen Stadt Jaroslau wurde in einer Zeitungsmeldung folgendes Ereignis berichtet: *„Der aufgehende Mond neigte sich einmal nach rechts, dann wieder nach links, und er schaukelte weiter, immer heftiger, während er am Himmel aufstieg. Plötzlich fiel er mit ungeheurer Geschwindigkeit bis zum Horizont herab, um bald mit* *derselben Geschwindigkeit wieder bis zur zuvor erreichten Höhe aufzusteigen."*

Das es sich hierbei mit Sicherheit nicht um den Erdtrabanten gehandelt haben kann, liegt auf der Hand ...

04.1860: Bei Ottag im Kreis Ohlau/Schlesien beobachtet ein junger Mann eine raketenähnliche Erscheinung, die einen 20 Meter langen feurigen Strahl hinter sich herzog, aber völlig geräuschlos geflogen ist.

12.08.1863: Eine *„leuchtende Scheibe"* wurde an diesem Abend im Osten von Madrid/Spanien gesichtet. Nachdem sie lange still am Himmel stand, flog sie schnell, in waagerechten und senkrechten Manövern in unterschiedliche Richtungen, davon.

25.07.1868: Im Parramatta-Park in Sydney/Australien beobachtete ein Aufseher in einer nächtlichen Vision eine *„Arche"*, die im Park landete. Zuvor hatte er die Vision von *„fliegenden Köpfen"*, die sich in der gleichen Richtung über ihn fortbewegt hatten. Dann soll eine Stimme zu ihm gesprochen haben, die ihn fragte, ob er die *„Arche"* betreten wolle. Als er bejahte, wurde er buchstäblich in das Objekt hinein getragen, wo er eine Art *„Geist"* sah, der wie ein *„Schatten im Froschanzug"* aussah. Anschließend erhielt der Aufseher eine Führung durch das Objekt, in dessen Anschluss der *„Geist"* verschwand.

Am nächsten Morgen erwachte der Mann, tief beeindruckt von der nächtlichen Vision. War es nur ein Traum oder ein Realerlebnis in Form der heute bekannten *Bedroom-Visitors?*

1870: Ein Kapitän der Marine berichtet der Königlichen Britischen Gesellschaft von einem *„Körper, der der Sonne oder dem Mond ähnelte, wenn diese von einem Hof umgeben sind, der aber den Eindruck einer fliegenden Maschine erweckte"*. Nachdem das Objekt sehr lange am Himmel stand, flog es schließlich mit hoher Geschwindigkeit davon und verschwand in einiger Entfernung hinter dem Horizont.

29.09.1870:	Die „*London Times*" berichtet von einem „*elliptischen Schiff*", das etwa eine halbe Minute vor dem Mond zu sehen war.
25.10.1870:	Eine Gruppe von mehreren Personen, die sich nach der Weinlese auf dem Heimweg befanden, wurde plötzlich durch ein „*heftiges Prasseln und Brausen*" erschreckt. Dann sahen sie eine „*bis an die Wolken reichende, feurig beleuchtete Säule, die einem mächtigen Rauchpilz ähnelte*". Die feurige Erscheinung raste auf sie zu und riss das Dach der Schutzhütte weg, in die sie sich geflüchtet hatten. Die Erscheinung bewegte sich auf den Spielberg bei Brünn zu und die Zeugen sagten später: „*Oben auf der Feuersäule, beleuchtet von dieser, saß der Leibhaftige und schwang triumphierend eine Pechfackel.*"
29.08.1871:	Der Astronom Trouvelet beobachtet über Marseille/Frankreich zahlreiche dreieckige, runde und vieleckige Objekte, von denen eines zu Boden gestürzt und zerschellt sein soll, was er deutlich erkennen konnte. Ob man aber Trümmer gefunden hat, und was vielleicht daraus wurde, ist leider nicht überliefert.
1873:	Das südaustralische Register enthält die Schilderung eines hellen Lichts, das einem Segelschiff über den Zeitraum einer Stunde folgte. Kapitän Lebman beschrieb es als „*milchigweiß*" und sagte, dass es in „*Wellen*" alle zwei Sekunden über das Schiff kam. Dies geschah zwischen 22.30 Uhr und 23.30 Uhr und während der ganzen Zeit war das Meer erleuchtet. Das Licht schmerzte in den Augen und dem Kapitän liefen „*Schauer über den Rücken*". Noch 75 Minuten lang nach der eigentlichen Sichtung waren Lichtblitze im Meer zu beobachten.
1874:	Die Zeitschrift „*Lamey*" veröffentlicht die Beobachtung einer großen Anzahl von schwarzen Objekten, die den Mond überquerten.
14.04.1874:	Der Prager Astronom Prof. Schafarik beobachtet in der Nähe des Mondes ein so „*seltsames Objekt*", dass es ihm

nicht möglich war, darüber etwas genaues zu sagen. Das Objekt war *„funkelnd weiß"*. Der Astronom sah es zwar vom Mond wegfliegen, hatte es aber nicht kommen gesehen. (Einer anderen Quelle nach soll sich dies erst am 24.04. ereignet haben und das Objekt zuvor den Mond überquert haben.)

08.01.1875: An diesem Tage veröffentlichte die amerikanische Tageszeitung *„Denison Daily News of Texas"* den Bericht eines gewissen Farmers Martin, der über seinem Anwesen ein *„untertassenförmiges Objekt"* (wörtlich zitiert!) gesehen hatte.

05.10.1877: Im Zeitraum um diesen Tag wurde Wales mehrere Nächte hintereinander von acht seltsamen, leuchtenden Objekten überflogen. Sie schienen dabei die Küstenlinie aufzuzeichnen und verschwanden anschließend jedes Mal in Richtung auf das offene Meer.

23.11.1877: In der Nacht sahen der Brite Dr. Klein und Astronomen in den USA mehrere Lichter, die aus verschiedenen Mondkratern aufstiegen und sich am Krater Platon sammelten, um sich dann zu einem riesigen leuchtenden Dreieck zu formieren.

13.04.1879: Die Mannschaft des Kriegsschiffes Vulture beobachtet im Persischen Golf zwei gewaltige, leuchtende und sich drehende Räder knapp über dem Wasser, die dann langsam sanken und in der Tiefe verschwanden.

20.08.1880: Monsieur Trecul, Mitglied der Französischen Akademie der Wissenschaften, beobachtete ein weißgoldenes, zigarrenförmiges Objekt mit spitz zulaufenden Enden. Außerdem sah er ein kleines Flugobjekt, das sich funkensprühend von dem Großen entfernte.

17.11.1882: Tausende von Engländern wurden Zeuge eines Geschehens, das sich an diesem Tage ereignete. Ein großes rundes Gebilde, von grünem Licht erleuchtet, erschien am Horizont und flog wie ein aufgehender Stern in nordwestliche Richtung. Dann nahm es das Aussehen einer stark in die Länge gezogenen Ellipse an. Viele Beobachter sprachen bezüglich des Aussehens von einer Zigarren-, Torpedo- oder auch Spindelform. Die Sichtung wurde von dem Astronomen Maunder bestätigt.

12.08.1883: Der Mexikaner José A. Bonilla, Astronom und Leiter des Observatoriums von Zacatecas, beobachtete an diesem Tag *„ein kleines, glänzendes Objekt, das die Sonnenscheibe kreuzte und dabei einen ovalen Schatten bildete"*. Das Schauspiel wiederholte sich so häufig, dass Bonilla innerhalb von zwei Stunden 283 Objekte zählte, die die Sonnenscheibe mit einer Geschwindigkeit von drei bis vier Sekunden passierten. Wegen einer Wolkendecke musste er seine Beobachtungen abbrechen, konnte aber später am Tag noch einmal 48 Flugkörper beobachten. Einige waren rund, andere länglich. Alle leuchteten offenbar in der Dunkelheit des Weltraumes. Bonilla konnte mehrere Fotos machen, von denen eines auch im Jahre 1885 in der Pariser Zeitschrift *„L'Astronomie"* veröffentlicht wurde.

13.08.1883: Auch an diesem Tag beobachtete José A. Bonilla wieder zahlreiche Objekte vor der Sonnenscheibe. Diesmal zählte er 116 Objekte. Bonilla schätzte die Objekte in einer Entfernung von 240.000 Kilometern von der Erde. Von ihm alarmierte Kollegen konnten an diesem Tag seine Beobachtungen bestätigen. In einem Telegramm an Bonilla hieß es, *„sie können bestätigen, dass die Gegenstände sich dank der Parallelachse in relativer Erdnähe befanden"*.

02.1885: Die Mannschaft eines Segelschiffes, das nicht weit von der Ostküste Australiens entfernt, im Pazifik, segelte, sah einen roten Feuerball am Himmel, *„der über sie hinwegzischte"* und ins Meer stürzte. Dabei löste er eine Serie großer Wellen aus.

11.1885: Die Mannschaft eines englischen Dampfers sah im Pazifik einen *„riesigen Feuerball"* aus dem Meer aufsteigen.

Dieser bewegte sich nahe an das Schiff heran, *„um dann hinwegzuschießen"*.

1893: Ein australischer Farmer aus New South Wales behauptet, dass ein *„untertassenähnliches Objekt"* in einer seiner Pferdekoppeln gelandet sei, aus dem ein *„seltsam gekleideter Mann"* ausstieg. Als der Farmer auf den Fremden zuging, richtete dieser eine Art *„Lichtstrahl"* auf ihn, der ihn zu Boden warf und betäubte. Nachdem der Farmer wieder zu sich gekommen war, waren der Mann und das Objekt verschwunden. Seine Hand, die von dem Lichtstrahl getroffen wurde, war seitdem für immer gelähmt.

1894: Der holländische Astronom Müller beobachtet ein merkwürdiges Objekt in Mondnähe.

06.05.1894: Die beiden Polizisten John J. Sumpter und John McLemore aus Garland County in Arkansas sahen in der Nacht vom 6. auf den 7. Mai ein helles Licht am Himmel, das herabzukommen schien. Als sie am Landeort ankamen, sahen sie einen Mann mit einem langen Bart, der ihnen auf Anruf erklärte, er und seine beiden Begleiter, von denen einer eine Frau war, *„durchreisten das Land mit einem Luftschiff"*. Nach einer Weile ritten die Polizisten weiter. Als sie kurz darauf noch einmal zurückkamen, waren die Leute und das zigarrenförmige, etwa 60 Fuß lange Luftschiff verschwunden.

1896: Ein Postbeamter bemerkt während der Zugfahrt bei Trenton/Maryland, wie der Zug von einem runden Licht in ca. 30 Meter Höhe verfolgt wird. Zuerst erschien das Objekt schneller, blieb aber dann zurück und drehte nach Norden ab.

1896: Beim Erdbeben von Hertford wurden weite Teile des betroffenen Gebietes von leuchtenden Objekten überquert, die derart hell waren, dass man in der Nacht eine Stecknadel auf dem Boden gesehen hätte.

1896:	Der Leiter des Smith-Observatoriums in den USA beobachtet, wie ein rundes dunkles Objekt den Mond überquert.
13.11.1896:	Tausende von Personen sahen in den Bereichen der Städte Oakland, San Franzisko, Santa Rosa, Sacramento, Chico und im mittleren Kalifornien ein *„zigarrenförmiges Objekt mit Flügelstummeln"*.
17.12.1896:	Während des starken Erdbebens auf den britischen Inseln wurde über Worcester in England ein intensives Leuchten am Himmel beobachtet.
29.03.1897:	Die *„Times"*, Los Angeles, berichtete am 30.03.1897 von einem *„geheimnisvollen Luftschiff, das letzte Nacht erneut von einer Anzahl angesehener Bürger Omahas beobachtet"* wurde. Die Sichtung fand nach einem Gottesdienst statt und das Objekt, das von allen Teilen der Stadt gesehen werden konnte, benötigte etwa eine halbe Stunde, um den Himmel zu überqueren. Das *„Luftschiff"* tauchte im Südosten auf und hatte *„die Form eines großen, hellen Lichtes, zu groß für einen Ballon und immer gleich stark leuchtend"*. Es soll sehr tief und langsam geflogen sein.
04.1897:	Wie die *„Evening News"* aus Saginow in Michigan/USA in ihrer Ausgabe Nr. 5 vom April des Jahres berichtete, erschien des nachts während des Mondscheins über der Farm von Robert Hibbard, ca. 70 km nördlich von Sioux City in Iowa ein dunkler Körper in der Luft. Auf beiden Seiten war eine Reihe weißlicher Lichter zu erkennen, während das Objekt zu Boden sank. Dann sah der Farmer den *„Steuermann"*, der offenbar herabsteigen wollte. An dem Schleppseil, das er dafür benutzte, war ein *„Anker"* befestigt. Als das Objekt wieder an Höhe gewann, verfing sich der Anker in der Hose des Farmers und zog ihn ein Stück mit.

Das genaue Datum dieser Beobachtung konnte nicht mehr ermittelt werden. Ein Zusammenhang mit dem

Ereignis vom 25. April des gleichen Jahres in Houston/Texas könnte vielleicht gegeben sein.

04.1897:
Richter Lawrence A. Byrne berichtete in einem Artikel der *„Daily Texarkanian"* (Texarkana/Arkansas) von seiner wenige Tage zuvor stattgefundenen Begegnung mit einem Luftschiff am McKinney-Sumpf. Bei einem gelandeten Luftschiff sah er dort drei Insassen, die er mit Japanern verglich. Diese luden ihn zu einer Besichtigung an Bord ein, in deren Verlauf er auch die Triebwerksanlage zu Gesicht bekam. Wie Byrne berichtete, besaß das Triebwerk u. a. mehrere große Tanks aus Aluminium.

01.04.1897:
Aus Kansas City wird ein *„mysteriöses Licht"*, nach Osten fliegend, gemeldet, das sich dabei der Erde näherte. Wie die *„New York Sun"* berichtete, soll es rund 100 km/h schnell gewesen sein.

09.04.1897:
In der Nacht auf den 10. April waren bis 2.00 Uhr in der Frühe die Lichter eines Luftschiffes über dem Nordwesten von Chicago zu sehen. Wie der *„New York Herald"* am 14. April berichtete, gab es *„Tausende"* Augenzeugen, von denen einige *„zwei zigarrenförmige Schiffe mit Flügeln"* beschrieben. Bereits am 10. April hatte der *„New York Herald"* berichtet, dass ein Bürger Chicagos das Objekt auch fotografiert habe.

10.04.1897:
An diesem Tage soll ein Luftschiff mit *„Flügeln und Bedachung"* auf einer Farm von Charlesville/Illinois gelandet sein. Als sich die Zeugen näherten, stieg es wieder auf und flog weg.

15.04.1897:
Wie der *„Courier Herald"* aus Saginaw in Michigan am folgenden Tag berichtete, sahen fast die gesamten Einwohner von Linn Grove ein großes Objekt, das langsam in nordöstliche Richtung am Himmel flog. Nach einiger Zeit spreizte es *„vier monströse Schwingen"* aus und flog in nördlicher Richtung davon. Die Insassen dieses Flug-

körpers sollen Blöcke aus unbekanntem Material von Bord geworfen haben.

16.04.1897: Die *„New York Sun"* meldet für diesen Tag ein *„dunkles Objekt"* bei Benton in Texas.

19.04.1897: Wieder nach einem Bericht der *„New York Sun"* wird gegen 21.00 Uhr über Sisterville/West-Virginia ein *„helles Objekt mit alternierenden roten, weißen und grünen Lichtern"* gesehen. Durch Ferngläser gesehen machte das Objekt *„den Eindruck eines riesigen konusförmigen Apparates, 50 Meter lang, mit breiten Flossen an jeder Seite"*.

23.04.1897: Joseph Joslin war an diesem Abend auf der Skinker Road in Forest Park/Michigan (USA) unterwegs, als er am Himmel ein *„riesiges Luftschiff"* bemerkte, das herabkam. *„Fremdartige Wesen zerrten den Entsetzten an Bord ihres Flugvehikels."* Nach drei Wochen, an die er sich nicht erinnern konnte, wurde er wieder freigelassen. Zu den Wesen sagte Joslin: *„Es waren winzige, zwergenähnliche Wesen"*.

25.04.1897: Eine Gruppe von Kirchgängern sah in Houston/Texas in der Nacht eine Art Anker, der an einem Seil, das vom Himmel herabhing, über die Straße geschleift wurde und sich beim Überqueren von Schienen in diesen verfing. In der Luft war ein Luftschiff mit zahlreichen beleuchteten Fenstern zu sehen. Nach etwa zehn Minuten kam ein Mann das Seil herab und kappte es. Der Anker wurde in der Hufschmiede Elliott und Müller ausgestellt. Das berichtete die *„Daily Post"* aus Houston am 26. April des Jahres.

08.1897: Anfang August beobachteten J. B. Robson und Frau William Sullivan in British Columbia ein *„rundes, gräulich aussehendes Objekt rechts der Sonne"*. Es wurde größer und verlor an Höhe. Der Himmel war zu dieser Zeit wolkenlos.

15.11.1899:   Gegen 19.00 Uhr wird von Dourite in der französischen Dordogne ein riesiges weiß, rot und blau leuchtendes Objekt beobachtet, das in Mondnähe flog.

Anhang

Der Heilige Albertus Magnus
(modernes Gedicht)

Einst lebte zu Köln ein weiser Mann,
von dem man sagt', dass er alles kann.
Albertus Magnus nannte man ihn;
dem ein Engel im Traume erschien.

Woher und wer dieser Engel war,
alles wird uns heut' erst richtig klar.
Und dabei nutzt uns auch kein Flucher –
es war ein kosmischer Besucher.

Mit dem Besucher bestand Kontakt –
und das klappte immer ganz exakt.
Über Bild- und Sprechfunk ging alles –
das war dann für den Fall des Falles.

In der Zelle hinter der Matte
Albertus 'nen Roboter hatte.
Von den weiten Sternen dieser kam
und den Schüler Thomas ihm dann nahm.

Mit so etwas kam Thomas nicht zurecht,
das alles verkraftete er schlecht.
Er schlug alle Technik kurz und klein –
seiner Meinung nach musste es sein.

Der Schüler war ein schlimmer Bengel,
denn ohne Kontakt zu dem Engel
war es mit Alberts Technik nun aus.
Was blieb war nur der Garten am Haus.

Im Kräutergarten wuchs allerlei,
viel Geheimnisvolles war dabei.

Seine Rezepte er draus machte,
womit er Seltsames vollbrachte.

Einst lud in sein kleines Kloster er,
Kaiser Wilhelm und sein ganzes Heer,
zu einem großen Festgelage ein,
mit viel Speisen und gutem Wein.

Der Kaiser war ein frommer Christ,
was aus dem Gelag' geworden ist,
war reichlich Kult und noch mehr Magie –
das vergaß der Kaiser Wilhelm nie!

Einen Zauberbecher Albert trug,
die Wirkung spürt' man bei jedem Zug.
Albertus suchte damit sein Glück,
doch Vergangenes kam nie zurück.

Albertus war auch viel auf Reisen
und suchte nach dem *„Stein der Weisen"*.
Aber ob er ihn dabei auch fand,
das ist uns heut' leider unbekannt.

Und in der Blüte seines Lebens,
da suchte Albertus vergebens.
Seine Zeit, die war nun fast vorbei
und die Gedanken wurden wieder frei.

Bald darauf Albertus Magnus starb,
nahm sein Geheimnis mit in das Grab;
was er erlebt mit himmlischem Heer,
solches erlebt heute niemand mehr!

Axel Ertelt, Halver, im Dezember 1997

Danksagung

Zum Gelingen dieses Buches, so wie sie es jetzt in Händen halten, haben folgende Personen bewusst oder unbewusst beigetragen – sei es durch anregende Diskussionen oder gute Ideen, durch Hinweise oder die Beschaffung von Quellenmaterial, durch die Überlassung von Abbildungen oder sonst auf irgendeine Art und Weise.

Thawee Ertelt/Halver
Astrid Stockter/Werlau
Claudia Ertelt/Halver
Hans-Werner Sachmann/Dortmund
Dr. Johannes Fiebag/Bad Neustadt (†)
Peter Fiebag/Nordheim
Herbert Mohren/Düsseldorf (†)
Ferdinand Heller/Köln
Sekretariat St. Andreas/Köln
Wilfried Stevens/Düsseldorf
Wilfried Briegel/Hettenhausen (†)
Thomas Mehner/Suhl
Gerhard Börnsen/Hagen
Team des ÄON-Magazin/Hagen u. a.
Hans-Werner Peiniger/Lüdenscheid
Roland Horn/Kleinblittersdorf
Rike/Köln
Natale-Guido Cincinnati/Bonn
Rolf Wolters/Walzbachtal
Werner Betz/Groß-Gerau

Quellen- und Literaturverzeichnis

Abbildungen: Bei den Abbildungen sind die entsprechenden Quellen jeweils direkt vermerkt. Diejenigen mit dem Vermerk *„Archiv MSTERIA"* stammen aus dem umfangreichen und inzwischen aufgelösten Archiv der früheren Zeitschrift *„MYSTERIA"*. Es handelt sich dabei durchwegs um von mir aus diesem Archiv digitalisierte Fotoabzüge von Fotos, die bereits zigmal in der entsprechenden Literatur veröffentlicht wurden und deren ursprüngliche Quelle nicht ausfindig gemacht werden konnte. Bei einigen alten Fotos davon sind auch bereits die ursprünglichen Urheberrechte erloschen. Sollte dennoch in diesem Buch ein Foto verwandt worden sein, mit dessen Veröffentlichung gegen ein Urheberrecht verstoßen wurde, bitte ich um Kontaktaufnahme damit wir die Angelegenheit klären können.

Internetquellen: Internetpublikationen sind manchmal kurzlebig bzw. unterliegen auch ständigen Veränderungen. Bei allen Internetquellen, die hier enthalten sind, habe ich in den Fällen, in denen das Veröffentlichungsdatum nicht bekannt ist, in eckigen Klammern den Tag angegeben, an denen ich den Artikel gefunden habe (oder letztmalig aufgerufen) habe.

ÄON-Magazin: *„War das Mittelalter ganz anders?"*; Folge 56, gesendet über die *„Offenen Kanäle"* im Jahr 2004, ÄON-Magazin Dortmund & Hagen

Aken, Jose van: *„Der Homunculus – Nicht alles Machbare ist erlaubt"*; in: *„Neue Weltschau"* Nr. 16/79, Erich Pabel Verlag, Rastatt 1979

„Allgemeiner Anzeiger": *„Halb Tier, halb Mensch"*; vom 20.11.2000

„Allgemeiner Anzeiger": *„Klonbaby angeblich zu Hause"*; vom 02.01.2003

„Allgemeiner Anzeiger": *„Kaum einer glaubt die ‚Klon-Story'"*; vom 06.01.2003

„Allgemeiner Anzeiger": *„Neues Klon-Baby in China?"*; vom 17.02.2003

(Anonym): *„Albertus Magnus bewährte und approbierte sympathetische und natürliche egyptische Geheimnisse für Menschen und Vieh – für Städter und Landsleute"*; Faksimile der Ausgabe Reutlingen o. J. (verm. um 1830), Edition Ambra im Aurum Verlag, Freiburg i. Br. 1979

Bahn, Peter & Gehring, Heiner: *„Der Vril-Mythos. Eine geheimnisvolle Energieform in Esoterik, Technik und Therapie";* Omega-Verlag, Düsseldorf 1997

Balss, Heinrich: *„Antike Astronomie";* München 1949

Barth, Hans: *„Conrad Haas Raketenpionier und Humanist";* Johannis Reeg Verlag, Bamberg 2005

Bayerntext: *„Zwei geklonte Kälber in den USA";* Videotext des TV-Senders *„Bayern 3",* S. 171 vom 21.01.1998

bazonline.ch: *„Chinesen klonen fünf menschliche Embryonen";* Basler Zeitung, 04.02.2009, http://bazonline.ch

Becker-Huberti, Dr. Manfred: *„Die Weihnachtskrippe"* (Theologie – Volkskunde); Abschnitt *„Außerbiblische Berichte: Apokryphe",* http://www.koelner-krippengaenge.de [04.10.2009]

Becker-Huberti, Dr. Manfred: *„Die Weihnachtskrippe"* (Theologie – Volkskunde); Abschnitt *„Elemente der Krippe: Die heiligen Dreikönige",* http://www.koelner-krippengaenge.de [04.10.2009]

Becker, Prof. Dr. Albert: *„Pfalz und Kaisersage";* in: *„Der Trifels",* Bd. I 1928 (Beilage der *„Pfälzischen Rundschau")*

Becker, Prof. Dr. Albert: *„Kaiserslautern oder Kyffhäuser";* in: *„Kurpfälzer Jahrbuch 1928",* Verlag Paul Brauns, Heidelberg 1928

Beka, Johannes de: *„Fontes rerum Germanicarum";* Bd. 2, Stuttgart 1845

„Berleburger Bibel": *„Das Evangelium Jacobi";* in: 8. und letzter Teil, (nur enthalten in der) Ursprungsausgabe 1742

Bertelsmann (Hrsg.): *„Das Bertelsmann-Lexikon"* (in 4 Bänden); Bd. 1, C. Bertelsmann Verlag, Gütersloh 1953

Bestattungen Ertelt: *„Erinnerungsdiamanten";* in: *„Bestattung Aktuell"* Nr. 13 (Ausgabe 3/2009), Halver, im Juli 2009

Bianco, Franz Joseph von: *„Die alte Universität Köln";* Bd. 1, Köln 1855

„Bild": *„2. Retortenbaby – ein Junge!";* vom 16.01.1979

Bott, Gerhard (Hrsg.): „*Zeichen am Himmel*"; Flugblätter des 16. Jahrhunderts, herausgegeben vom Germanischen Nationalmuseum Nürnberg zur 25. Wechselausstellung der Graphischen Sammlung des Germanischen Nationalmuseums Nürnberg vom 12. März bis 29. August 1982.

Brasser, Bernd: „*Roboter im Mittelalter*"; in: „*MYSTERIA*" Nr. 10/81, Halver u. Dortmund 1981

Breitenbruch, Rolf: „*Die Hochgräber im Kölner Dom*" (Reihe: „*Dombetrachtung*", Bd. 4); herausgegeben vom Dompfarramt, Köln o. J.

Briegel, Wilfried: „*Wer war Virgilius?*"; in: „*MYSTERIA*" Nr. 67, 10. Jg., Halver u. Dortmund 1988

Brockhaus (Hrsg.): „*Die Geschichte des Christentums*" (Handbuch); R. Brockhaus Verlag, Wuppertal 1979

Brockhaus F. A. (Hrsg.): „*Cooks Fahrten um die Welt*"; F. A. Brockhaus Verlag, Leipzig 1963

Bruns, Frank & Mohren, Herbert: „*Mag-Mor – Die erste Kultur der Erde*"; Astronomischer Verlag, Bamberg 1981

Cebulla, Frank: „*Schöpfung aus dem Lehm*" (*Der Golem in Geschichte, Mythos und Magie*, Teile 1 – 3); Jena, 2000/2001, www.golem-net.de

Ceming, Katharina & Werlitz, Jürgen: „*Die verbotenen Evangelien*" (*Apokryphe Schriften*); Marix Verlag, Wiesbaden 2004

Chapuis, Alfred & Droz, Edmond: „*Automata – A historical and technological Study*"; Central Book Company Inc., New York

Charroux, Robert: „*Die Meister der Welt*"; Econ Taschenbuchverlag, Düsseldorf 1997

Charroux, Robert: „*Phantastische Vergangenheit*"; Ausgabe für den Deutschen Bücherbund, Stuttgart o. J.

Charroux, Robert: „*Phantastische Vergangenheit*"; TB-Ausgabe, Ullstein Verlag, Frankfurt/M. u. Berlin 1990

Charroux, Robert: „*Unbekannt – Geheimnisvoll – Phantastisch*"; Knaur TB, Droemersche Verlagsanstalt Th. Knaur Nachf., München 1973

Craemer-Ruegenberg, Ingrid: *„Albertus Magnus"*; C. H. Beck'sche Verlagsbuchhandlung, München 1980

„Das Ausland-Journal": *„Klonen Briten bald Embryonen?"*; in: Nr. 31, 5. Jg., 01.08.2000, Beilage der *„Südostasien-Zeitung"*, Pattaya/Thailand

„Das ,Vaterunser' in Geheimschrift"; Internet: http://schaepp.de/ [23.01.2007]

„Der Bote": *„Unglaubliche Maria-Theorie"*; (Wochenmagazin und Anzeigenblatt), Lüdenscheid, vom 28.01.1998

„Die Bibel"; Naumann & Göbel, Köln 1964

Domforum Köln: *„Willkommen im Dom zu Köln"*; Besucherinfo zum Kölner Dom, Stand 2000

Drake, Walter Raymond: *„Epilog"*; in: **Ertelt, Axel & Fiebag, Johannes & Fiebag, Peter & Sachmann, Hans-Werner:** *„Die kosmischen Eingeweihten"*; Autorenteam-Selbstverlag, Halver, Northeim und Dortmund 1980

Dreesen, Jakob: *„Sagen und Legenden der Stadt Köln"*; 3. Aufl., Köln o. J.

3sat-Text: *„Forscher klonen genmanipulierte Kälber"*; Videotext des TV-Senders *„3sat"*, S. 110 vom 21.01.1998

Droz, Edmond: (s. u.: **Chapuis, Alfred & Droz, Edmond**)

Durant, Ariel & Durant, Will: *„Weltreiche des Glaubens"*; (Bd. 5 aus der Reihe *„Kulturgeschichte der Menschheit"*) Ullstein Verlag, Frankfurt/M. 1981

Durant, Ariel & Durant, Will: *„Das frühe Mittelalter"*; (Bd. 6 aus der Reihe *„Kulturgeschichte der Menschheit"*) Ullstein Verlag, Frankfurt/M. 1981

Durant, Ariel & Durant, Will: *„Das hohe Mittelalter und die Frührenaissance"*; (Bd. 7 aus der Reihe *„Kulturgeschichte der Menschheit"*) Ullstein Verlag, Frankfurt/M. 1981

Durant, Will: (s. u. **Durant, Ariel & Durant, Will**)

dw-world.de: *„Obama hebt Beschränkungen der Stammzellenforschung auf"*; vom 09.03.2009

Ebermann, Prof. Dr. Oskar: *„Sagen der Technik"*; Verlag Hegen & Schlade, Leipzig 1930

Entrich OP, Manfred (Hrsg.): *„Albertus Magnus – Sein Leben und seine Bedeutung"*; Verlag Styria, Graz, Wien u. Köln

„EPAL": *„Jagd nach dem weißen Elefanten"*; in: *„EPAL"* Nr. 9, 3. Jg., MG-Verlag, Plaidt im Juni 1999

Ertelt, Axel & Fiebag, Johannes & Fiebag, Peter & Sachmann, Hans-Werner: *„Rätsel seit Jahrtausenden"*; Autorenteam-Selbstverlag, Halver, Northeim u. Dortmund 1978

Ertelt, Axel & Fiebag, Johannes & Fiebag, Peter & Sachmann, Hans-Werner: *„Die kosmischen Eingeweihten"*; Autorenteam-Selbstverlag, Halver, Northeim u. Dortmund 1980

Ertelt, Axel: *„Die geklonte Menschheit"*; in: *„MYSTERIA"* Nr. 1/81, Halver, Düsseldorf u. Dortmund 1981

Ertelt, Axel: *„Die steinerne Bibliothek von Ica"*; in: *„Das Neue Zeitalter"* Nr. 20/83, München 1983

Ertelt, Axel: *„Außerirdische Technologie im Mittelalter"*; in: **Peiniger, Hans-Werner (Hrsg.):** *„Beiträge zur UFO-Forschung"* GEP e. V., Lüdenscheid 1985

Ertelt, Axel: *„Die interplanetaren Kontakte des **Albertus Magnus**"*; St. Germain Verlag, Höhr-Grenzhausen 1986

Ertelt, Axel: *„Außerirdisches Leben und Briefmarken"*; MYSTERIA-Sonderdruck, Halver u. Dortmund 1986

Ertelt, Axel: *„Außerirdische Technologie im Mittelalter"*; (Folgen 1 – 4) in: *„PARA"* A-Klosterneuburg, August – September 1988

Ertelt, Axel & Stevens, Wilfried: *„Geheimnisvolles Thailand"* (*Phantastisches und Unbekanntes aus dem „Land des Lächelns"*); Unikat, unveröffentlichtes Manuskript, Halver und Düsseldorf 2005

Ertelt, Axel: (s. a. u.: **Mohren Herbert & Ertelt, Axel** – u. u.: **Mais, Alex** – u. u.: **Bestattungen Ertelt**)

Faber-Kaiser, Andreas: *„Heilige oder Kosmonauten"*; Ullstein Buchverlag, Frankfurt/M. und Berlin 1997

Fernau, Joachim: *„Die Genies der Deutschen"*; Econ Verlag, Düsseldorf u. Wien, 4. Aufl. 1968

Fiebag, Johannes: *„Die Gesandten des Alls"*; in: **Ertelt, Axel & Fiebag, Johannes & Fiebag, Peter & Sachmann, Hans-Werner:** *„Die kosmischen Eingeweihten"*; Autorenteam-Selbstverlag, Halver, Northeim u. Dortmund 1980

Fiebag, Johannes: *„Rätsel der Menschheit"*; John Fisch Verlag, Edition Buch 2000, Luxemburg 1982

Fiebag, Johannes & Fiebag, Peter: *„Zeichen am Himmel* (UFOs und Marienerscheinungen)"*; Ullstein Buchverlag GmbH, Frankfurt/M. und Berlin 1997

Fiebag, Peter: *„Der Zukunftsdenker"*; in: **Ertelt, Axel & Fiebag, Johannes & Fiebag, Peter & Sachmann, Hans-Werner:** *„Die kosmischen Eingeweihten"*; Autorenteam-Selbstverlag, Halver, Northeim u. Dortmund 1980

Fremantle, Anne: *„Zeitalter des Glaubens"*; (aus der Serie *„Zeitalter der Menschheit"*) Time-Life, Amsterdam 1975

Gehring, Heiner: (s. u.: **Bahn, Peter & Gehring, Heiner**)

Glorez, Andreas: *„...Eröffnetes Wunderbuch..."*; (Faksimile-Nachdruck der Ausgabe Regensburg und Stadtamhof von 1700) Edition Ambra im Aurum Verlag, Freiburg i. Br. 1979

Habeck, Reinhard: *„Das Geheimnis der Schlangensteine"*; in: *„MYSTERIA"* Nr. 3/80, Halver u. Dortmund 1980

Habeck, Reinhard: (s. a. u.: **Krassa, Peter & Habeck, Reinhard**)

Hämmeler, Hans: *„Helden und Heilige"*; Verlag Haus Michaelsberg, Siegburg 1964

Hammerl, Dr. Michaela: *„Wunderzeichenberichte in der Frühen Neuzeit"*; www.wunderzeichen.de, [27.07.2009]

Haupt, Werner: *„Tabellen zur Geschichte der Länder und Völker"*; Buch und Zeit Verlagsgesellschaft mbH, Köln 1974

Heideloff, C. A.: *„Der kleine Altdeutsche (Gothe) oder Grundlagen des altdeutschen Baustyles"*; Nürnberg 1849

Helm: *„Handwörterbuch des deutschen Aberglaubens"*; Berlin u. Leipzig 1927

Henkler, Sven: *„Das Wilde Heer – Götter und Geister der dunklen Zeit"*; Verlag Zeitenwende, 2. Aufl., Radeberg 2009

Herchenberg, A.: *„Albertus auf der Spur"*; in: *„Kölner Rundschau"* vom 13.12.1979

Hesemann, Michael: *„Das erste UFO-Foto"*; in: *„MYSTERIA"* Nr. 8/81, 3. Jg., Halver u. Dortmund 1981

Heuer, Hanns Manfred: *„Der ,Doctor universalis'"*; in: *„Esotera"* Nr. 1/76, Herrmann Bauer Verlag, Freiburg i. Br. 1976

Heuer, Hanns Manfred: *„Albertus Magnus"*; (aus der Serie *„Die großen Magier"*) in: *„Das Neue Zeitalter"* Annelies Huter Verlag, München 1979

Heuer, Hanns Manfred: *„Albertus Magnus – Heiliger und Magier"*; (aus der Serie *„Die großen Seher"*) in: *„Geheimnisvolles Schicksal"* Periodika Verlag, Frankfurt/M. 1979

Hildebrand, Florian: *„Entdeckung der Doppelhelixstrukrur der DNA (25.04.1953)"*; **Bayern 2**, 25.04.2006, www.br-online.de

Hillebrand, Ingo & Lanzerath, Dirk: *„Klonen – Stand der Forschung, ethische Diskussion, rechtliche Aspekte"*; Akademie für Technikfolgenabschätzung in Baden-Württemberg, Stuttgart 2001

Holroyd, Stuart & Powell, Neil: *„Geheimnisvolle Wissenschaften"*; (aus der Buchserie *„Große Mysterien"*) Christoph Kolumbus Verlag AG (Ausgabe Lekturama), Glarus o. J.

Horn, Roland M.: *„Buchbesprechung: Das Mittelalter war ganz anders"*; http://www.roland-m-horn.de/rmh6.php [24.07.2009]

hwp: *„Schwarze Forschungen"* (Buchbesprechung); in: *„Journal für UFO-Forschung"* Nr. 4/99, GEP e. V., Lüdenscheid im Juli/August 1999

Illig, Heribert: *„Das erfundene Mittelalter (Die größte Zeitfälschung der Geschichte)"*; Econ TB Verlag, Düsseldorf 1998

Jepsen-Föge: *„Märchenhafte Deutschlandreise"*; Econ Verlag, Düsseldorf 1975

Kelch, Walter L.: (s. u.: **wlk**)

Keudell, Romay von: *„Geschichte zum Nachschlagen"* (lag mir nur als Kopie ohne nähere Quellenangabe vor)

Kluxen, Kurt: (s. u.: **Tenbrock, Robert Hermann & Kluxen, Kurt**)

Knaur (Hrsg.): *„Knaurs Lexikon von A – Z"* (in einem Band); Th. Knaur Nachf. Verlag, Berlin 1939

Knaur (Hrsg.): *„Knaurs Lexikon in zwanzig Bänden"*; Bde. 1 – 20, Ausgabe für den Deutschen Bücherbund Stuttgart, Lexikographisches Institut, München 1974, 1975, 1976

Königswinter, Wolfgang Müller von: *„Wilhelm von Holland"*; in: **Dreesen, Jakob:** *„Sagen und Legenden der Stadt Köln"*, Köln o. J.

Korner, Hermann: *„Chronica novella"*; ed. Jacob Schwalm, Göttingen 1895

Koselleck, Prof. Dr. Arno (Mit-Hrsg.): *„Geschichte für Realschulen"*; (Bd. 1/2: *„Altertum und Mittelalter"*) Moritz Diesterweg, Frankfurt/M., Berlin, Bonn u. München 1967

Krassa, Peter & Habeck, Reinhard: *„Licht für den Pharao. Elektrischer Strom im alten Ägypten"*; John Fisch Verlag, Edition Buch 2000, Luxemburg 1982

L., Gerd: (als Brief an **Erich von Däniken** geplante Abhandlung vom 23.09.1997)

Lammer, Dr. Helmut & Lammer, Marion: *„Geheime Luft- und Raumfahrtprojekte"*; in: *„wissenschaft ohne grenzen"* Nr. 3/99, 4. Jg., könig communikation, Greiz 1999

Lampe, Dr. M. (Landeskirchenrat): *„Vornamen und ihre Bedeutung"*; in: verschiedenen Fassungen deutscher Familienstammbücher

Langbein, Walter-Jörg: *„Darum Prä-Astronautik"*; in: *„EPAL"* Nr. 9, 3. Jg., MG-Verlag, Plaidt im Juni 1999

Lery, Jean de: *„Brasilianisches Tagebuch"*; Erdmann Verlag, Tübingen 1967

Jakob Lorber: *„Jugend Jesu – Das Jakobus-Evangelium"*; Lorber-Verlag, Bietigheim-Bissingen, 7. Auflage.

Jakob Lorber: *„Kindheit und Jugend Jesu (sog. Jakobus-Evangelium)"*; http://www.j-lorber.de [02.10.2009]

Lüthgen, Egon: *„Rätselhafte Ereignisse"*; in: *„MYSTERIA"* Nr. 3/81, 3. Jg., Halver, Düsseldorf u. Dortmund 1981

Lyser, J. P.: *„Abendländische 1001 Nacht"* (Die Märchen und Sagen aller europäischen Völker zum ersten Male gesammelt); Bde. 1 – 3, Prisma Verlag, Gütersloh 1980

Mackensen, L.: *„Die Deutschen Volksbücher"*; Leipzig 1927

Macrobius, Ambrosius Theodosius: *„Saturnalia"*; 2, 4, 11

Thomas Maier: *„Sternsinger und die heiligen Dreikönige"*; Isargau, Bayerischer Heimat- und Volkstrachtenvereine e.V., Schwaig 2006

Mais, Alex: *„Lasset uns Menschen machen…"*; vom 01.02.2009, www.onlinezeitung24.de

Mais, Alex: *„Medizinisches Experiment? – Skandal um Achtlinge in den USA"*; vom 03.02.2009, www.onlinezeitung24.de

Maser, Werner: *„Adolf Hitler – Legende, Mythos, Wirklichkeit"*; Wilhelm Heyne Verlag, München 1980

Meckelburg, Ernst: *„Besucher aus der Zukunft"* (Durch die Mauer der Zeit in die vierte Dimension); TB-Ausgabe, Ullstein Verlag, Frankfurt/M. 1987

Melchers, Erna & Melchers, Hans: *„Die Heiligen"* (Geschichte und Legende); Weltbild Bücherdienst, Augsburg 1980

Melchers, Hans: (s. u.: **Melchers, Erna & Melchers, Hans**)

missio: *„Die Heiligen Drei Könige und das Segenszeichen C-M-B"*; CH-Fribourg, http://missio.ws.netline.ch [24.07.2009]

mm: *„In 5 Jahren Menschen-Klon"*; in: *„Allgemeiner Anzeiger"* vom 28.12.2000

Mohren, Herbert: *„Fand man an der Via Appia in Rom die Mumie einer Außerirdischen?"*; in: *„MYSTERIA"* Nr. 2/79, Halver, Düsseldorf und Dortmund 1979

Mohren, Herbert & Ertelt, Axel: *„Sie kommen von anderen Welten"*; John Fisch Verlag, Edition Buch 2000, Luxemburg 1982

Mohren, Herbert: (s. a. u.: **Bruns, Frank & Mohren, Herbert**)

Mosaik-Verlag (Hrsg.): *„Mosaik-Handlexikon"* (in einem Band); Mosaik-Verlag, München 1981

Müller, Werner: *„Grundlagen gotischer Bautechnik"*; Deutscher Kunstverlag, München

Müller, Wolfgang: (s. u.: **Königswinter, Wolfgang Müller von**)

Müller-Jung, Joachim: *„Die Kreation der Klone – Der Stallgeruch des neuen Biozeitalters"*; vom 02.12.2008, www.faz.net

„MYSTERIA": *„Papst mit Geheimarchiv"*; in Nr. 11/80, 2. Jg., Halver, Düsseldorf u. Dortmund 1980

„MYSTERIA": *„Geschichte der UFOs"*; in Nr. 1/81 u. 4/81, 3. Jg., Halver u. Dortmund 1981

„MYSTERIA": *„Das Geheimnis um ,Springheel Jack'"*; in Nr. 8/81 3. Jg., Halver u. Dortmund 1981

„Neue Weltschau": *„Kaiser und Päpste glaubten fest an die Macht der Sterne"*; (aus der Serie: *„Im Banne der Gestirne"*) in: *„Neue Weltschau"*, Erich Pabel Verlag, Rastatt 1982

newadvent.org: *„Holy Innocent (Catholic Encyclopedia)"*; www.newadvent.org [26.07.2009]

Nühlen, Reinhard: *„Und sie flogen doch... (Teil 4)"*; in: *„DEGUFORUM"* Nr. 24, 6. Jg., DEGUFO e. V., Bad Kreuznach im Dezember 1999

Paech, Wolfgang: *„Polarlichter"*; www.astronomie.de [10.10.2009]

Pauly, Michael: *„Sagenkranz der Stadt Köln und der angrenzenden Bezirke"*; Köln o. J. (verm. 1922)

Pauly, Michael: *„Der Sagenschatz des Rheinlandes"*; (neu herausgegeben von **Hans Stahl**), Köln o. J. (verm. 1924)

Peiniger, Hans-Werner: (s. u.: **hwp**)

Petzoldt, Leander: *„Enzyklopädie des Märchens. Handwörterbuch zur historischen und vergleichenden Erzählforschung"*; Bd. 1, Berlin 1977

Peuckert, Will.-Erich (Hrsg.): *„Handwörterbuch der Sage"*; Bd. 1, Göttingen 1962

Pferdesportverein Großenlupnitz e. V.: *„Kontakt und Standort"*; www.psv-grossenlupnitz.de [27.07.2009]

Powell, Neil: (s. u.: **Holroyd, Stuart & Powell, Neil**)

Raab, Wladislaw: *„Unheimliche Begegnungen"*; CTT-Verlag, Suhl 1997

Rang, Martin: *„Die Kirche in Vergangenheit und Gegenwart"*; Vandenhoeck und Ruprecht, Göttingen 1972

Reif, Irene: (Mini-Sammlung) *„Vornamen A – Z"*; Buch und Zeit Verlagsgesellschaft mbH, Köln o. J.

Reitz, Leopold: *„Sagen um Kaiserslautern und Donnersberg"*; Verlag R. Oldenburg, München u. Berlin 1929

Riemer, Thomas: *„Der europäische Luftraum in der Antike"*; Manuskript (in Arbeit befindlich) zu einer 2. überarbeiteten und ergänzten Fassung, Penzberg 1990

Rike: *„Schild im Wappen von Köln"*; Pixelio.de (Username: Sternschnuppe1), http://www.pixelio.de [14.07.2009]

Rorvik, David M.: *„Nach seinem Ebenbild"*; Krüger Verlag, Frankfurt/M. 1978

RTL-Text: *„Nach Schafen jetzt Kälber geklont"*; Videotext des TV-Senders *„RTL"*, S. 137 vom 21.01.1998

RTL-Text: *„Jacko-Klon zum Schnäppchen-Preis"*; Videotext des TV-Senders *„RTL"*, S. 138 vom 23.01.1998

RTL-Text: *„Papst bekennt Schuld der Kirche"*; Videotext des TV-Senders *„RTL"*, S. 124 vom 12.03.2000

RTL II-Text: *„London will Embryonen klonen"*; Videotext des TV-Senders *„RTL II"*, S. 119 vom 16.08.2000

Sachmann, Hans-Werner: *„Der Isolator des Pharaohs"*; in: *„MYSTERIA"* Nr. 12/79, Halver u. Dortmund 1979

Sachmann, Hans-Werner: *„Die Epoche der Engel"* (Eine Analyse biblischer Behauptungen über Engel im Sinne prä-astronautischer Hypothesen); Metzmaier Verlag, Baden-Baden 1980

Sachmann, Hans-Werner: *„Himmelskräfte"*; in: **Ertelt, Axel & Fiebag, Johannes & Fiebag, Peter & Sachmann, Hans-Werner:** *„Die kosmischen Eingeweihten"*; Autorenteam-Selbstverlag, Halver, Northeim u. Dortmund 1980

Sauser, Ekkart: *„Eustorgius I."*; Biographisch-Bibliographisches Kirchenlexikon, Band XVII, Spalte 356, Verlag Traugott Bautz, Northausen 2000, www.bautz.de [24.07.2009]

Scheeben, Heribert Christian: *„Albertus Magnus"*; Verlag der Buchgemeinde, Bonn 1932

Schiltz, Dr. Guillaume: *„Sator-Formel zur Ehesegnung"*; Internet: http://www.galdorcraeft.de [22.01.2007]

Schindler, Alfred (Hrsg.): *„Apokryphen zum Alten und Neuen Testament"*; Manesse Verlag Zürich, 3. Aufl. 1989

Schlieter, Erhard: *„Albertus – ‚en secret'"* (Auf den Seitenpfaden des „doctor universalis"); in: *„Köln"* (Zeitschrift) Nr. 4/79, Köln 1979

Schmidtbonn, Wilhelm: *„Albertuslegende"*; Verlag Balduin Pick, Köln 1948

Schmitz, Gilbert: *„Alchemie – Die psychologische Bedeutung"*; in: *„UFO-Information"* Nr. 19, Heilbronn, Mai 1985

Schröder, Christa: *„Er war mein Chef"*; Langen Müller Verlag, München 1985

Schröder, Wolfgang: *„UFO-Sichtungen ‚damals'"*; in: *„MYSTERIA"* Nr. 57, 7. Jg., Halver u. Dortmund 1985

Schulz, Paul Otto: *„Werkleute sind wir"*; in: *„Merian"* Nr. 12/79, Hoffmann und Campe, Hamburg 1979

Schultze, Michael: *„Laos-Handbuch"*; Reise Know-How Verlag Peter Rump, Bielefeld 1995

Schumacher, Rudolf: *„Der getreue Eckhard der Agrarindustrie"*; Rudolf Schumacher als Pressesprecher der Fraktion Bündnis 90/Die Grünen im NRW-Landtag in einer Pressemitteilung vom 17.11.2005

scriptor: *„Laos – die rätselhaften Steinkrüge"*; www.onlinezeitung24.de, 25.02.2009

scriptor: *„Conrad Haas und seine Mehrstufenrakete"*; www.onlinezeitung24.de, 03.03.2009

Seligmann, Kurt: *„Das Weltreich der Magie"*; R. Löwit Verlag, Wiesbaden o. J.

Sigma, Rho: *„Forschung in Fesseln"*; Ventla Verlag, Wiesbaden 1972

sin/WR: *„155.000 Dollar für geklonten Hund"*; vom 29.01.2009, www.derwesten.de, WAZ-Mediengruppe

S., M.: *„Geheimnisse in Purpur und Gold"* (Kölner Dreikönigenstoff wurde analysiert); in: *„Frankfurter Allgemeine Zeitung"* Nr. 54/82 vom 16.03.1982

spiegel.de: *„Embryonale Stammzellenforschung - Obama erlaubt staatliche Förderung"*; vom 09.03.2009

Stadt Köln (Hrsg.): *„St. Andreas in Köln"*; in: *„Kölner Kongress-Report"*, Ausgabe 2/79, Köln 1979

Stahl, Hans: (s. u.: **Pauly, Michael:** *„Der Sagenschatz des Rheinlandes"*)

stammzellenforschung.wordpress.com: *„Aktuelle Rechtslage unter Präsident George W. Bush"*; [09.03.2009]

St. Andreas (Hrsg.): *„Albertus Magnus – Gebete von ihm, Gebete zu ihm"*; Dominikaner-Kirche St. Andreas, Köln 1979

St. Andreas (Hrsg.): *„Siebenhundert Jahre Albertus Magnus"* (Programmschrift zum Albertus-Jahr 1979 bis 1980); Dominikaner-Kirche St. Andreas, Köln 1979/80

St. Andreas (Hrsg.): Albertus-Magnus-Medaillen; Dominikaner-Kirche St. Andreas, Köln 1979

St. Andreas (Hrsg.): Albertus-Magnus-Plakat; Dominikaner-Kirche St. Andreas, Köln 1979

Stevens, Wilfried: (s. u.: Ertelt, Axel & Stevens, Wilfried – u. u.: scriptor)

Stiftel, Ralf: *„Familiengeschichten Europas";* in: *„Allgemeiner Anzeiger"* vom 16.04.1998

Tenbrock, Robert Hermann & Kluxen, Kurt: *„Zeiten und Menschen"* (Geschichtliches Unterrichtswerk, Ausgabe B, Bd. 2: *„Die Zeit der abendländischen Christenheit 900 bis 1648")* Schönigh/Schroedel, Paderborn 1976

Thode, Henry: *„Franz von Assisi";* Emil Vollmer Verlag, Essen o. J.

Thoemes, Nikolaus: *„Albertus Magnus in Geschichte und Sage";* (das Buch erschien ohne Verfasserangabe) J. B. Bachem Verlag, Köln 1880

Tomas, Andrew: *„Wir sind nicht die ersten";* Verlag der Europäischen Bücherei, H. M. Hieronimi, Bonn 1972

Trexler, Richard C.: *„Ein Amerikaner in Jerusalem"* (Die *Heiligen Drei Könige,* eine Geschichte der Neuen Welt); in: *„Frankfurter Allgemeine Zeitung"* Nr. 175/99 vom 31.07.1999

Unterstöger, Hermann: *„Der getreue Eckhard - Kohls Chauffeur";* www.sueddeutsche.de vom 15.08.2008

Vennebusch, Joachim: *„Roger Bacon";* Abhandlung (lag mir in einer auszugsweisen Kopie vor, Quelle nicht bekannt)

Völker, Klaus (Hrsg.): *„Künstliche Menschen"* (Dichtungen und Dokumente über Golems, Homunculi, lebende Statuen und Androiden); Carl Hanser Verlag, München 1971

Wachter, Ferdinand: *„Geschichte Sachsens bis auf die neuesten Zeiten";* Verlag August Lehnhold, Leipzig 1830

WDR: *„Albertus Magnus"* (in der Reihe: *„Gott und die Welt");* WDR3-TV, ausgestrahlt am 15.02.1980

WDR: Programminformation zur Sendung *„Quarks & Co: Der Kölner Dom";* WDR3-TV, Presseinfo, Köln im Dezember 1997

WDR: *„Der Kölner Dom"* (in der Reihe: *„Quarks & Co"*); **WDR3**-TV, ausgestrahlt am 16.12.1997

WDR: *„Der Golem"* (in der Reihe: *„Die großen Rätsel"*); Film von **Roel Oostra** und **Chaim Potok**, ausgestrahlt von **3sat**-TV am 21.05.2000

WDR: *„Der große Albert – Ein heiliger Magier"*; **WDR3**-TV, ausgestrahlt am 07.01.2001

Webb: *„Das Geheimwissen des Albertus Magnus"* (Erstes Buch)

Weisse, Michael: Lied Nr. 174 (Strophe 2) aus: *„Evangelisches Kirchengesangsbuch"* (Ausgabe für die Landeskirchen Rheinland, Westfalen und Lippe); nach einem tschechischen evangelischen Liede aus dem Jahr 1510 in der Fassung von **Michael Weisse** von 1531 (Strophe 8 von **Martin Luther,** 1540), Fassung: Wittenberg 1544, u. a.: Gütersloher Verlagshaus Gerd Mohn, Gütersloh o. J.

„Welt am Sonntag": *„Regierung im Spiegel der Umfragen"*; vom 18.06.2006

„Weltraumbote": *„UFOs seit Jahrtausenden"*; in: Nr. 52/53 (Juli/Aug. 1960) u. Nr. 54/55 (Sept./Okt. 1960)

„Weltraumbote": *„Das Geheimnis um ‚Spingheel Jack'"*; in: Nr. 66/67 (Sept./Okt. 1961)

„Werk und Feierabend": *„Die Kaisersage"*; in: Heft 1/1961

Werlitz, Jürgen: (s. u.: **Ceming, Katharina & Werlitz, Jürgen:** *„Die verbotenen Evangelien"*)

„Westfälische Rundschau": *„Erzengel helfen gern"*; vom 05.12.1997

„Westfälische Rundschau": *„‚Gentechnisch ausgewähltes' Baby geboren"*; vom November 2000

„Westfälische Rundschau": *„Antinori: Erstes Klon-Baby ist im Januar da"*; vom 27.11.2002

„Westfälische Rundschau": *„Experten glauben nicht ans Klon-Kind"*; vom 28.11.2002

Wikipedia.org: *„Golem"*; http://de.wikipedia.org [08.02.2009]

Wikipedia.org: *„Erfundenes Mittelalter"*; http://de.wikipedia.org [21.07.2009]

Wikipedia.org: *„Herodes der Große"*; http://de.wikipedia.org [24.07.2009]

Wikipedia.org: *„Stern von Bethlehem"*; http://de.wikipedia.org [24.07.2009]

Wikipedia.org: *„Kindermord in Bethlehem"*; http://de.wikipedia.org [26.07.2009]

Wikipedia.org: *„Protevangelium des Jakobus"*; http://de.wikipedia.org [03.10.2009]

Willker, Wieland (Übers.): *„Protevangelium Jakobus (Deutsch)"*; http://www-user.uni-bremen.de, 2000

„wissenschaft ohne grenzen": *„Made in Japan"*; in Nr. 3/99, 4. Jg. könig communikation, Greiz 1999

wlk: *„EPAL TOP"* (Meldung zum tasmanischen Tiger); in: *„EPAL"* Nr. 9, 3. Jg., MG-Verlag, Plaidt im Juni 1999

Wöll, Alexander: *„Der Golem – Kommt der erste künstliche Mensch und Roboter aus Prag?"*; www.humboldtgesellschaft.de [09.02.2009]

Wolff, Arnold: *„Vierzig Jahre Dombau – Dokumente der Fotografie"*; in: *„Merian"* Nr. 12/79, Hoffmann und Campe, Hamburg 1979

Zaunert, Paul (Hrsg.): *„Deutscher Sagenschatz. Rheinland Sagen"*; Bd. 1: *„Niederrhein bis Köln, Bergisches Land, Eifel"*, Jena 1924

Der Autor

Axel Ertelt, geb. am 3. April 1954, ist hauptberuflich als selbständiger Fachgeprüfter Bestatter tätig.

Nebenberuflich betätigt er sich seit den 70er Jahren als Schriftsteller zu wissenschaftlichen und grenzwissenschaftlichen Themen, zu Bestattungsthemen und in allen Bereichen zu Thailand. Dort lernte er im Frühjahr 1987 seine Frau **Thawee** kennen, mit der er seit dem 11. Dezember 1987 verheiratet ist.

Mehr als 400 Online-Artikel bei der *OnlineZeitung24* sowie mehr als 350 Print-Artikel veröffentlichte er bereits in den verschiedensten Zeitungen und Zeitschriften in Deutschland, Österreich, der Schweiz, Luxemburg, Namibia, Thailand und der VR China. 1978 wurden über *Radio Luxemburg* zwei SF-Hörspiele von ihm gesendet. Im Dezember 1995 wurde sein Film *„Thailand in* Vergangenheit *und Gegenwart"* (**ÄON-MAGAZIN** u. **SIAM-JOURNAL**, Dortmund/Hagen u. Halver 1995) über die regionalen *„Offenen Kanäle"* im Ruhrgebiet, der Pfalz und Berlin ausgestrahlt. 1997/98 wurde unter gleicher Regie der Filmbeitrag *„Thailändische Feste in Deutschland"* gesendet und 2004 der Filmbericht *„War das Mittelalter ganz anders?"*, in dem es um die Thematik dieses Buches geht.

Der Verfasser ist Co-Autor der Anthologien *„Rätsel seit Jahrtausenden"* (Selbstverlag, Halver/Dortmund/Northeim 1978), *„Die kosmischen Eingeweihten"* (Selbstverlag, Halver/Dortmund/Northeim 1980) sowie des Buches *„Sie kommen von anderen Welten"* (John Fisch Verlag, Luxemburg 1982); Herausgeber und Co-Autor der SF-Anthologie *„Gefangen in Zeit und Raum"* sowie Herausgeber der ehemaligen Zeitschrift *„MYSTERIA"* einschließlich mehrerer Sonderpublikationen (**MYSTERIA**, Halver/Dortmund bis 1990) und der Zeitschrift *„SIAM-JOURNAL"* (**SIAM-JOURNAL**, Halver u. Düsseldorf 1992 bis 2003); Autor der Bücher *„Die interplanetaren Kontakte des Albertus Magnus"* (Saint Germain Verlag, Höhr-

Grenzhausen 1986), *„Das Mittelalter war ganz anders"* (1. Auflage, CTT Verlag Suhl 1999) und der Broschüre *„Der Tod ist nicht geplant"* (Ein Bestattungsratgeber, Halver, im Juni 2000, der bereits in mehreren überarbeiteten Auflagen erschienen ist).

Bei der hier vorliegenden neuen Auflage handelt es sich um eine komplett überarbeitete und in vielen Teilen ergänzte Fassung.

Literatur zu den Rätseln der Geschichte dieser Welt und weiteren faszinierenden Themen finden Sie im Verlagsprogramm des Ancient Mail Verlags:

Tagungsband zum One-Day-Meeting der Forschungsgesellschaft für Archäologie, Astronautik und SETI in Erfurt 2006

ISBN 978-3-935910-41-5, 146 Seiten Din A5, Pb, 27 s/w-Abbildungen, € 11,50

Mit den Vorträgen aller Referenten des Meetings:
OStR Peter Fiebag: Eröffnung – „Sakrileg" / Werner Betz: Prähistorische Kraftwerke in den Pyrenäen / Angelika Jubelt: „Geisterschlacht und Zwergenbrot" - Aliens im Mittelalter? / Dipl.-Ing. Paul H. Krannich: Nahöstliche Chronologien und ihre Bedeutungen für die PALÄO-SETI / Wolfgang Siebenhaar: Oberst Fawcetts letzte Reise / Thomas Ritter: Im Land der schwebenden Götter / Gisela Ermel: Flammenbaum und Sky Lords - Die rätselhafte Geschichte der Mixteken / Reinhard Habeck: Geheimnisvolles Österreich / Dipl.-Ing. Harald Lanta: Pyramiden in Europa / Dr. Algund Eenboom: Die Schwerelosigkeit der Götter / OStR Peter Kaschel: Kämpfer, Ketzer, Querdenker / Dr. h. c. Erich v. Däniken: Geheimnisvolles Ägypten

Tagungsband zum One-Day-Meeting der Forschungsgesellschaft für Archäologie, Astronautik und SETI in München 2007

ISBN 978-3-935910-52-1, 138 Seiten Din A5, Paperback, 47 s/w-Abbildungen, € 11,50

Mit den Vorträgen aller Referenten des Meetings:
Peter Fiebag: Phänomen Sprache / Armin Risi: Die Osiris-Krypta von Gizeh / Carl Nieman: Das ist eine Djedpfeiler / Algund Eenboom: Daniel, ein Lehrmeister von David Copperfield? / Franz Bätz: Cart Ruts in Indien / Marianne Schartner: El Enlarillado / Gisela Ermel: Rätselhafte Moundbuilder / Luc Bürgin: Neue archäologische Rätsel / Reinhard Habeck: Plötzlich erschien die Gottesmutter / Roland Kernstock: Es geschieht in den Wäldern: Die „Wilde Jagd" / Wilhelm Kaltenstadler: Fabelhaftes im Gottesvolk Elam / Horst Dunkel: Ägypten Kranichplatz 7 D- 38110 Braunschweig / Dr. h. c. Erich von Däniken: 30 Jahre „Sagenhafte Zeiten": Neue Projekte und Ideen

Tagungsband zum One-Day-Meeting der Forschungsgesellschaft für Archäologie, Astronautik und SETI in Siegen 2008

ISBN 978-3-935910-61-3, 152 Seiten Din A5, Paperback, 52 s/w-Abbildungen, € 11,50

Mit den Vorträgen aller Referenten des Meetings:
Peter Fiebag: Erinnerungen an die Zukunft / Johannes Horn: Cart-Ruts von Malta - ein Rätsel wird entziffert / Bruno Göbel: Geheimnisvolle Steine in Peru / Reinhard Habeck: Däniken zum Schmunzeln: Ein humorvoller Rückblick auf 40 Jahre EadZ
Ronald Rattmann: Neues zu Machu Picchu / Angelika Jubelt: Tunguska - 100 Jahre Rätselraten / Martin Heinrich: Jakobs Himmelsleiter war ein Weltraumschiff
Gisela Ermel: Vom Werjaguar zum Regengott / Dieter Bremer: Das Buch Daniel unter Paläo-SETI-Gesichtspunkten / Peter Kaschel: Mysterium 'König Artus und der Heilige Gral'
Ulrich Dopatka: Terra Dioscovery /Tatjana Ingold: 40 Jahre Erinnerungen an die Zukunft - 40 Jahre Mediengeschichte / Andreas von Rétyi: Rätsel um Sirius C

Roland Roth (Hrsg.)

Grenzen der Unendlichkeit

Geheimnisse und Rätsel der Menschheit

ISBN 978-3-935910-49-1, 230 Seiten, Din A5, Paperback, 53 s/w-Abbildungen, € 17,80

Rätsel und Geheimnisse, merkwürdige Artefakte und vorgeschichtliche, phantastische Überlieferungen gibt es auch im neuen Jahrtausend auf unseren Planeten. Ungeklärte Fragen der Evolution gehören ebenso dazu wie Spuren von außerirdischen Raumfahrern in der Frühzeit. In den Beiträgen dieses Buches berichten namhafte Autoren von merkwürdigen Orten, alten Überlieferungen und philosophischen Gedankengängen zu den Rätseln unserer Welt. Ungewöhnliche Berichte wechseln sich ab mit Geheimnissen der Geschichte und demonstrieren so ein breites Spektrum der Rätsel dieser Welt.

Welche Geheimnisse ranken sich um das rätselhafte Volk der Anasazi?
Gibt es Spuren verlorener Zivilisationen auf Malta?
Welche Geheimnisse umgeben den Kontinent Antarktis?
Gibt es intelligentes Leben auf fernen Planeten?
Welche Gefahren birgt die Kommunikation mit anderen Welten?
Waren die Götter der alten Überlieferungen Astronauten?
Gab es ein geheimes Mondflugprogramm der USA?
Finden wir außerirdische Artefakte auf dem Mond?
Lebten mysteriöse Mischwesen im alten Indien?
Wo finden wir den Heiligen Gral?
War unsere Evolution ganz anders?

Folgen Sie den Autoren auf den Spuren nach merkwürdigen Orten, alten Überlieferungen und philosophischen Gedankengängen zu den Rätseln unserer Welt!

Roland Roth (Hrsg.)

Das Erwachen der Maschinen

High Tech vor Jahrtausenden

ISBN 978-3-935910-31-6, 207 Seiten, Din A5, Pb., 38 Abb., € **17,80**

Was wie moderne Science Fiction klingt, war nach eingehenden Recherchen zahlreicher Forscher vor Jahrtausenden bestechende Realität. Auf allen Kontinenten und in allen Kulturkreisen wird von Göttern berichtet, die mit mannigfaltiger Technologie und „magischen" Kräften ausgestattet waren. Sie besaßen modernste Waffen, Fluggeräte und Maschinen für die unterschiedlichsten Zwecke. Diese hochtechnisierte Rasse unbekannter Herkunft war mit unserem heutigen Standard durchaus vergleichbar und letztendlich in vielen Bereichen gar weit überlegen.

Doch wer waren diese Götter und Kulturbringer aus der Vorzeit? Noch heute liegen die Lösungen für so viele Rätsel im Dunkel der Zeit, doch die Spuren sind unübersehbar. Hochtechnisierte Zivilisationen haben bereits vor Jahrtausenden eine kulturelle Entwicklungsstufe erreicht, die mit modernem Wissen zu vergleichen ist. Diese Kulturen waren denn auch Entwicklungshelfer für die primitiven Völker der Erde und schließlich aufgrund ihrer technologischen Überlegenheit Götter und Lehrmeister, die sich entweder völlig autark auf unserem Planeten weiterentwickelt hatten oder ein Wissen nutzten, das möglicherweise von den Sternen kam ...

Roland Roth

Die Existenz des Unglaublichen

ISBN 3-935910-38-X, 159 Seiten, 20 s/w-Abbildungen, Din A5, Pb, € **13,50**

Dieses Buch präsentiert einen Umriss ungewöhnlicher Phänomene. Es zeigt an ausgewählten Beispielen, dass die Erforschung der Erdgeschichte in vielerlei Hinsicht noch immer erhebliche Lücken aufweist und führt den Leser über die Grenzen unseres Planeten hinaus:

- Denkmodelle zur Herkunft des Menschen zeigen anschaulich, dass unsere evolutionäre Entwicklung keineswegs stets in geraden Bahnen verlief.
- Spuren längst verschollener Kulturen deuten auf ein weitreichendes Wirken hoch entwickelter Technologie hin.
- Ungewöhnliche Begebenheiten präsentieren uns eine Konfrontation mit dem schier unfassbaren Phänomen eines Zeitkollaps, von Rissen in unserer Dimension, die im Laufe der Geschichte schon vielen zum Verhängnis wurden.
- Einige Himmelskörper in unserer planetaren Nachbarschaft zeigen merkwürdige Eigenheiten, die uns Rätsel aufgeben.
- Die weitreichenden Entdeckungen von Planetensystemen im Kosmos zeigen uns unmissverständlich den Weg zu den Sternen.

Roland Roth (Hrsg.)

Terra Enigma

Mysteriöse Spuren und Grenzfälle der Geschichte

ISBN 978-3-935910-68-2, 243 Seiten, 63 s/w-Abbildungen, Din A5, Pb, € 18,90

Finden wir bald die geheimnisvolle Weiße Stadt? - Zeigen merkwürdige Ikonografien aus Mittelamerika raumfahrttechnische Details? - Was verbirgt sich wirklich hinter der Giza-Mauer? – Existiert das wahre Sakrileg in Deutschland? - Gab es die ägyptischen Schädeldeformationen auch bei den wilden Hunnen? - Stand Moses bei seinen Erscheinungen unter Drogeneinfluss? - War Jesus ein Zeitreisender? - Welche Geheimnisse ranken sich um die Madonna von Syrakus? - Was verbirgt das rätselhafte Schweißtuch von Oviedo? - Gibt es auch böse Außerirdische? - Kommt 2012 nun der Weltuntergang oder nicht? - Verkünden alte Schriften unsere Zukunft im All? – Hat der Mond noch Geheimnisse? - Was verbindet Edgar Cayce mit der globalen Erwärmung? ... Diese und viele weitere spannende Themen erwarten Sie in >>TERRA ENIGMA – Mysteriöse Spuren und Geheimnisse der Geschichte<<.

Die fachkundigen Autoren Walter-Jörg Langbein, Lars A. Fischinger, Gisela Ermel, Thomas Ritter, Alexander Knörr und Roland M. Horn haben sich unter der Projektleitung von Herausgeber Roland Roth auf die Spurensuche nach den wahren Rätseln dieser Welt aufgemacht und erstaunliche Fakten zutage gefördert die belegen, dass unsere Welt noch voller phantastischer Rätsel ist!

Tauchen Sie ein in die realen Geheimnisse der Geschichte! Lesen Sie seriöse Recherchen und Fakten zu den letzten Rätseln der Menschheit!

Alexander Knörr

Hagar Qim

Auf den Spuren eines versunkenen Kontinents
Rätsel um die Insel Malta

ISBN 978-3-935910-46-0, 291 Seiten, 140 s/w-Abbildungen, Din A5, Pb, € **19,50**

Die Tempel und mysteriösen Spuren im Korallenkalkstein der Mittelmeerinseln Malta und Gozo geben Wissenschaftlern wie interessierten Besuchern der maltesischen Inseln Rätsel auf.

Gerade diese Spuren, die im einheimischen Sprachgebrauch als „Cart Ruts" – Karrenspuren, bekannt sind, scheinen einzigartig auf dieser Erde zu sein. Zwar gibt es ähnliche Spuren, die wirklich auf alte Karren zurückzuführen sind, doch die Präzision und die Art der maltesischen Cart Ruts weisen alle konventionellen Erklärungsversuche zurück.

Alexander Knörr machte sich auf, diese Rätsel zu untersuchen und stieß während seiner jahrelangen Recherchen auf immer mehr rätselhaftes. Er verfolgte die mysteriösen Cart Ruts durch Europa und stieß auf ein Jahrtausende altes Geheimnis – er deutet die von ihm aufgespürten Hinweise und kommt zu einem Schluss, der nur eines zulässt:

Der Mittelmeerraum barg in einer fernen Vergangenheit eine technisch hochentwickelte Zivilisation die durch eine kosmische Katastrophe zerstört wurde. Ihre spärlichen Hinterlassenschaften sind heute noch vorhanden, werden aber meistens falsch gedeutet oder einfach übersehen.

Folgen Sie Alexander Knörr auf eine atemberaubende Reise durch unsere bisher unbekannte Vergangenheit.

Gisela Ermel

Das Moundbuilder Phänomen

Erdhügel, Kultursprünge und Masterplaner: Rätselhafte prähistorische Spuren in Nordamerika

ISBN 978-3-935910-57-6, Paperback, Din A5, 350 Seiten, 91 s/w-Fotos, € 19,80

Die Vergangenheit Nordamerikas weist noch etliche ungelöste Rätsel auf. Eines dieser Rätsel dreht sich um das Werden und Vergehen solcher Kulturen, die man inzwischen mit dem Begriff Moundbuilder bezeichnet. Unter Moundbuildern versteht man Menschen, die aus Erde monumentale Hügel – Mounds – und komplexe Anlagen erbauten. Mysteriös ist die Tatsache, dass zu verschiedenen Zeiten solche Moundbuilder-Kulturen urplötzlich begannen nach einem unerklärlichen Sprung von primitivem Steinzeitniveau zur Hochkultur.

Das Muster ist bei allen gleich:

- ohne vorhergehende Entwicklung begannen die Erbauer von Poverty Point (vor ca. 3.700 Jahren), die Erbauer der komplexen Anlagen der Hopewell (vor ca. 2.000 Jahren), die Erbauer der Bilderhügel (vor ca. 1.400 Jahren) und die Erbauer komplexer Städte aus Erdwerk (vor ca. 1.000 Jahren) damit, komplizierte Strukturen zu errichten, die sich nach einem vorgeplanten geometrisch-astronomischen Layout richteten,

- aus heiterem Himmel begannen dieselben Menschen dieser verschiedenen Moundbuilder-Kulturen damit, massenweise Gegenstände herzustellen, nur um diese dann in unterirdischen Depots unter der Erde zu vergraben,

- und so plötzlich wie diese Kulturen begannen, so endeten sie auch abrupt wieder, als sei ein Projekt zu Ende gewesen.

All das spielte sich ab im Südosten der heutigen USA. Die Archäologen rätseln nun darüber, wer die unbekannten und hochstehenden Masterplaner waren, die all die komplexen Pläne entwarfen und realisierten. Wer versammelte all die primitiven Steinzeitleute, um sie diese Anlagen erbauen zu lassen? Für welchen Zweck wurden ganze Regionen in ein geometrisch-astronomisches Liniengeflecht verwandelt oder mit unzähligen Bilderhügeln bedeckt? Für wen stellten die primitiven Steinzeitleute urplötzlich wie am Fließband Gegenstände her, von denen man in vielen Fällen nicht einmal weiß, was sie darstellen sollen? Und warum wurden diese Artefakte dann einfach unter der Erde vergraben? Für wen oder für wann? All das sind nur ein paar wenige der Fragen, um deren Beantwortung sich zahlreiche Ausgräber und Wissenschaftler bemühen, um das Rätsel um die Moundbuilder eines Tages lösen zu können. Die Antworten, die sie bis heute schon gefunden haben, lassen bereits darauf schließen, dass sich im Südosten Nordamerikas mehrmals zu verschiedenen Zeiten etwas ganz Außergewöhnliches zugetragen haben muss, phantastische Geschehnisse, die die Vergangenheit dieses Teils der Welt in einem ganz neuen Licht zeigen.

Gisela Ermel

Das Heilige Bündel der Azteken

Kultursprung, Masterplan und Götterstimmen: Mittelamerikas rätselhafte Vergangenheit

ISBN 978-3-935910-44-6, Paperback, Din A5,
278 Seiten, 88 s/w-Fotos, **€ 18,50**

Im 16. Jahrhundert eroberten die Spanier Mexiko und zerstörten das großartige Reich der Azteken. Den Eroberern folgten christliche Missionare, die versuchten, auch noch die geistige Welt der Eingeborenen zu zerstören. Aus diesem Grund interessierten sie sich für die Götter und Kulte der sog. „Heiden". Von den Indianern erfuhren sie, dass deren Vorfahren erst nach einer langen Wanderung das Tal von Mexiko erreicht hätten. Bei diesem Marsch, so berichteten die Indianer und so zeigten es alte Bilderhandschriften, seien die Wanderer von einem Gegenstand geführt und angeleitet worden, aus dem die Stimme eines Gottes zu ihnen sprach.

Dieser Gegenstand wurde zum wichtigsten Kultobjekt der mexikanischen Völker. Man baute ihm Tempel, führte mit ihm Riten und Zeremonien durch und fertigte Imitationen an. In den Überlieferungen der Indianer und in deren Bilderhandschriften wird das Kultobjekt gezeigt als ein Gegenstand, der zur Ausstattung von Himmelswesen gehörte bei deren Reise auf unseren Planeten, und als ein Gegenstand, der ein Geschenk der „Götter" war an Erdbewohner. Das „Heilige Bündel" – ein Gegenstand, der „nicht von Menschenhand" hergestellt wurde?

Dieses Buch folgt den Spuren des Kultobjektes von dessen Herkunft über dessen Gebrauch bis zu dessen möglichem Verbleib. Die Spurensuche in Sachen „Götter" und „Himmelswesen" geht zurück bis in die Zeit Mittelamerikas, als Steinzeitbauern einen rätselhaften Kultursprung in Rekordzeit machten.

Johannes Horn

Das Rätsel von Malta

Die Cart Ruts geben ihr Geheimnis preis

ISBN 978-3-935910-39-2, Pb, 420 Seiten, 247 s/w-Fotos, 19 s/w-Skizzen, € **20,50**

Der Autor, pensionierter Polizeibeamter und ehemaliger Angehöriger der Technischen Sondergruppe des BLKA, hat die bisher unerklärlichen Spuren auf Malta untersucht und aus technischer Sicht beurteilt. Durch die Vielzahl der Fotos und Skizzen wird der Leser zum Mitbeobachter „kriminalistischer" Ermittlungen und ihrer Schlussfolgerungen:

Die Cart-Ruts sind von Menschen erzeugte Hinterlassenschaften aus einer Zeit vor über 13.500 Jahren und damit zunächst ein vorsintflutliches Rätsel. Anhand von Bearbeitungsspuren kann nachgewiesen werden, dass hier entgegen schulwissenschaftlicher Auffassung Werkzeug und sogar Maschinen eingesetzt wurden.

Die gleich alten prähistorischen Tempel von Malta weisen Konstruktionsmerkmale auf, welche ihre Zweckbestimmung als religiöse „Tempel" oder „Observatorien" ausschließen. Der Autor vermutet aufgrund bestimmter Merkmale deshalb einen praktisch ausgerichteten Verwendungszweck der „Tempel".

Zum Vergleich wird die mythische Überlieferung von Hercules herangezogen und dessen Tätigkeit in und an der Straße von Gibraltar erstmals aus technischer Sicht beurteilt – mit sensationellem Ergebnis: Hercules war ein „Ingenieur" im Bereich Wasserbau und Küstenschutz. Er hat die versandete Meerenge von Gibraltar aufgerissen; die berühmten „Säulen des Hercules" waren die hierfür notwendigen technischen Baumaßnahmen – ihr Standort kann noch heute genau bestimmt werden.

Reinhold Müller

Mysterienjäger - Im Bann der Vampire

ISBN 978-3-935910-18-7, 215 Seiten, PB, 29 s/w-Fotos, € **16,50**

Eine Idee lässt Reinhold Müller und seine beiden Freunde nicht los: Wie war das mit den Vampiren, wie kamen die Leute darauf, dass es sie wirklich gibt und gibt es Erklärungen für die merkwürdigen Begebenheiten in „Transsilvanien"?

Sie recherchieren und stoßen im Hofkammerarchiv in Wien auf die Berichte österreichischer Ärzte, die im 18. Jahrhundert nach Serbien gesandt wurden, um dort gegen die herrschende Vampirepidemie vorzugehen. Ihre Recherche gipfelt in der Reise nach Rumänien auf den Spuren Draculas und auf der Suche nach den Originalschauplätzen der gruseligen Geschichten.

Von ihren Erlebnissen erzählt Reinhold Müller in dem vorliegenden Buch. Dabei erfährt der Leser vieles Wissenswerte über den Mythos an sich. Wer sich bis heute noch nicht richtig gegruselt hat, dem könnte es vielleicht bei dieser Lektüre eiskalt den rücken hinunter laufen ...

Willi Grömling

Tibets altes Geheimnis – Gesar –
Ein Sohn des Himmels

ISBN 3-935910-23-1, 334 Seiten, Hardcover, € **28,90**

Gesar ist der Held des gleichnamigen tibetischen Nationalepos. Es wird berichtet, dass sein Vater, der oberste Himmelsgott, ihn auf die Erde sandte, um nach dem Rechten zu sehen. Bereits bei der Geburt des späteren tibetanischen Nationalhelden hätten sich, so heißt es in den Legenden, seltsame Ereignisse abgespielt. Neben vielen anderen mysteriösen Begebenheiten, die sich „auf dem Dach der Welt" abgespielt haben sollen, erfährt der Leser in diesem Buch auch etwas über Gesars Waffen sowie seine übernatürlichen Kräfte, die viel Aufmerksamkeit erregt haben sollen. In diesem Werk wird zum ersten Mal der Versuch unternommen, den Stoff populärwissenschaftlich im Sinn der Paläo-SETI-Hypothese zu untersuchen und nachzuforschen, ob die erstaunlich realistischen Erzählungen nicht wörtlicher genommen werden könnten.

Wer also eine ganze Menge über Tibet, Gesar und die Entmythologisierung der detailreichen Berichte über den Sohn der Götter erfahren möchte, sollte sich unbedingt mit diesem Buch auseinandersetzen.

Unsere Geschichte ist voller Rätsel –
Wir wollen helfen, sie zu lösen !

Bücher und Informationen zu den Themenkreisen Archäologische Rätsel dieser Welt, Paläo-SETI, Grenzwissenschaften, Sagen und Mythen.

Fordern Sie einfach *kostenlose* weitere Informationen an – per Postkarte, Fax, Telefon oder eMail beim

Ancient Mail Verlag • Werner Betz
Europaring 57, D-64521 Groß-Gerau
Tel. 0 61 52 / 5 43 75, Fax 0 61 52 / 94 91 82
eMail: wernerbetz@t-online.de
www.ancientmail.de